史学会
シンポジウム叢書

近世の権力と商人

牧原成征―編

山川出版社

はしがき

史学会大会・日本近世史部会では、二〇一三年十一月の第一一一回大会で「江戸幕府の経済政策」、翌二〇一四年十一月の第一一二回大会で「権力と商人」と題するミニ・シンポジウムを、相次いで開催した。本書は、そこでの諸報告を中心に、後者の「権力と商人」という観点に立ってあらためて書き下ろされた諸論文をまとめて刊行するものである。まず、大会当日頒布したプログラムに載せた趣旨文から、企画の意図をふりかえっておきたい。まず二〇一三年のシンポジウム「江戸幕府の経済政策」に際しては、次のような趣旨を述べた（表記を改めた箇所がある）。

日本近世史の領域では、研究の進展・深化にともなって、政治史と社会経済史とが分離・乖離していることがしばしば指摘されてきた。たとえば近年刊行された『日本近世の歴史』（藤田覚・藤井讓治企画編集、吉川弘文館、二〇一一〜一三年）というシリーズの「刊行のことば」でも各分野史どうしの「没交渉」が指摘されている。史学会大会・近世史部会も必ずしもその例外ではない。今回掲げた「経済政策」という切り口はそれを接合させてゆくための取り組みとして有効であろう。

前記「刊行のことば」では、近世前期研究と中後期研究の断絶を克服することも課題として指摘されている。政治・経済・社会・文化の時期的・段階的な変容を明らかにするというのが歴史研究の本筋だとすれば、近世史の段階的把握を鍛え直そうとする際に、幕府の経済政策は、一つの重要な切り口になるはずである。もちろん、政策を表面的に論じるのではなく、あるいはその策定の過程・議論に即して政策の意図や対象を探り、あるいは社会経済の実態をふまえて、その効果や影響を位置づける姿勢が肝要であることはいうまでもない。

幕府の経済政策と一口にいっても、その対象は膨大であり、今後、中長期的なテーマとして少しずつ考えてゆきたいが、今年度はその第一歩として、宝暦・天明期、いわゆる田沼時代に政策課題としてとくに生起してくる、綿実・水油の流通と、寺社名目金貸付の問題を取り上げて議論してみたい。

近世の流通史に関しては、一九九〇年代以降、問屋や商人の本源的なあり方やモノに即した生産・流通・消費の全体像の追究など新しい研究の進展がみられるが、それが政策の理解や段階的把握に十分に理解・活用されているとはいえず、まだ多く研究の余地が残されているように思われる。

一方で、流通史・金融史は戦前・戦後以来の古典的な研究蓄積も豊富な分野であるが、それらが十分に理解・消化されて、その上で新しい研究の展開に結びついているとはいえないようにも思われる。たとえば今回の論題として取り上げる綿実・水油および菜種の流通については津田秀夫氏の、名目金貸付については三浦俊明氏の、これもすでに古典的といってもよい研究があるが、それ以来、正面から論じられることもなく今日に至っている。それらの成果にあらためて学び直し、それを新しい水準に引き上げることができるのか、三人の報告をもとに考えてみたい。

このような趣旨のもとで、曺承美「近世後期名目金貸付と幕府の政策」、島﨑未央「近世中後期、岸和田藩領における綿実流通をめぐって」、若山太良「天保三年の水油仕法改革を巡って」の三つの報告を得た。本書には、このうち島﨑報告を論文化して収載した（6章）ほか、若山氏は別のテーマの論文（7章）を寄せている。なお、曺・若山報告については『史学雑誌』一二三編一号（二〇一四年）掲載の大会報告記事および、若山「近世後期の上方における仕法改革と支配機構―天保三年の水油仕法の改革を巡って―」（『論集きんせい』三六、同年）を参照されたい。

つづいて翌年の「権力と商人」に際しては、次のような趣旨を述べた（表記を改めた箇所がある）。

本近世史部会では昨年「江戸幕府の経済政策」と題して、具体的には宝暦・天明期、いわゆる田沼時代にとくに政策課題として生起した綿実・水油の流通と名目金金融の問題を、幕府や商人仲間、あるいは金主としての宮門跡などの史料によって検討・議論した。本年度もこの課題を基本的に継承しつつ、やや角度を変え、あるいはテーマを広げて、商家あるいは藩の史料を用いて、あらためて商人と権力との関係を考察してみたい。

具体的には、近世を代表する大商人資本である三井と住友を取り上げ、その京都と江戸における金融を中心とする機能・業務に注目する（村和明・海原亮報告）。一方で、福岡藩領で皮革の流通を行う商人と、藩の専売制を担う革座との関係について検討する（高垣亜矢報告）。時期的には、三都を中核とする流通・金融の構造が確立した十七世紀末以降、天保の株仲間解散までを主な対象としたい。

三井と住友については、周知のように三井文庫・住友史料館による史料保存・整理・公開の活動が続けられてきた。その間に膨大な研究が蓄積され、近世の商業史・金融史・貨幣史・鉱山史など経済史全般の大きな財産になっているが、それゆえに、一見、新しい論点を見出すのは容易でない印象も与えている。小経営や社会集団を基本とする近世社会のなかで彼らがある意味で異端に位置することも、議論を難しくしているのかもしれない。ただ、たとえば上方でいえば、朝廷や公家社会、幕府の上方支配機構、大名貸などの研究は、ここしばらくの間に長足の発展を遂げており、江戸でいえば、大店が核となって形成される社会構造や、幕府役人と諸藩との関係についての研究も進んできている。それらをうけて、新しく光を当てることができる問題も大きいだろう。

一方、福岡藩の皮商人は、そもそもえた身分に属し、また彼ら独自の史料があまり残されていないという点で、三井や住友とは対極に位置するともいえる。しかし、いわゆる身分的周縁に関する議論が進んだほか、西国各地から大坂への商品の流通に関する議論もなされている。それらをふまえ、三井・住友とは別の意味で異端的な商人の活動、あるいは藩の商業活動に着目することで、身分社会における商人の存在についてより深く認識することが可能になり、ひいては近世社会の理解を深めることにつながるのではないか。以上、三人の報告をもとに、近世の権力と商人について少しでも議論を進展させることができれば幸いである。

このような趣旨で、村和明「御用商人と統治機構―三井の幕臣への貸付から―」、高垣亜矢「皮商人と専売制―福岡藩を事例に―」、海原亮「住友江戸両替店と諸藩大名家の取引関係」の三報告を得た。本書は、二〇一三年度大会の分も含め、以上の諸報告をもとに書き下された諸論文を中心に、編者が冒頭2章を加えて編集した。以下、各章の内容を編者の個人的関心に立って簡単に紹介しておこう。

日本近世における「権力と商人」という問題を論じる上で、もっとも基本になる論点は何だろうか。それは城下における「町人」身分の編成と「商人」との関係ではないか、と考えて執筆したのが1章「江戸城下における町人の編成と商人」（牧原成征）である。そもそも幕藩権力は、商人らを城下へどのように集住させ、町人としていかなる役割を求めたのか、それに規定されて、商人はどのような存在形態・動向をとっていくか。こうした基本的な問題を江戸城下に即して概観し、本書の序論としての役割を与えている。3章以下に収めた各論文が、元禄・享保期から天保期を対象としており、幕末以降、近代に向けての展開はまた別に論じるべきだとしても、近世の権力と商人の「原型」をどう考えるかについては、本書でも押えておくべきだと考えた。また、2章以下がいずれも（7章はやや別として）商家や仲間の側から立論していて、「権力と商人」というよりは「商人と権力」ではないかという印象を与える面も拭えない。これらの点を補うことで、編者としての責めをふさごうと意図した。

さて、各地を移動して売買の主体となる商人と、彼ら商人の宿であることに本質をもつ問屋とは、もともと対立する立場にあったが、近世の（ある時期以降の）商人の主流を占めたのが問屋たちであったのも事実である。1章をうけて、この間の変化を検討しようとしたのが、2章「江戸大伝馬町太物店仲間と「問屋」」（牧原）である。そこでは、古典的な研究で知られる江戸大伝馬町一丁目の太物店仲間を例として、仲間の取り決めなどから売買の構造を検討しつつ、同町が太物店衆の集中する町となるに至る歴史的経緯を、1章で概観した当時の流通や江戸町方の諸特質に規定されたものとして、個別的かつ論理的に説明しようと試みた。また、太物店衆がやがて「問屋」を称するに至る経緯についても考察した。

近世になって商人の中心が城下の町人（家持）とされると、そこから疎外された多くの商人は店衆（表店衆）＝仲買として存在・結集し、さらにそれ以外に、裏店の振売＝小売層が形成された。本章では、このうち大伝馬町一丁目の太物店衆が、元禄期に一斉に「問屋」を称するようになり、その背景・要因として相対済まし令への対応があったことを指摘し、近世の商人の主流が「問屋」で占められるに至る道筋の一端を描き出そうと試みた。こうした動きが、他都市を含め、どこまで敷衍できるものなのかは、今後の課題であるが、幕府の膝下でそのような事態がみられたとすれば、興味深いのではないか。

3章と4章では、近世を代表する大商人である三井と住友を取り上げ、幕府高官などへの融通・貸付について検討する。あらかじめ両者の成長の過程を、三井文庫編『史料が語る 三井のあゆみ』（三井文庫、二〇一五年）、住友史料館編『住友の歴史』上巻・下巻（思文閣出版、二〇一三・一四年）などを参照して紹介するが、要するに両者は、三都を中心とし、貿易を厳しく管理・制限した近世的市場構造の確立を背景に、十七世紀末、新たな政治経済状況に対応しつつ権力と深く結びついて台頭してくる新しい豪商たちであった。

まず、三井越後屋はもともと伊勢松坂の商人で、高利が延宝元（一六七三）年に江戸本町一丁目に呉服店を、京都に仕入店を出した。本町の店は、この段階では2章でみる「表店衆」（「本町仲ケ間」）の一員であったが、仲間から反発を受け、天和三（一六八三）年、駿河町へ移転（同時に両替店を出）した。すると「店前売」「現金掛け値なし」の新商法によって、新しい需要に応えて驚異的な成長を遂げ、やがて「大店」となってゆく。貞享四（一六八七）年には駿河町に綿店（のち向店）を設けたが、これは2章で扱った大伝馬町太物店中の商売敵となる。

同年、三井は幕府の払方御納戸、次いで元方御納戸の呉服御用を引き受けた。元禄三（一六九〇）年には、幕府の公金を大坂で預かり、為替を組んで江戸で上納する「大坂御金蔵銀御為替御用」を十二人のうちとして引き受け、大坂に両替店・呉服店を出した。こうして金融業を展開する上で極めて有利な立場に立った（京都には貞享三年に両替店を出し、その奥に高利が居住した）。元禄七年に高利が死ぬと、六人の息子たちが共同で事業を継承したが（「本家」六家）、宝永七（一七一〇）年には事業の分裂を回避し全体を統括するために、京都において各店の資産を管理する「大元方」を設け、帳簿体系や家訓・規範を整備するようになる。

本書3章「三井の武家貸と幕府権力――享保期の上方高官貸の成立を中心に」（村和明）は、それらを素材にして、享保期までの経営確立期に、三井が幕府高官へどのように付届・貸付を行い、当該期における幕府権力の変化にどう対応していったかを検討する。それによれば、綱吉政権以降、大きな力をふるった将軍側近らとの関係構築に努めたが、享保後期になると、京都所司代・町奉行、大坂城代・町奉行の四職へ貸付や付届を絞り込むようになったという。前代よりは側近の影響力が限られるようになり、大坂・江戸間の御為替御用を経営の基盤として重視し、上方の支配や訴訟を担う高官とのつながりを重んじたからだと想定する。こうして本章では、三井の経営史と幕政史との接合を意欲的に試みており、今後の展開が注目される。また、享保期の経済政策について、近年では研究が少なく、それを再検討する手がかりにもなるだろう。

一方、住友の成長過程はどうだろうか。「南蛮吹き」という銅精錬法を開発したとされる京都の銅商人（泉屋）曽我理右衛門の子で、住友家に入った友以は、元和九（一六二三）年に大坂内淡路町に銅吹所を設けた。寛永七（一六三〇）年には淡路町に泉屋の本店を置き、大坂銅商人として台頭し、やがて長崎からの銅輸出にも関わった。十七世紀半ばすぎに日本各地の銅山で大増産が始まると、東北地方の銅の買いつけのため、江戸に店を出し、各地の銅山の経営に乗り出した。延宝五（一六七七）年には足尾銅輸出代金為替方を大坂屋とともに引き受け、長崎・江戸の出店間で為替送金を始めた。さらに翌元禄四年には江戸店手代の泉屋三右衛門の名前で、三井らと共に大坂御金蔵銀御為替御用を引き受けた。さらに翌元禄四年には、まもなく日本の代表的銅山となる伊予別子銅山の開発・経営を請け負った。こうして住友は複数の銅山の経営、銅吹、銅商を一貫して掌握し、為替をも営む豪商に成長した。

当時、銅は日本の主要な輸出品となっており、また元禄の貨幣改鋳、銭の増鋳を行ったため、そうした銅需要を賄うべく、幕府は元禄十四年、大坂に銅座を設け、住友などに産銅振興策を尋ねた。翌年、住友はそれに答えて別子銅山等への各種助成や永代請負を願い、多大な助成と永代請負を獲得した。なお別子は享保六（一七二一）年に伊予松山藩の預り所となる。下って文化二（一八〇五）年には、前年に発生した別子銅山風水害の御救を名目とする拝借金を得て、江戸中橋店で両替業を本格化し、まもなく田安家の掛屋をはじめ、三十を超える大名・旗本・代官の用を達するようになる。

本書4章「住友江戸両替店と諸藩大名家の取引関係」（海原亮）は、中橋店から大坂本店に定期的に送られた書状（番状）のうち、天保三（一八三二）年分を詳細に検討したものである。中橋店は本業＝銅商に関する江戸の動きや情報を本店に伝えたほか、その指示を受けて幕閣や諸藩に金を用立て、諸藩への対応の窓口を担った。当時、これらの貸付では利益はあげられていなかったが、とくに本業である銅山経営・銅家業を維持するために、伊予松山藩や長崎奉行・大坂町奉行など幕閣との良好な関係を保つことが重視された。武家の側も泉屋のような、江戸と大坂にまたがって活動する両替商との良好な関係を望んでいたとする。また、たとえば浜松藩水野家へは、忠邦が大坂城代就任・在職時や京都所司代在職時に多額を用立てており、城代・所司代就任者への用立ても慣例化していたようである。

こうして三井と住友は、新しい商法や技術によって台頭しつつ、「問屋仲間」一般とはまた異なる局面において、幕府の市場への統制と依存の要に位置し、幕藩権力と共生してゆく。両者の史料や研究蓄積は膨大であり、今後もそれらから学び、汲み出すべき論点は尽きないだろう。

5章と6章では、福岡藩と皮商人、岸和田藩と在方絞油屋という、当時の重要な消費財をめぐる、西国の仲間商人と（幕府・）藩権力との関係をテーマとする。

皮革は当時、武具・馬具のほか履物の材料として重要だったが、町人・百姓身分の商人が普通に扱う商品ではなく、かわた、えた身分の者が扱った。彼らは百姓一般とは区別され、百姓の村の一角に、集団で屋敷を除地として与えられていることが多く、職人的な側面を有したほか、本源的に商人仲間としての性格をもち、とくに皮革の生産・流通、皮革関連の細工などは彼ら固有の職分とされた。1章で述べたような城下町の形成に当たって、その外縁部におかれたかわた集団かその頭が、領内のかわたを統括する地位を与えられていることが通例だった。また西日本では各領国から大坂隣接のかわた村である渡辺村に向かう皮革の流通構造が形成されていた。

5章「皮商人と福岡藩革座」（高垣亜矢）は、福岡藩で宝暦九（一七五九）年に設置された革座について、在地の皮商人の実態とあわせて検討している。同藩ではもともと博多に近いかわた村（辻村など）に、領内の皮革を集荷する「皮元〆」がおり、宝暦八年に、彼らが大坂渡辺村皮問屋・大坂廻船問屋から受けていた仕入銀の返済を求められ、大坂町奉行所へ訴えられた。皮革はすでに藩専売品のような扱いになっていたようで、藩はその負債を返済しうる者に、身分を問わず革座の引き受けを認めると触を出した。結局、願人は現れず、辻村のかわた身分の者に引き受けさせたが、他のかわた村商人や皮問屋による抜荷を防げず、仕入銀返済が滞って文化四（一八〇七）年に革座を辞退する。この後、博多町人柴藤増次に革座の請け負いを認め、大坂町奉行所へ蔵物として扱うことを届け出るなど、大坂での皮革の取り扱いを改革し、藩内でも広く牛馬皮の売買を担う皮商人を掌握し、集荷独占を強化する方法を講じたが、やはり借金返済・皮革集荷ともに成功しなかったとする。

一方、畿内などで盛んに栽培された木綿は、繊維＝繰綿が2章で扱う太物（木綿布）の原料に、種子＝綿実が菜種とともに灯油の原料とされ、近世における商品生産を代表する品であった。油についてみると、幕府は灯油値段の安定のため、大坂への種物（菜種・綿実）の集荷を促進したが、明和三（一七六六）年に、大坂以外で（「手作〔した種物の〕手絞」以外は）絞油業を全面的に禁止し、種物と油はすべて大坂へ出荷することを命じた。在方商工業の抑制、都市への集中策を徹底・再版しようとしたわけだが、これに対して、運上の上納と引き替えに絞油業の公認を求める動きがおき、同七年には逆に摂河泉在方の絞油屋を株仲間として公認し、運上を課しつつ、大坂への出荷を命じる仕法が導入された（『和泉市の歴史3 池田谷の歴史と開発』和泉市、二〇一一年）。

6章「岸和田藩領における綿実の流通構造」（島﨑未央）が対象とした和泉でも、海岸の町場などで根草や綿実を集荷する業者（綿実寄屋）や、川に設けた水車などによって堅い綿実から油を絞る絞油屋が多く生まれていた。そこへ明和七年の仕法で絞油屋が株仲間として公認されたため、一方の綿実寄屋は否定・排除されることになった。すると岸和田藩領の絞油屋と、地理的まとまりによって結集した三谷絞油屋とが、もとの寄屋を自らの買次所として再編成しつつ集荷競争をくりひろげた。やがて寛政元（一七八九）年に岸和田藩は、大坂町奉行所が「無札で種物を買い込む者を取り締まれ」とした触を利用して、領内の買次所を一斉停止し、翌年、藩領水車が綿実を独占的に集荷するための買次所として再認可・再編成しようとした。しかし、生産者百姓が、高く買ってくれる他領の者へ売り渡してしまうなど、藩の意図は必ずしも貫徹されなかったとする。

5・6章ともに、幕府の広域支配と藩独自の領内支配とのせめぎあい、その下での特定品目の流通構造を精緻に明らかにしようとする方向性で共通する。西国における大坂や同町奉行所の位置・役割、あるいは畿内における幕府の広域支配と個別領主支配の関係などについても、あらためて多くの示唆を得ることができるが、その後の展開が気になり、各事例の歴史的・社会的位置づけをさらに深めることは今後の課題となろう。

本書の最後、7章「江戸町会所の運営と勘定所御用達の役割」（若山太良）では、ふたたび江戸城下に戻って、寛政三（一七九一）年に設立された江戸町会所の運営のあり方と、そこに参画した勘定所御用達の役割について検討する。江戸町会所は、町入用を節約させ、節減見込み額の七〇％を集金して積み立て、一方ではそれを貸し付けて運用しつつ、またその一部を備荒貯蓄（囲籾）として、飢饉時などに下層民を救済し、町方の矛盾を緩和する機能を果たした。寛政改革において設置され、幕閣が重要な決定を行っていたという面では「幕府の役所」としての側面をもつが、一方で、御用達町人が参画し、文字通り、江戸惣町・惣町人の「会所」としての側面があったことも確かである。

本章では、まず町会所の組織や構成、業務などを整理した上で、町会所掛役人（勘定所役人や町奉行所与力らの出身）と、上司に当たる町奉行・勘定奉行・吟味役との間での文書のやりとりを検討し、後者の支配下で、運営は前者にほぼ委ねられ、その下で勘定所御用達たちが実務を担っていたことを指摘する。また囲籾の量的目標の変化をたどるとともに、会所金貸付については、町入用の積金を運用して利子収入をあげる目的があり、貸し倒れが許されないものと認識されていたために、却って追い貸しが継続される結果となったのではないかと指摘する。また文政十二（一八二九）年には御用達が、貸付の手間や制度の弛緩を指摘して、（会所金が貯まった場合に納入している）御金蔵仮納金の返却や七分積金の廃止、囲米穀の充実を求める願書を出していることを紹介し、そこに町会所や積金の特質、江戸町民が注視するなかでそれを担った御用達町人の役割意識を見出す。

「勘定所御用達」は、天明八（一七八八）年、米価調節のため出金させる事態に備えて登用された（竹内誠『寛政改革の研究』吉川弘文館、二〇〇九年）。「御為替御用達」が十七世紀末、近世の第一段階に登場した御用達だとすれば、十八世紀末、近世の第三段階に登場した、また新しい性格の御用達であるが、古典的な研究しかなく、本章でも町会所との関係のみの検討にとどまっている。当該期の経済政策全般にいえることだが、さらに今後の研究が望まれよう。

以上、編者個人の関心と理解に立って、1章で概観した近世の権力と商人の「原型」を念頭に、各論文が取り上げた問題を歴史的に跡づけてみた。近世初期に形成された比較的単純な枠組み、「原型」のもとで、急激に進展した商人の動きに、幕藩権力はさまざまな対応を重ねて十九世紀を迎えるが、いずれはその枠組み、「原型」自体が商人らにとって桎梏と化すことになるだろう。しかしその前に、天保の株仲間・諸問屋解散を経験し、さらには開港によって世界の「自由貿易」市場の一端へと組み込まれることになる。その過程が、近世以来の「権力と商人」のあり方によってどう特徴づけられ、また逆に、その過程のなかで、近世以来の「権力と商人」のあり方がどのように変革されるのか、それらは今後の課題である。ともかく、近世の権力と商人について、これまでの研究史の蓄積をふまえつつ、それを前進させるための手がかりは本書のなかに見出されるものと信じるが、1・2章をはじめとして、未熟で読みにくい部分も多いのではないかと危惧している。本書の内容、および史学会（近世史部会）の活動に対して、広くご鞭撻・ご叱正・ご協力をいただければ幸いである。

最後に、本書の刊行にご尽力いただいた山川出版社に、心からお礼申し上げます。

二〇一五年八月

牧原　成征

目次

近世の権力と商人

1章　江戸城下における町人の編成と商人

牧原成征

はじめに

日本近世における「権力と商人」という問題を論じる上で、もっとも基本になるのは、城下における「町人」身分の編成と「商人」との関係であろう。では幕藩権力は、商人・職人らを城下へどのように集住させ、彼らにいかなる役割を求めたのか。それに規定され、商人らはどのような存在形態・動向をとっていくか。こうした研究史上の古典的な問題について[1]、いまさら新たに見出しうる論点は少ないと思われるが、一九八〇年代以降における近世都市史・流通史研究の成果に学びつつ[2]、あらためて考え直してみることも無意味ではないだろう。本章では、「巨大城下町」「総城下町」とされる江戸城下に即してこうした基本的な問題を概観することで、本書の序論としたい。とくに寛永九（一六三二）年頃の景観を描いているとされる、有名な「武州豊嶋郡江戸庄図」[3]（以下、「寛永江戸図」と呼ぶ）を念頭において、十七世紀における江戸町方の編成と商業の展開を復元的に考察してみたい。

1　江戸の町割と「国役町」

江戸の町割と同業者町

初期の江戸の町については、慶長十四（一六〇九）年に日本に漂着したスペインのルソン総督ドン・ロドリゴ・デ・ビベーロの記録がよく引かれる。人口十五万を有する江戸では、市街に沿って流れる川を通して大量の食料品が運び込まれることなどを述べたうえで、次のように記す(4)。

市街は皆門を有し、人と職とによりて区分あり、一街には大工のみ住し、他職のものは一人も雑居せず、他街には靴工あり、鉄工あり、商家あり、（中略）何れも一区に分居せり、商賈も亦之に同じく、銀商は一区を専有し、金商・絹商其他皆之に準じ、他商の同街に雑居するもの嘗てあるなし（中略）また魚市場といふ一区あり、（中略）青物幷に果物も亦各々其区あり、而して諸品其種類多く、分量大なるのみならず、又清潔に陳列しあるを以て買ふもの丶嗜慾を増加す、又旅店相並び、其間に他家を挟まざる数街あり、馬の売貸をなす街あり、（中略）醜業婦の区は常に町外れにあり、武士並に諸侯は他人民と異りたる区に住み、普通人幷に同格ならざるものは彼等と雑居せず、（後略）

これによれば、当時の江戸に同業者町が広く形成されていたことは確実である。「寛永江戸図」で、日本橋周辺をみると（後掲図1・2）、本町通り・通町筋を中心に正方形街区と両側町が広がっている(5)。町名をみると、確かに職人や商人の職種を示すものも多いが、職種とは無関係な町名も同じように多いことが留意される。

日本橋は慶長八年に架けられ、その頃には通町筋の町割が行われたとみられる。同十七年二月には幕府年寄・安藤重信が「江戸御普請舟入之画図」を持参し、駿府の大御所・徳川家康の上意を伺った。六月二日には江戸「新開地」の「御町割」があり、上意により京都や堺の商人に屋敷を下賜したが、それは御用達町人の後藤庄三郎が担当したとされる（「駿府記」)。この頃、日本橋・京橋一帯の船入堀も開削・整備されたとみられるが、河岸付には、不整形の街区や片側町が多く、「寛永江戸図」でも町名が完備していない。

職人町

従来、江戸における町《ちょう》の形成は、同業者町のうちでも職人町および伝馬町の例を中心に論じられてきた。これらの町々は後に、公儀に対して技術労働を「国役」として勤める「国役町」とされ[6]、名主・職人頭の家に関する由緒書等によって、町の成立過程が復元・推測できるからである[7]。

それによれば、江戸城下の町割に際して、紺屋・大工・桶大工・大鋸・畳指・鍛冶・塗師・鉄砲師など、建築・家具・武具関連の諸職人は、徳川氏に従ってきた頭等に率いられて町ごとに集住したとされる[8]。頭はそれぞれの町(紺屋町・大工町・桶町、等々)の名主となる例が多く、固有の職能でもって幕府に技術労働を奉仕させられた。これが「国役」と称されて町の家持役として勤められ、頭(名主)は幕府から扶持を給されているケースもあった。

当初は、江戸城作事の際に大工などが連日、動員されたと考えられるように、もっぱら公儀御用のみに従事する状況もあったとみられ、そうした実際の技術労働を随時、動員・確保するために「国役」の制度が設けられたと考えられる。しかし一方で、後に規定された国役の日数は限定的であり、与えられた屋敷は、「寛永江戸図」からは町人地の一角(町屋敷)だといえる。したがって、これらの職人は、一部の御大工層・頭層を除いて、公儀御用のみに応える完全な扶持職人ではありえず、大名やその家中、旗本御家人層はもちろん、町人・市中一般に対する営業を基盤としたのであり、それを保障する代わりに優先的に公儀御用に従事させる体制を築いたものといえる。

天正四(一五七六)年に織田信長が安土城を築く際、領国近江では建築関係職人が村々に散在しており、職分の安堵と引き換えに、彼らをそのままの居住形態や集団によって「国役」として動員した[9]。やがて彼らは城下の職人町に誘致されたが、すべてが集住したわけではなく、近江などでは在方にもかなりの職人が残され、それらを「国役」として動員する制度が近世を通じて存続した。江戸のような創出型の城下町の場合、旧領や上方等から従ってきた頭の下で、（江戸では際立って大規模に）職人町＝集団が形成され、「国役」の中心的な担い手となった。その場合、職人町は城下惣町中、さらには領国での当該営業上の特権を認められたともいえ、市中に散在した職人や領国在方の職人らに、営業を認めるのと引き換えに国役を分担（助役）させることもしばしばあった。江戸の職人頭が「関八州の頭」に任じられたという由緒をもっている例があるのはそれを示す。[10]

「寛永江戸図」に戻ると、「国役町」以外に、職人町というべき町名として、銀座近辺の具足町、弓町、鎗屋町、南鍋町、木挽町（八町）、日本橋の北鞘町、神田の乗物町などがある。これらは、もとは職人役もしくは国役を負担していた可能性があるが、遅くとも安永期には人足役を勤める「公役町」とされている。[11]

伝馬町

次に伝馬町について、やはり先行研究を参照しつつ成立の事情を概観しておこう。[12] 由緒書の類によれば、徳川氏「御入国」の際、旧領出身もしくは江戸の有力者であった佐久間善八・馬込勘解由・高野新右衛門らが、宝田村・千代田村等の名主に任じられ、伝馬役を勤め、慶長十一年に江戸城本丸が造営されると、後の三伝馬町の場所へ移って町家を取り立てたとされる。伝馬役は家持役として勤め、大伝馬町・南伝馬町は品川・板橋・千住など四宿への道中筋（宿継）御用を、小伝馬町は江戸廻りの御用を担った。

寛永十三（一六三六）年の江戸城外郭完成の頃に、大伝馬町は四谷で、南伝馬町は赤坂で空地を下屋敷として拝領した。それが四谷伝馬町（一〜三丁目、塩町一〜三丁目）、赤坂伝馬町（表伝馬町一・二丁目、裏伝馬町一〜三丁目、田町一〜五丁目）であり、伝馬町の家持共で屋敷を配分した。次第に、五間口の屋敷で一カ月に伝馬二疋ずつ親町へ助役を勤める規定で地所を譲って、沽券町屋敷になったとされる。なお宝永二（一七〇五）年には三伝馬町（名主・町人〈家持〉）で四カ所の拝借地を与えられている。[13]

承応二（一六五三）年には、近在から江戸へ出て駄賃稼ぎをする馬持は、両伝馬町へ年に一疋ずつ（万治三〈一六六〇〉年以降、三疋ずつ）、御定賃銭をとって馬を提供することとされた。江戸の馬持が駄賃稼ぎをする場合も伝馬町へ馬を提供することになっており、[14]江戸での駄賃稼ぎは伝馬町の特権だったが、伝馬役負担が過重となって、すぐに実益はなくなった。また家持が実際に馬を持つこともなくなり、入用を負担して店借・請負人に役の遂行を委ねるようになった。

大伝馬町・四谷伝馬町には塩町が付属し、前者は「おかつけしを丁（陸付塩町）」とも称された。[15]これに関連して、三河岡崎城下の伝馬町は、故地八町村以来「塩商売いたし信州へ塩付越仕候」ゆえ、戦時に物見の役に派遣され、その代償として「塩之座」を認められたという由緒をもつ。[16]伝馬役を課された代わりに、馬で塩を付け運んで売る業を保障されていた。なお、岡崎では伝馬役はもと伝馬町だけが負担したが、寛文十（一六七〇）年の大火後、「岡崎町中へ惣伝馬ニ被為仰付」たという。城下町における伝馬役賦課には、伝馬町に集中して賦課する江戸のような型のほか、様々な類型があった。

小網町・新網町

日本橋川に面する小網町と、金杉川河口・北側の芝新網町も「国役」を勤めているとされている。その内容は、小網町が「中川御番御用船幷御成御前日船払御用船」を勤め、芝新網町も「浜御庭品川辺御成之節番船幷流人出船之節助舟等差出」としている。[17]「文政町方書上」[18]の芝新網町分では、次のような由緒を記している。

往古は芝浦という海辺で漁夫が多く、漁猟をしており、寛永三年に江戸城御台所に白魚を差し上げ、以後、年々差し上げて、褒美として金子をいただいてきた。寛永七年に名主惣十郎先祖が召し出され、一〇〇間四方の浜端を漁夫共の網干場に下しおかれ、同十一年に漁夫共の居屋敷に願い上げて町割を許可された。今も漁夫が入り交じって住んでいる。将軍家光の代まで日頃、漁をして「御菜」を差し上げていたが、寛文八・九年頃に漁を止めて「御菜」も差し上げなくなった。そして「国役」の内容としては、浜御殿・品川筋御成の節の番船、御用荷物・浦触の引船、難風の際の助船をあげている。伝馬役の海上版というべき内容である。

ところで、芝新網町から金杉川を越えた南側は芝金杉・本芝と呼ばれる地域で、「町方書上」によれば、もともと「浦」（漁村）であり、東海道沿いに形成された町々部分は寛文二年以降、町奉行の支配下にもなったが、引き続き村・浦としての性格をも保ち、御膳御菜御肴を他の近隣六ケ浦とともに上納し、芝浦御成の番船や城米引船など「浦方御役」を勤めているとしている。これと比べると新網町は早く寛永十一年に江戸の町となり、浦としての役が町の「国役」と認識されるようになった。四谷・赤坂の伝馬町などよりやや早いが、「古町」とされた最後の例の一つである。

以上のようにみると、新網町は小網町に対して称した町名とも考えられ、小網町ももとは江戸湾に面した同様の「浦」であり、それ以来の役として番船など浦役を負担したとみられるが、それは伝馬役に比べると軽微だった。小網町にはもともと御菜白魚の上納を勤める「白魚役」の漁師集団がおり、[19]また後には「江戸河岸」での艀下を生業とする船持の集団＝付船仲間がいたことが知られるが、[20]これらも浦としての生業、それが役負担の対価として保障されたことに淵源するとみることができる。

芝車町

本節の最後に、伝馬町に類似する町として、東海道筋、芝田町（九丁目）と高輪北町との間にあった芝車町についてみておこう。享保十四（一七二九）年、同町の名主・年寄が町年寄の尋ねを受け、町内の「牛屋仲間」が相談のうえ、次のような口上書を作成し、名主が提出した。[21]――江戸の牛車の起源は、寛永十三年、市谷・牛込見附土橋御普請につき、京都より牛車を牽いて下ってきたことにある。市谷八幡前で四町余の所を牛車小屋場とされ、御用の材木や石を運送した。

同十六年に普請が終わったあと、将軍家光の上意として牛持らに江戸で屋敷を下賜するといわれ、中橋と新銭座を希望したが叶わず、現在地四町を割り渡された。現在でも四日市（江戸橋広小路）・八丁堀の一角に牛車を差し出し、舟で着く荷物を賃送する家業をしている。御雇がある際は、何国へも牛車を牽き連れて家業をしている。

このように京都の牛車持が江戸城普請に際してやってきて、やがて拝領したのが芝車町で、牛車持＝家持の町として出発した。少なくとも享保期には名主自身は「牛持共」「仲間」に含まれず、次第に牛持の数が減り、一人あたり多くの牛・牛方を抱えるようになっている。

その前年、享保十三年の町年寄の尋ねに対して名主は、同町の牛車役は、町拝領以降、一年に牛車六〇疋ずつ役を勤めるよう命じられ、寛文十三年、越谷と板橋より御用の大樽木を御城まで牛車三四疋で運送したが、それ以降、御用は命じられず、牛車役は出してないと述べている。元文四（一七三九）年、牛持共と名主は町奉行所に拝借金を願い出て、その冥加として「定御小屋車力運送御用」を年六〇疋、役として差し上げたいので、命じてほしいと述べているが却下されている。「町方書上」の同町分でも寛永十六年の起立から（寛文二年に町方支配になったが）寛文十三年まで御公役はなく、同年に上記御用を勤め、その後また役賦課がなく、元禄十四（一七〇一）年に町料理人給金を上納し、享保五年に伊豆下田より鳳凰丸を下す御用として一三カ町へ四〇〇人の人足を命じられ、当町内から六〇人を差し出した。享保七年に人足役五一〇人を命じられ、翌年から公役銀で上納している、と述べている。享保七年には、江戸町方全体で国役・公役の負担状況が調査され、やがて公役の銀納化が命じられた。

当初は後に国役町になるような町々と同じように牛車持＝家持に、牛車役＝職能役を勤めさせる意図があったかのようであるが（同じ頃に四谷・赤坂の伝馬町が成立している）、江戸城普請が終わると牛車役を必要とする局面はほとんどなく、車町は国役町ではなく公役町として確定された。そもそも彼らが屋敷を与えられた高輪は、当時、江戸町方の範囲には含まれていなかった。

さて、享保五年に車町とともに人足役を賦課された一三町は、鑓屋町・*畳町・南鍋町一丁目・*北紺屋町・銀座三丁目・*西紺屋町・*新網町・南佐柄木町・*南紺屋町・新吉原五丁分などであり、(22) *をつけたのが後の「国役町」で、他もそれに準じる性格をもつ町だといえるが、車町と同じように当時、定式の役を負担していなかったために、この人足役が賦課されたとみられることが興味深い。とくに「吉原」五町は、庄司甚右衛門が、慶長年中（十七年か）に、治安維持や風俗統制を請け合って、市中に散在していた傾城（遊女）屋を一カ所に集めることを願い出、元和三年に独占営業権を認められた傾城（遊女）町である。(23) その際、「町役等は江戸の格式の通りに勤めること」とされたようだが、実際には人足役も国役も賦課されていなかったのかもしれない。

以上のように幕府は、実際の技術労働を随時、動員・確保するために、町を単位に「国役」を賦課した。その必要性は、伝馬役等を除いてそもそも恒常的ではなく、次第に低下して賦課も形骸化したが、一つの規準として町々の生業や権利のあり方を規定することになったといえよう。約三〇〇町とされる江戸「古町」のうち「国役」を課されたのは、最大で三割程度だったとみられる。

2　同業者町の展開

商人の同業者町

前節では同業者町のうち「国役町」とされた職人町・伝馬町等についてみたが、商人の同業者町についてはどうだろうか。まず基本的な史料を提示し、問題の所在を考えておきたい。

「寛永江戸図」では、商人の業を示すと考えられる町名として、日本橋南の舟入堀がある地区に、*材木町（一〜九丁目、本材木町）・樽柾町・南槇町・*中橋槇町・炭町（京橋炭町）・油町・川瀬石町・青物町・*竹屋町（京橋竹町）などが、多く分

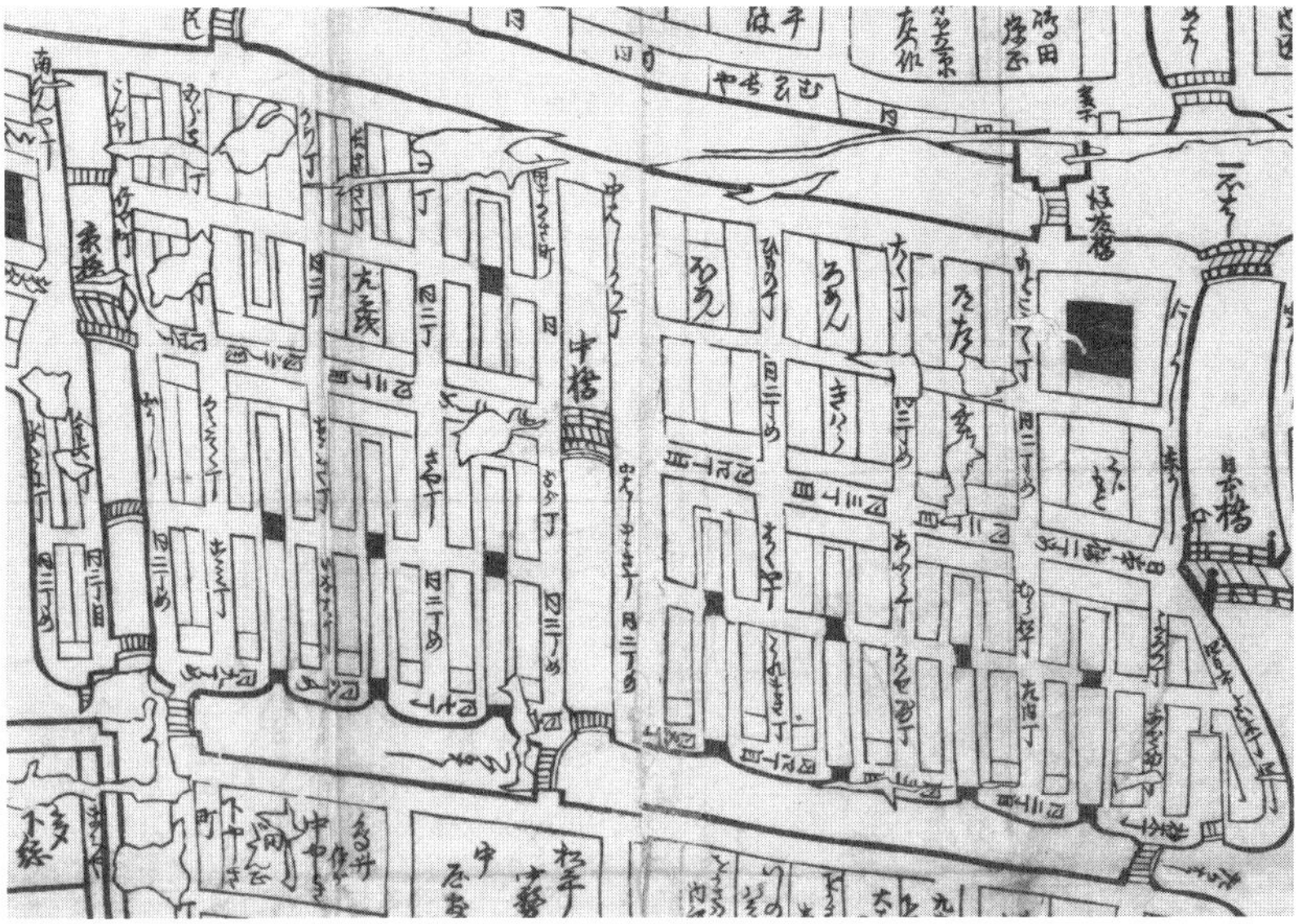

図1　「武州豊嶋郡江戸庄図」（国立国会図書館所蔵，貴9－24，部分）。国立国会図書館ウェブサイトより転載。

布する（寛永江戸図の一例が図1）。また日本橋北の舟入堀がある地区にも、あひ物町（小舟町二丁目）*・槙町（堀留二丁目）・材木町（新材木町）*がある。以上のうち*をつけた町は、貞享四（一六八七）年刊行の地誌『江戸鹿子』[24]で、当該業種の商人が集中しているとされる地区に含まれる。もともと上記町々は総じて、舟入堀を経て搬入される物資をあつかう地域として存在したと想定されるが、日本橋南の舟入堀は十七世紀の末までに埋め立てが進んだこともあって、町や商業地区にかなりの変化があったとみられる[25]。

この問題を考える手がかりとしては、まず寛文十二（一六七二）年四月の町触がある（『江戸町触集成』[26]九八四号）。そこでは主要な商品について、特定の町々に対して、毎月二日に相場を書き上げるよう命じている（表1）。町奉行所が、市中の物価変動に関心を抱き、それらの町々で各品目の相場が形成されると認識していたことを示す。同業者町が存在しつつ、すでに当初の地区とは変化しているとも考えられる。

少し遡って、明暦大火後、明暦三（一六五七）年九月の町触（同一八〇号）が、当該期の江戸商業を論じる際、重要な史料として必ず参照されてきた。この町触は第一～三条で、

表1　寛文12年，相場書き上げを命じられた町々

A呉服物	本町１・２丁目
B材木	本材木町（７町），新材木町
C榑木	西河岸町
D米・大豆・塩	本舟町，伊勢町，北新堀
E酒・油	瀬戸物町，こふく町
F真木・炭	本八町堀，南新堀，本湊町，北新堀町
G真綿・絹・紬	大伝馬町，本町３丁目
H金銀	本両替町，駿河町

出典　『江戸町触集成』984号史料。

表2　明暦３年の町触における諸商人・諸問屋・諸職人

諸商人	呉服屋，糸屋，綿屋，絹屋，紙屋，物の本屋，扇屋，両替屋，鮫屋，薬屋，材木屋，竹屋，釘屋，槙屋，米屋，酒屋，肴屋，革屋，石屋，染物屋（店）
諸問屋	材木問屋，米問屋，薪問屋，炭問屋，竹問屋，油問屋，塩問屋，酒・醤油問屋，茶問屋
諸職人	大工，木挽，屋ねふき，石切，左官，畳屋

出典　『江戸町触集成』180号史料。

諸商人・諸問屋・諸職人にわけて、それぞれの代表的な業種をあげて（表2）、いわばカルテルを禁止したものである。

まず第三条をみると、建築関係の諸職人が会所を定め、結束して手間料を高値に申し合わせているとして、それを禁じている。「国役」を勤める職種も含まれるが、彼らが基本的に民間需要に応じる存在になっていることは明らかである。それに先立って六月には町中に桶屋がいる場合、桶町名主藤十郎より連絡があり次第、これまでどおり公儀役を勤めるよう命じ、今度の火事で他所から桶屋が入ってきた場合に申し聞かせることを命じている（同一七二号）。江戸市中で営業する桶屋に対して、桶町名主の管轄下で幕府へ役を勤めさせる体制を維持しようとしているが、寛文期になると江戸でも幕府施設の大工手間や御鉄砲御塗などに広く入札が採用されるようになる。(27)

第一条では、同年七月の触（同一七六号）をみるとより明確であるが、吉田伸之氏が指摘したとおり、同一業種の諸商人の仲間が「店（棚）仲間」、すなわち町を単位とする表店商人の仲間としてあらわれていることが重要である。(28)大火後には彼らが「売物之直段相究売買」「〆売ニ致」していると幕府は認識し、それを禁じている。

第二条は「諸問屋が結束して、他国より来た船の商人（旅人）が問屋に着かず、すぐに荷物を売却した場合に、その船の商人を二度と問屋へ着けないので、旅人が迷惑していると聞く。旅人の勝手であり、諸人のくつろぎであるので、今後

は船の商人の思うままに商売をさせるように。問屋の一味の申し合わせは禁止する」と述べる。やはり吉田氏が指摘したように、第一条の商人と比べ、ここで例示されているのは船で江戸へ搬入される品目であり、それは前述した河岸付の同業商人町とも重なる。同年二月には、諸国より江戸へ商舟が着岸しても、例年の問屋が各所にあって売買に滞りはないので、気遣いなく廻船するように、という高札を川口に建てる旨を舟問屋共へ触れている（同一五九号）。ここでは舟問屋で売買がなされるとみなされているが、江戸では物資の流通上、舟運が大きな役割を果たすようになっており、そうした問屋の統制が重要な課題として浮上していることがわかる。

吉田氏は「問屋が共同で荷物受託を独占することを停止」したのは「明暦大火後の江戸市中再建にむけて大量の物資を調達」するための「時限的な法令」で、「『船商人』の手で諸国から舟運を介して集散する物資を、諸問屋により受託を独占させて流通支配の根幹に据えることは、十七世紀前半までに確立していた政策基調だったと推定」している。以下、本章ではこの点の検証を念頭においてゆきたい。

職人町から商人町へ――本材木町

さて、本節では表1のうちB材木と材木町・材木商人の動向[29]を中心に、C榑木、F真木・炭についても言及しながら、同業者町の展開の一面を跡づけていきたい。前述したように、日本橋南の舟入堀沿いに多くの同業商人町が存在したが、材木関係が多く、とくに一丁目から九丁目にわたって南北に長く展開する本材木町はひときわ目立っている。同一丁目から西へ入った日本橋川の河岸沿いにも「四日市真木丁四丁」と東河岸・西河岸（町）があった（図1）。西河岸町には榑木を扱う商人が集住していた（表1―C）。また本材木町九丁目に隣接して京橋炭町がある。本材木町・京橋炭町は後には公役町とされているが、他に「国役」として、御仕置者がある際の「役材木」「役竹（皦竹）」を負担している[30]。以下、本材木町について検討してゆこう。

本材木町（一〜四丁目）名主新助後見新右衛門は、嘉永四（一八五一）年十一月に同町の役材木の起立について尋ねられ、以下のように説明している(31)。

①慶長九（一六〇四）年、江戸城御造営の際、国々より材木商売の者が召し出され、御材木伐り出し御用を命じられた。当時、当町内は葭原であり小屋掛けして右御用を勤めた。

②同十一年に城が完成すると、そのままその小屋を住居にして残った者も多く、その後、延宝元（一六七三）年まで六八年の間、問屋・仲買の差別なく混交して渡世してきた。材木町と称したが、造営中は御材木町と称したという。次第に御府内が繁盛し、所々に材木渡世の者が発生したので本材木町と称した。

③長木を扱うからか一町ごとに木戸もなく、材木渡世の者が多人数住居して混雑したので、長木の分は「建て置きたい」と願い上げて許された。その冥加として相応の御用を勤めるべく、御仕置者御入用の材木を上納したいと願い、元禄期までは材木屋共方で右御用を勤めてきた。だが、次第に材木屋共が離散し、御用材木が御入用の節は夜中でも遠方まで連絡する必要があり差し支えているというので、材木は町内の役として勤めることを申し出て認められた。

④享保期に御役材木入用が多分になり難渋したので、享保八（一七二三）年に願い上げ、翌年、過去三カ年の御仕置材木入用高を調査のうえ、享保六年分の入用高（金一一両余）の通り（役材木を）納め、それより多く入用が掛った場合は代金を下されることになった。

これによれば、材木町はもともと国役町として職人町のような性格を有し、①の段階では完全に江戸城造営のための材木伐り出し御用のみを勤め、その後、その場で材木商売・渡世をすることになったという。「材木伐り出し御用」から、「長木を建て置く」ことを安堵された冥加としての材木へと役負担が転換したと認識されており、職人町から商人町への転換を表現しているとも読めて興味深い。市中の材木屋共一同で役材木を負担していた段階があったかどうか疑わしいが、職人の国役を当該職人町で負担する場合と、市中で営業する当該職人全体で負担する場合とがあったことを想起すると、それと同じ問題がここでも見出されることになろう。

なお、初期の材木商人の業態については、西河岸町の例が知られる。寛永十八（一六四一）年、長島作蔵という同町の商人は、信州へ材木を買い付けに出かけ、在地の有力者から資金を出させて、材木を江戸へ運んで販売し、利分の二分の一から三分の一を得て、本金と残りの利分を送っている。(32) ここでの長島を荷受問屋とみることはできず、商人として隔地間を移動しつつ、同時に江戸西河岸町に店をもつことを大きな利潤の源泉としていたとみられる。②で言われている問屋・仲買未分離の材木商人の一例ともみることができよう。

問屋と仲買との「差別」

次に「文政町方書上」のうち、神田川北岸の神田佐久間町一丁目の書上を参照してみよう。

（前略）寛永十八巳年中大火御座候ニ付、諸材木炭薪等迄焼失仕御用等御手支御座候由、其上所々町中ニ材木之類高積仕置候由ニ而、御詮議之上、河岸附ニ而諸材木炭薪等商売仕候当町幷同所久右衛門町、日本橋辺本材木町、三拾間堀、本八町堀辺、都合三拾五ケ町之町人共、　御評定所江被召出、深川木置場ニおゐて屋敷被下置候旨、御老中松平伊豆守様被仰渡、拝領屋敷被下置候儀ニ御座候、（後略）

寛永十八年に大火があり――これは事実である(33)――、諸材木炭薪が焼失して御用の支障になり、所々の町中で材木類を高積みしているということで取り調べを受け――こうした「高積み」規制も事実である(34)――、神田、日本橋辺の本材木町、三十間堀、本八町堀など、河岸付で材木炭薪などを商売している三十五町の町人が召し出され、深川木置場で屋敷を下しおかれたとする。細部はともかく、同様の経緯は享保期の史料でも確認できる。(35) これが深川の木場の濫觴であり、材木商売の中心は本材木町辺と深川木場とに二重化することになった。

神田佐久間町一丁目の書上の後段では、「町々材木渡世仲ケ間」においては、同町河岸通の一部を神田材木町と称しているとして、同仲間の由緒を記している。すなわち「慶長九年から十一年まで江戸城普請の御用を勤め、現在の本材木町の場所に一同で居住した」としたうえで、次のように述べている。

（前略）延宝元丑年迄六拾八ケ年之間、問屋仲買之無差別、商売致来候所、山方江遣し候金子之義ニ付及出入ニ候所、山方を相働候もの共者問屋ニ相成、御府内ニ罷在、御屋敷方御出入等も出来致候もの共者仲買ニ相成候旨取極、和熟仕、出入相済、右仲買共、本材木町組、南茅場町組、新材木町組、神田材木町組、三拾間堀組、都合五組ニ相定、其後益々御府内御繁栄ニ付、仲買之義も所々ニ相増候義ニ而（後略）

延宝元（一六七三）年に、山方へ遣わす金子について出入がおき、「山方を働く」＝産地荷主からの入荷・集荷を担当する問屋と、江戸にいて武家屋敷への出入なども担う仲買との差別が明確化されたとする。この由緒は具体的であり、事実を反映したものとみてよいだろう。

ただし、もともと本材木町にだけ材木商人が集中していたとするのは、ある種の理念型であり、実際には前段の引用にもあったように三十間堀・本八丁堀・新材木町・神田などにも早くから材木商人が並存していたとみるのが自然であろう。

次の史料は本材木町（の材木仲間）から町奉行所へ出したものとみられる。(36)

一札の事

一材木之類、竹売買之儀、並に問屋又口銭迄も、数年願之通、此度材木町一町江被為仰付置候段、難有仕合と奉存候、

一問屋之儀三人に相定可申候、然共若悪敷問屋御座候はゞ、材木仲間にて吟味仕入替可申候、勿論被除人異議申間敷事、（後略）

寛文四年辰七月二日

寛文四（一六六四）年に、本材木町が材木商売における他町との競合のなかで、「数年願」を行った結果、材木商売上、何らかの特権的な地位を認められたことを示す。その際に問屋を三人に定め、悪い問屋は材木仲間で吟味のうえで入れ替

えるとしている。由緒書でいわれていた延宝元年は、この延長上で、一定の決着をみた時期と考えておきたい。

問屋・仲買仲間の展開

延宝期に立てられたという本材木町組など五カ所組の仲買は、後には「慶長以来家業仕来、重立候者共」とされ、ほぼ曲輪（外郭）内を中心に分布している。それ以降、新興の者たちが、七ケ所組（浅草・両国など）、九ケ所組（本郷・小石川・牛込・本所・深川など）、二ケ所組（芝金杉・神田銀町辺など）を構成していったとみられるが、すべて、いずれかの問屋でのみ材木を仕入れることとされている。[37]

一方、問屋仲間の展開をみると、「深川町方書上」等によれば、深川の木置場（後に元木場町という）は、元禄十二（一六九九）年に御用地に召し上げられた。幕府の主導で深川一帯の「築地」造成が進められ、町人へ払い下げられることになり、町人らの願いによって「江戸町並同前、家作御改　御免之町屋鋪」とされた。幕府は当時、江戸外縁部では家作改を行い、新規に家（町家）を作ることを規制していたが、ここはその家作改を免除され、「江戸町（古町）並」を認められた。[38]そのうち、同十四年に材木問屋一五人が六万坪余の地所を買い受けて、新しい木場町ができた。材木問屋＝地主の町として創出されたことになるが、木場材木問屋のなかには隅田川西に居住した者もなお多かったようである。

一方、本材木町・中橋入堀沿いの町々が享保十八年に入堀浚えの拝借金を願った史料[39]では、元禄期に新しい木場町を下された際、「水付場所で地形等に物入が懸る」として代地を受け取らなかった。その節は本材木町・中橋入堀が深くて運送に差し支えなかったが、現在までに段々埋まってしまい、困窮していると訴えている。この本材木町等に残った材木問屋は、「板材木問屋」「熊野問屋」を称し（両者は宝永期に合同、天明元〈一七八一〉年に三〇人）、三河・駿河・大和などの（公儀御手山の）御用材木伐り出し運送を担ってきたという由緒をもつのに対して、木場材木問屋は、江戸入津材木の幕府への「御買上」御用を勤めているとしている。すなわち、材木入津の際には御材木蔵御役所へ届け出て、指示があるまで材木をプールし、御用になる分は春秋の極め値段で上納し、不要になった分を市中へ売り捌いているという[40]。

以上とは別に、小網町・本所竪川・浅草川辺などに奥川筋竹木炭薪問屋（川辺問屋）が簇生し、そのうち享保期に公認された古問屋は、延享二（一七四五）年に木場材木問屋との争論のなかで、それまで材木を扱ってきたことが認定されて、七七人で同問屋の一株をもち、木場町へ売場を建てて、材木はそこで売買するよう命じられた。以上の材木問屋三組は、文化期に本所竪川通りの定浚えを全体で引き受けることを願い出て認められることになる[41]。

以上、材木関係の商人の展開をたどって、幕府御用を担う、特定地区に集中した広大な同業者町群から、インフラの問題や、領主需要に対する民間需要の増大を背景にして、問屋と仲買が分化しつつ各地に散在するに至る過程をみてきたが、その中核的な部分は幕府の編成や御用に規定されて展開したことが理解されよう。

3　卸売市場の展開

江戸湊の河岸と町

前節でみた本材木町の二・三丁目には、延宝三（一六七五）年に新肴場という魚市場が開設される（後述）。また、真木河岸があった四日市町は、明暦大火後に霊岸島へ移されて火除地（広小路）となり、十七世紀後半には小舟町と並ぶ塩干魚の市場と化した。四日市に隣接する青物町・万町は元来、青物とともに乾物類を商っていたと考えられ、小舟町の相物河岸の狭隘化ともあいまって、この一帯に塩干魚の市場が拡がったとみられる。このように、この地区の広大な材木関係の河岸・町は、魚関係へ転換されたケースが目につく。

つづいて日本橋北をみると、伊勢町堀と堀留町入堀という二本の入堀があり、その河岸は、米を中心に大豆・魚・相物・塩・茶・酒・油等の荷揚場として利用され、一帯の町々はそれら消費物資の卸売市場として機能してゆくことは周知

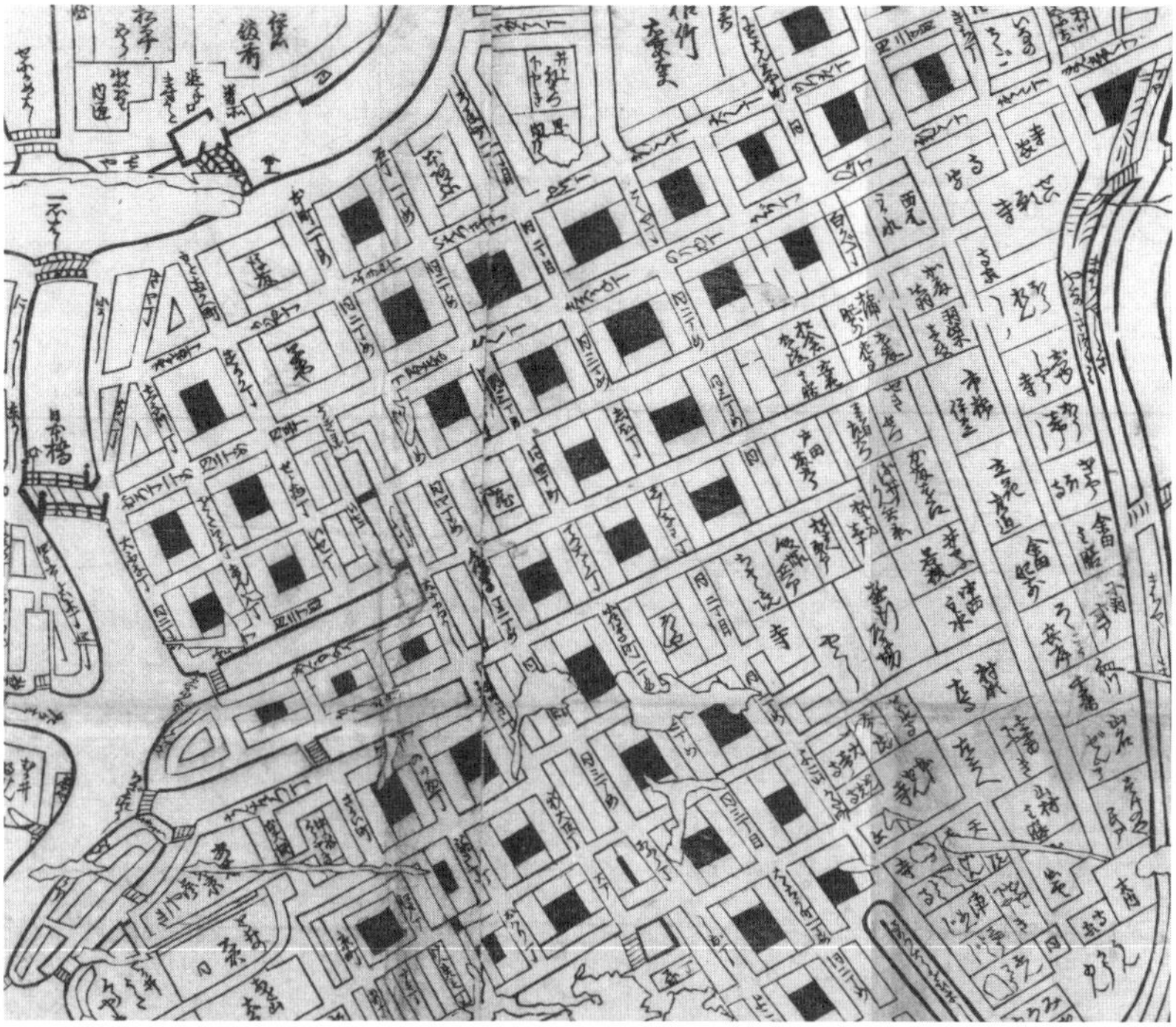

図2　「武州豊嶋郡江戸庄図」（国立国会図書館所蔵，貴9－24，部分）。国立国会図書館ウェブサイトより転載。

のとおりである。「寛永江戸図」諸本をみても（その一例が図2）、日本橋川に沿って大ふな町（本船町）があり、伊勢町堀を入って小ふな町・あひ物町（あひものかし）、こめかし町・しほ町（ともに伊勢町）、せと物町等がある。また河岸に面していないが、おたはら町・あんじん町等がある。堀江町入堀を入ると、ほりへ町・まき町（堀留二丁目）・さい木町（新材木町）等があり、両入堀から日本橋川へ出た所にも「こめかし」（小網町）があった。延宝七年の「江戸方角安見図鑑」[42]でも、大ふな町（の西側）には「さかな舟つく」と魚河岸が描かれ、同東側の「こめがし」と区別されている。小田原町には「さかな」「うをや」、瀬戸物町には「くだりものいろ〳〵」「くだりざけ」などと記される。おそらくごく早い時期から、本船町の河岸は魚河岸と米河岸、伊勢町の河岸は米河岸と塩河岸として利用されるなど、河岸＝荷揚場は品目ごとに一定の区別がなされたが、品目ごとの同業者町

表3　貞享4年,『江戸鹿子』における「問屋大概」

諸色問屋 米・油・綿	舟町	桑名屋小兵衛, 松葉屋七兵衛, 堀内七左衛門, 井口久右衛門, 星野庄三郎, 永倉三郎兵衛
	伊勢町	内田市左衛門, 山口作兵衛, とんたや清兵衛, かまくらや市左衛門＊, 丸屋久右衛門＊
	小網町	天野六左衛門, 鳥居九兵衛＊, 白子や三十郎＊
諸国問屋	大伝馬町横町	津村五郎右衛門
	本石町④	中里清右衛門, 遠藤喜右衛門, 浅井半十郎
大坂舟問屋	かやば町	利倉や三郎兵衛
	尼崎	銭屋久左衛門(久兵衛＊)
	舟町	立花屋, 井上重左衛門＊
鉄問屋		桑名屋小兵衛(舟町), 森田喜兵衛
紙問屋	本町④	西村市郎右衛門
	大伝馬町横町	村田長兵衛
	本石町④	山中四郎右衛門, 大橋小左衛門, 村田伊右衛門
木綿問屋	大伝馬町①	升屋七左衛門, 赤塚屋善右衛門, 久保寺四郎右衛門
茶問屋	大伝馬町③, 同①, 横町	—
墨筆問屋	本町③	森田山城, 岡嶋河内
	石町十軒店	井上備後
	石町②	西河和泉
人参問屋		松岡伊左衛門, 伊勢屋孫八郎(日本橋北①)
櫛問屋	日本橋南②	木屋九兵衛, 木屋庄兵衛
	通塩町	駒屋長右衛門
	日本橋南①	堺屋喜太郎
薬種問屋	本町③	大和屋庄兵衛, 日野屋六右衛門, いわしや, 播磨屋
きせる問屋	日本橋南②	大和屋藤七郎
小間物問屋	日本橋南①	井筒屋, おひや, 白木屋, 鎰屋, つほや
魚問屋	小田原町	こかち長次郎, 大和屋八兵衛, 西宮甚左衛門

出典 『江戸鹿子』(『東京市史稿　産業篇　第七』1415〜1419頁)。
注　③などは, 三丁目などを示す。蠟問屋・土人形問屋・京大坂飛脚宿などいくつかを略した。
＊は享保4年に廻船問屋として名前があげられている者(『江戸町触集成』5610号史料)。

という形には整序されていない。

表3には、『江戸鹿子』における「問屋大概」という記事を示した。冒頭には「米・油・綿」をはじめ諸荷物を扱う「諸色問屋」を書き上げているが、それは舟町に六人、伊勢町に五人、小網町に三人である。このほか「大坂舟問屋」四人のうち二人が舟町にいた。つまり大舟町（本船町）・小舟町・伊勢町等は、いわば江戸湊付の町々として設定されたとみられ、船の問屋や関連の商人（船具屋等）が簇生した。もともと船の問屋で売買も行われたが、寛文六（一六六六）年四月には下田・三崎番所を通る船改めの法が制定され、通行手形の一部を、江戸の船問屋が発行することになった。[43] 同八年には米・大豆以下の商品について江戸の問屋・商人の在庫調査が行われている（『江戸町触集成』六五三号）。同十二年には前述したように各品目の相場書き上げが町々に命じられるなどして、次第に、廻船問屋と売買の問屋との分離が促されるようになったと考えられる。

一方、表3で本石町などにある「諸国問屋」は、諸国から陸付で送られる荷物を扱う問屋であり、紙・木綿・筆墨・薬種なども本来、陸付荷物だったとみられるが、これらは品目別に問屋が分化していたことがわかる（このうち木綿問屋については、本書2章で検討しているので参照されたい）。

魚市場と魚商人

以下、魚・米・塩について、河岸・市場・町の関係をみてゆこう。寛文六年九月の町触では、「本小田原町・品川町魚問屋、其外町中ニ有之候魚問屋共」を招集しており、下田・三崎番所での船手形改めと関わるものともみられるが、そもそも町々に対して魚問屋の有無を尋ねている（『江戸町触集成』五七三号）。これ以前に町奉行所は魚問屋を網羅的には把握していなかった。『江戸鹿子』では「魚問屋」は「諸色問屋」とは別に、小田原町の三人があげられ、寛文十三（一六七三）年の武鑑[44]でも「御用聞町人」の「御魚屋」は小田原町に三人（源左衛門・庄左衛門・太郎右衛門）、小舟町に一人（八兵衛）があげられている。本船町の魚河岸に面した表店は、もともと船具などを扱う店（麻苧店）が多かったようで[45]、魚市場の中心は河岸のない小田原町であった。この点を、寛政元（一七八九）年〜天保三（一八三二）年の間に肴問屋の起立について尋ねられて作成された由緒書[46]でみておこう。

①天正期以降、上方にいた徳川家康に対して、摂津佃村孫右衛門が支配下の漁船を動員して様々な御用を勤めた。関東へ下って「御菜」御用を勤めるよう命じられ、森孫右衛門が一族七人、支配下の漁師三〇人余を連れて下り、安藤対馬守屋敷にいて御膳白魚の差し上げや魚漁御遊覧の御用を勤めた。

②森孫右衛門の二男（佃屋）九左衛門が、支配下漁師共の取り上げた魚を御菜に差し上げ、残った魚を捌くために本小田原町に魚問屋を出店した。本小田原町は、江戸城普請の際に相州小田原より石工師善左衛門[47]が石を河岸揚げしたのにちなんだ町名である。

③慶長九（一六〇四）年の徳川家光誕生時に右の七人が、寛永十八（一六四一）年の家綱誕生時等には一四人が御祝儀の肴を上納し、褒美（代金）を下された。その子孫は魚問屋等になり、さらに摂津から下ってきて肴家業をしているものが加わり、現在も問屋に佃屋、大和田屋、西宮などの家名が多い。

この時期に関する由緒の細部は創作だろうが、佃島漁師・本小田原町魚問屋・摂津佃村の間に深い関係があったことは確かで[48]、大筋は事実を反映しているだろう。「国役町」に似た来歴であるが、屋敷を拝領したのではなく、すでに小田原町という町が存在したところへ出店をしたとしている点で異なる。

享保十五（一七三〇）年に正式に魚問屋仲間の一角を構成することになる芝金杉町の由緒（「町方書上」）では、関東などの浦方で獲りあげた諸魚を日本橋辺へ持ち出し売り捌き、近辺の者たちが買い受けて商いをしてきた。もともと御膳御用は、浦々から献上した魚でもって賄ってきたが、御用向が増えて賄えなくなり、日本橋で売られている魚を「御買上」されることになった。しかし魚問屋と定まったわけではなく、本小田原町そのほか芝金杉・本芝町などの魚商人が、次第に近国浦々漁師共へ仕入をするようになり、問屋に定まった、とする。御膳御用は、市場からの「御買上」よりも、浦々の「御菜」御用の方が本来のあり方だった。

次に新肴場取り立ての経緯を確認しておこう。[49] 延宝二年、相模一七カ浦は、口銭を値上げしようとした本小田原町（と本船町）の問屋と対立し、他へ新しい魚店を立てることになり、本材木町二・三丁目の家持一〇人（九人）を請人として、幕府から六〇〇〇両を拝借し、本小田原町の魚問屋の仕入金（前貸金）を返済し、幕府へ五カ年で返済することになった。その際、本材木町の家持たちは、川端の普請をすること、材木蔵小屋を肴店として貸し、地代・店賃を本小田原町より安値にすること、川端通小屋店賃を本船町より安値にすること、魚の〆売がなく、高値にならないよう吟味することなどを請け合っている。この時、店借の魚問屋が三三軒できたことが知られる。

川端通小屋とは、問屋が河岸で魚を荷受・保管する納屋を指し、魚問屋の由緒書では、本船町では元和年間には町奉行から納屋の改めを受けたとしているが、「江戸図屏風」[50]をみると、魚河岸には魚を積んだ舟が来着し、魚の売買・水揚げがなされる様子が描かれているものの、建築物（納屋）は描かれていない。ただし、承応四（一六五五）年の町触では「河岸通小屋、前々より御赦免之所より外、作り申間敷事」とされており（『江戸町触集成』一〇六号）、魚河岸で早くから小屋が御免とされた可能性はある。肴納屋の前や本小田原町表店先には、庇を設けて魚を載せる板舟を並べ、そこで魚が販売された。

前記の由緒書では、もともと御膳御次御肴御用は本小田原町一丁目（二丁目ができたのは後年とみられる）で勤めてきたが、新肴場取り立て以降は、本小田原町で二〇日、新肴場で一〇日ずつ勤め、年々、損金が出るのでお救いを願い、宝永二（一七〇五）年に町奉行から拝借地を付けられ、享保十五年まで御用を勤めたが、その後、請負となった、とする。これに関して、近世以来、日本橋魚問屋に伝来した古記録を抜粋しつつ編纂された『日本橋魚市場沿革紀要』[51]では、「御入国」以来、御膳御肴御用を当町内へ御役として仰せ付けられたとし、宝永二年の拝借地の際には家主一九人と肴問屋が召し出され、御書付は名主が保管しているとの「本小田原町家主中記録」が写されている。

『日本橋魚市場沿革紀要』には「正保元甲子年」とされる「古法式書」が収められ、これまでの研究はその年次のものとみてきたが、それは何らかの誤りで、享保十五年に幕府の指示で定められたものとみられる。それをうけて他組でも規定の整備が進んで、七組の魚問屋仲間が定まったとされる（「町方書上」芝金杉町）。「古法式書」では、すでに「問屋名題」が定まっており、「御膳御用」を負担するとともに、それ以外の者が浜方より荷物・送り状を受け取ることや前貸をした旅人の荷物を糶取ることを禁じている。末尾は、背いた者は商売を止め、罰金など「町内の作法に御申付可被成候（中略）総問屋立合相定、連判致し置候処、仍而如件」と結ばれる。本文にも「町中」「他町」などの文言があり、本小田原町を中心に魚問屋仲間が形成されたことが示されていると考えられる。

塩・米の河岸・商人

江戸における塩河岸と塩商人については、かつて検討したことがある。[52]それによれば、慶安四（一六五一）年正月十日から、本塩問屋と八〇人の仲買との間に争論がおきた。仲買は問屋による脇売（仲買以外への販売）を止めさせようとし、本問屋はそれを拒み、仲買の有力者を排除しようとしたことが原因という。仲買らは、本問屋にて買わず、新問屋四軒を取り立て、従来、北新堀町の本問屋（四人ほどか）に着いていた塩船の半数を新問屋へ着け、八〇人の仲買が新問屋で競り合って買いつけたので相場が上昇し、上方の船頭＝船の商人が利益を上げたという。彼らが江戸へ塩を売りに来着すると、船は新堀に繋留され、数軒の問屋においてせりが行われ、江戸や近在の商人がそれを買いわけた。江戸の店持商人は仲買として問屋での買いわけを独占しようとしているが、この段階では果たせていない。仲買の店（や蔵）が集まっていたのは「塩河岸」と称された伊勢町・堀江町の一角であり、[53]そこに近在の商人や振売が集まって、仲買から塩（蔵塩）を買いつけていた。

このように当時の塩問屋の地位は権力によって担保されたものではなく、商人（仲買）らとのせめぎあいのなかで確保されるもので、なお独占権を確立しえていない。また仲買仲間による新問屋の設定という行動をも考慮すると、本塩問屋はもともと伊勢町辺にあったのが、江戸湊の入口に近い北新堀町に移った可能性も高い。なお塩問屋は、後年に至るまで廻船問屋を兼営し、廻船問屋仲間にも加わっている。(54)

次に米についてみると、米は伊勢町・堀留町入堀の河岸・「諸色問屋」「舟問屋」で扱われる最も主要な品目だった。『江戸鹿子』で「米屋　伊勢町、此所ニ而毎日相場極也」とされ、表1でも伊勢町・本船町に米・大豆・塩の相場書き上げが命じられている（北新堀は塩）。

ちょうど塩問屋と仲買の争論があった頃、一七歳で江戸に出て、伊勢町の有力米商人成井善三郎に仕えた高瀬善兵衛が「米川岸といや方ふうそく」「米川岸たな衆身持」について覚書を遺しているが、(55)そこで売買される「万石物」等として米・大豆・水油・繰綿をあげ、明暦大火以降、問屋と仲買（たな衆）が驕って、相談のうえで問屋が取る口銭を高額にしているとする。問屋は旅人からより多くの荷を受けるよう励み、売買を成立させた後、荷物を買った仲買から代金を回収するのは後日とし、両替屋から借りた金で旅人へ仕切を済ませているという。当時、塩河岸でも米河岸でも、比較的自律的な商業の展開がみられるようだ。

享保期になると物価統制などのために問屋の掌握が進められる。享保三年十二月、去年・当年に諸国から江戸へ到着した新米の高と相場を、米屋（問屋、蔵元、その他直送りの分）・名主から書き上げるよう命じている（『江戸町触集成』五五八六号）。翌年、廻船問屋を呼び出し、品川表澪杭設置の費用支出を命じ、連判を取っている（同五六一〇号）。ここには、かつて「諸色問屋」「舟問屋」とされていた者たちが含まれる（表3）。同六年、下田番所を浦賀へ移し、船改めを強化して、新しく判鑑を差し出す船宿（廻船問屋）を公認した（同五七三二号）。一方、上方米（下り米）問屋六人が、米を糶取って売買している者を取り締まってくれるよう出願したのに対して、意見を求められた船問屋所在町の名主は、船問屋の意見をもとに、荷主の勝手で、相対で積み下しているのであり、送り状の宛名の外の米問屋へ送ることは難しいと反対している（同五七四五号）。この後、問屋に対する様々な政策が打ち出されるが[56]、享保十四年に至って、上方筋よりの米入荷は本米問屋に限定し、翌年には米問屋を高間伝兵衛ら八人に限定している（同六一八五号）。そのうち鳥居九兵衛・内田又三郎は廻船問屋を兼ねていることが知られるが、米および廻船それぞれについて、固有の御用を課されるなかで両者の分化が確定的となり、米問屋・米仲買は伊勢町・本船町を中心とする「河岸八町」だけに営業を限定された[57]。一方の廻船問屋は、船松町や本湊町など、埋め立てが進んだ、より湊側の町々に多く分布するようになる。

陸付の石町・塩町

日本橋南に青物町と万町、日本橋北にも青物町があったが、これらは青物市場として大規模化しなかった。一方で、『江戸鹿子』では、八百屋・乾物屋・水菓子屋はより周縁部の町々に多く、とくに神田（須田町など）は青物などの市場として大規模化する。その理由を考えてみると、その近隣に通新石町・新石町があることが留意される。それに対して石町（本石町一〜四丁目）が、本町通りの一筋北にある。同一・二丁目は『江戸鹿子』ですでに呉服屋が集中する町になっているが、各地の城下で石町・穀町に穀屋の集住がみられること、本石町四丁目などには前述したように陸付荷物を扱う問屋が多く、近くの大伝馬塩町が「陸付塩町」と呼ばれたことなどを考えると、本石町がもともとは陸付の穀物を扱う町として設定されたとみられる。江戸市街の拡大にともなって、穀物・青物などの市場の機能は、中心部にある本石町から、より周縁部の新石町へと移され、その近隣に青物屋が集中することになったのではないだろうか。

こうした陸付の穀物・青物を扱う問屋の姿は、「四谷町方書上」（附録）における、四谷の由来になった「四ツ屋」の一軒である茶屋の由緒によくあらわれている。同家の先祖は三河出身で、慶長年中に江戸へ出て、当所（後の麹町十三丁目）に借地した。この辺りは家居もまばらで、往来旅人の休息所として茶店を出し、やがて旅泊を設け、玉川の漁夫が鮎魚を送ってきたり、「前栽陸附諸品、家前ニおゐて売捌キ、自然と問屋之業と相成」ったとする。このように陸付の問屋は近在から江戸へ入ってくる街道沿いに自然発生した。たとえば青山久保町の「町方書上」でも、享保元（一七一六）年頃より、当町中ほどに四季前栽物・山方荷物を引き受けて売り捌いている者が九軒ほどあり、自らを問屋と唱えて、日々前栽物全般の市場が立っているとする。茶屋の場合は、宝永三（一七〇六）年に町奉行所が四谷で青物鮎魚問屋の由緒を吟味された際に、「陸附水菓子問屋」と称するよう命じられ、当所で右品問屋仲間が結成されたとする。青山久保町の方は、寛政十一（一七九九）年に町奉行所へ問屋共が召し出され、もともと青物・土物御膳御次御用を勤めてきた神田三ケ町（多町二丁目・連雀町・永富町）の補助として「切目」御用を勤めることとされた(58)。

以上のように江戸では、湊や舟運の未整備な時期には、陸付の米・穀物や塩を扱う町として石町・塩町・油町などが設定されていたとみられる。湊や舟運が整備され、都市域も拡大すると、その機能は湊・河岸付の町々や、より周縁部の神田へ移され、そこに各種の卸売市場が形成されていった。米・塩・魚（青物・土物もか）については江戸城・幕府での必要分は、本来、貢租によって賄われたので、基本的に「御買上」等の御用はなく、材木のように広大な河岸付の町や営業特権を与えられることもなく、狭小な河岸や河岸付の町々を稠密にわかち合って、比較的自律的に商売を展開した。ただ魚や青物・土物はまもなく貢租では賄えなくなって、町（家主・問屋）に「御買上」御用が課され、また領主・民間双方の需要の高まりを背景に、諸色の物価統制が大きな課題となり、寛文期および享保期を画期として幕府による問屋への統制が試みられてゆく。

4　町の生業と御用・役――むすびにかえて

両替町・呉服町

本章では、江戸における同業者町の設定と展開を概観してきたが、最後に、表1のうちA呉服物とH金銀―両替町についてみておく必要がある。まず、後者について、京橋の南に続く新両替町（一〜四丁目）＝銀座に関する田谷博吉氏の研究(59)を手がかりとしてみよう。

戦国期に上方ではすでに極印灰吹銀が流通していたが、その品位には差が大きかった。それを統一すべく徳川氏は、慶長六（一六〇一）年に伏見に、銀貨を鋳造する町人（座人）の組織として銀座を設けた。摂津平野の豪商末吉勘兵衛が建議し、後藤庄右衛門（庄三郎）も関わって、一〇人の頭役を選び、堺の銀商大黒作兵衛常是が銀吹所となり、伏見で町屋敷四町を拝領した。その後、家康が駿府に移ると、同十一年、駿府にも銀座を設けたが、大黒作兵衛の次男長左衛門が銀吹所を勤め、銀座の座人たちは京都から交代で駿府に詰めた。ついで同十三年に伏見の銀座を京都に移し、両替町の二条から三条までの間、四町に屋敷を与えた。また同十七年駿府の銀座を江戸に移し、通町筋の京橋より南へ四町（新両替町）を屋敷として与えた。ただし彼らの大半は京都に本宅をおいたままで、江戸へは交代で勤番した。四丁目は銀座へ出入りする両替商へ遣わしたとされるが、彼らは銀座の支配下にあって諸国灰吹銀の買い集めに従事した下金買いである。

銀座は、世上に流通していた銀（諸国山出灰吹銀等）を買い取り、あるいは公儀灰吹銀を預かり、丁銀・小玉銀を鋳造してそれに換え、そこで得られる差額（一部を運上として納める）や吹賃を収入として、座人でそれを配分していた。大黒常是は座人とは区別され、吹立における極印打ちと、幕府への上納銀等の包封を家職とした。

それに対して金座は、彫金師後藤徳乗の手代で猶子となった庄三郎が文禄四（一五九五）年に江戸に下り、武蔵墨書小判を造ったのが起源とされる(60)。金座の場合、座といっても後藤庄三郎の役所としての性格が色濃く、独自の極印を持つことを許された「手前吹き」の小判師らが、下金を買い取って、細工を担当する吹所の協力を得て小判に仕立て、後藤役所に持参した。小判師のなかには、金山をもつ大名の屋敷に出入りし、その産出金を買い取り、幕府金貨に換えて渡している例がある(61)。公儀金の場合も、後藤が小判師を呼び寄せて鋳造を請け負わせたとされ、後藤はそれに検定極印し、包封した。小判師は本両替町に居住していたことが知られ、吹所の者がふきや町（金吹町）に居住していたとされる。

武鑑では御用達（御用聞）町人の筆頭に金座後藤があげられ、次いで銀座の四人ほどが連記され、常是と続いている(62)。銀座は、集団＝同業者町として御用を達しており、後藤の場合は単独で御用を達しているようにみえるが、実際にはその周辺にそれを下請けしたり、大名に出入りしたりする者たちが集まり、やはり同業者町のようなあり方をとっていたといえる。ただ、彼らの果たした御用は、職人町の国役のような「出職」による役ではなかった(63)。他の多くの品目の（御）用達は、町を形成するほどの規模は不要で、単独もしくは数人で（御）用を達した。

本両替町・常盤橋（本町一丁目）・駿河町・新両替町にはやがて後藤役所・銀座に出入りして、市中に出回っている貨幣を、幕府金銀貨と交換することを業とする（下請けする）商人（両替商）が集まり、それぞれの町名を組名とする両替仲間が形成され(64)、金銀の交換・売買がなされる町としての性格を強めていった（表1―H）。両替商はさらに、諸問屋をはじめとする商人への金融を主要な生業として成長してゆく。

以上のようにみてくると、呉服師と呉服町（元ごふく町・本呉服町）との関係も気になる。幕府成立期には後藤縫殿助・茶屋四郎次郎・亀屋栄任が公儀呉服師となっており、元和年間に茶屋新四郎・上柳・三島屋が加わり、六軒の呉服師仲間を形成したとされる。彼らは幕府の元方御納戸の下で将軍家の服飾と手回品一切の調達を、払方御納戸の下で賜与・褒美の時服など一切の調達を分担した(65)。幕府から受注後に京都で呉服類を仕入れて上納したとされるが、もとは単なる商人ではなく、縫製や仕立てを統括して御用を勤めたと考えられ、後藤の屋敷が呉服町に隣接することはそうしたことと関わる可能性もあろう。呉服町には後に酒・油の店が集まるが（表1―E）、それは本来の呉服町のあり方が失われた後の姿であろうか。ともかく、本章で論じてきたように、職人と商人とは大きくは異質だったといえるが、以上の例からみてもその境界は必ずしも明確ではない。

本町・室町・通町

江戸町方にはもともと同業者町ではない、もしくはそうはみなしにくい町々も多かったことは明らかである。とくに中心部、メインストリート沿いにある本町（一～四丁目）と、日本橋北の室町（一～三丁目）、日本橋南の通一～四丁目は重要である。これらの町々の性格を最後に瞥見しておこう。

元禄七（一六九四）年に十組問屋の結成を主導したとみられる通町組は、内店組とともに小間物問屋の仲間であるが、その名のとおり通町の居住者が多く、次いで室町・本石町・通油町の者からなり、内店組は本町四丁目の者からなっている。[66]延宝七年の「江戸方角安見図鑑」[67]では、本町三丁目に「木薬や」、四丁目に「こまもの」「かミや」、室町に「わん」「おしき（折敷）」「万ぬり物」という記載がある。

このように本町・室町・通町は、扇・水引・傘・蠟燭・きせる・櫛・筆・墨・足袋など、様々な雑貨＝小間物を扱う未分化な商人の集まった町であり、その性格はごく初期に遡るとみてよいように思われる。それらの製作は伝統的な手工業・工芸技術を有する京都など上方で優位に行われ、上方出身者が多かったとみられる点で金銀座関係の町々とも似ている。本町一・二丁目は、表1の段階ですでに呉服の町としての性格を強めているが、小間物問屋が呉服物をも扱ったことや、日本橋南に呉服町があり、それが本来の同業者町だった可能性を考えると、もとは三・四丁目や通町とそれほど変わらない性格の町だったとみてよいのではないか。室町も、京都に由来する町名である可能性が高い。これらを「小間物」と一括すれば、同業者町といえなくもないが[68]、個々の町人の職分は様々で、彼らがそれぞれに（御）用を達し、一律には家持町人として人足役を賦課されたとみられる。町人足役は、こうした多様な商業・手工業未分離の小経営を、家持町人として統一的に編成・動員する論理として導入されたといえよう[69]。

江戸における町人の編成と商人

城下町は、幕府・大名が、自ら（城中）および城下に集住させた家臣団の需要を賄うために、商人・職人らを集住させることによって形成された。本章でみてきた江戸城下町の形成を規定した歴史的条件としては、次の二点が重要である。

第一に、すでに上方において京都や大坂という大城下町の形成を歴史的前提・経験としてもっていた。短冊形に地割された屋敷とその所持者（家主、家持）の確定、彼らによって構成される両側町を基本とする町割、在方と分離して地子を免除し、家持＝小資本・小経営に対して城主が必要とする労働を家持役として課す体系などがその中身である。職人国役の制度もこれに含めてよい。町屋敷の売買が公認され家質が推奨される一方で、城主の都合によって自在に移転させられることも近世城下町一般における特質だといえる。

第二に、関東において江戸は、慶長期以降の短期間に、幕府のきわめて巨大な城下町として新しく形成された。上方における都市建設の手法や伝統を継受し、豊かな技術や資本をもつ上方の商工業者が多く来住を促されただけでなく、巨大な消費人口が形成され、地理的な好条件によって東国における随一の湊として、関東・東北方面への中継地ともなって繁栄することになった。江戸商業における問屋の重要性もここに淵源する。もちろん小田原の戦国大名北条氏などが、領内の諸職人に役を賦課し、宿の屋敷所持者を町人として伝馬役を賦課する体制を築いていたことなどもあげておく必要があろう[70]。

こうして江戸では際立って多くの職人町が設定され（河岸付の材木町もその一種であったが）、街道沿いには伝馬町や、陸付の荷物や商人を着ける町々が、江戸湊には船町・伊勢町など船の荷物や商人を着ける町々が設定された。河岸や街道は商売や運送に欠かせない条件・手段であり、その占有のあり方如何は町人の営業を強く規定した。このように、巨大な幕藩領主集団の規模・需要に応じて、同業者町が大規模に設定されたことが[71]、町方や商人集団の形成・展開の過程を特質づけ、品目別に、問屋―仲買などの商人集団の分化を促した。それは市場を整備し、商業・手工業者における分業を格段に進展させたが、同時に自由な営業の発展を制約・規制する側面とも不可分だった。

また、地方城下町では、「家督」「町座」「町定」「一町株」など、町ごとに商売物の専売権を与える政策がとられたケースも多い。これは小野晃嗣氏によれば町方の興隆策、均等な繁栄策として採用されたものである[72]。「日市」などと呼ばれる、日にちによって市を立てる町を変える方法と類似のもので、近世後期にも町方の衰微をうけて再令されることもあった。それと比べると初期の江戸の場合、基本的には繁栄と拡大、人口の流入が続き、そうした政策は強くはあらわれず、急速に〈家持・地主―地借・店借〉、〈表店（見世売）―裏店（振売）〉という分離が生じた点に特徴がある。中心部では町の住民は店借が圧倒的となり、店衆・表店衆が、町ごとの営業・特権の担い手として結集し、不在地主の代理である家守とともに、町の実質を代替していくことになる。2章では、その一例をみることにしよう。

（1） 小野晃嗣『近世城下町の研究　増補版』（法政大学出版局、一九九三年）など。近年では松本四郎『城下町』（吉川弘文館、二〇一三年）がある。
（2） 本章で扱う江戸については、吉田伸之氏の一連の研究が到達点である。近著として『伝統都市・江戸』（東京大学出版会、二〇一二年）、同『都市　江戸に生きる』（岩波新書、二〇一五年）など。
（3） 「寛永江戸図」諸本については加藤貴「寛永江戸図の再検討」『日本史攷究』二四（一九九八年）を参照。また、『国立歴史民俗博物館研究報告』一二三（一九八九年）に、それにもとづく復原図「寛永期江戸下町図」が収められており、本章では主にこれを参照した。
（4） 『大日本史料　第十二編之六』（東京大学出版会、一九七〇年）九二八〜九二九頁。

(5) 玉井哲雄『江戸　失われた都市空間を読む』(平凡社、一九八六年)。
(6) 吉田伸之「役と町」同著『近世巨大都市の社会構造』(東京大学出版会、一九九一年)所収。
(7) 三浦俊明「江戸城下町の成立過程」『日本歴史』一七二(一九六二年)。先駆的な論文として優れているが、「江戸の古町の名主達は大体国役請負者であったとみて大過ない」としたことは問題を残した。
(8) 江戸の職人についての研究は多い。乾宏巳「江戸の職人」西山松之助編『江戸町人の研究』第三巻(吉川弘文館、一九七四年)所収、同『江戸の職人』(吉川弘文館、一九九六年)、南和男「江戸職人町の形成と変貌」永原慶二・所理喜夫編『戦国期職人の系譜』(角川書店、一九八九年)所収、吉田伸之「江戸の桶樽職人と役」前注(2)同著『伝統都市・江戸』所収、など。
(9) 横田冬彦「幕藩制前期における職人編成と身分」『日本史研究』二三五(一九八二年)。
(10) 寛永四年、小田原藩領四万石の京紺屋大工津田藤兵衛は、江戸の京紺屋(土屋)五郎右衛門尉に四万石のうち一万石分の紺屋役を取られて困っていると訴えている(貫達人編『改訂新編相州古文書　第一輯』〈角川書店、一九七八年〉一二〇~一二一頁)。江戸の紺屋頭が関東の各地へ紺屋役を賦課していたことが明証される。
(11) 国役町の変質・解体については、前注(6)吉田論文を参照。同論文によれば、南塗師町はもともと国役町だったが、十七世紀末までに国役を勤めなくなり、町人足役だけを勤める公役町として確定された。
(12) 松崎欣一「江戸両伝馬町の成立過程及び機能について」『慶応義塾志木高等学校研究紀要』一(一九六九年)、同「江戸両伝馬町の道中伝馬役運営」『史学』四二―一(一九六九年)、同「江戸伝馬町の鞍判制度」『史学』四三―一二(一九七〇年)、児玉幸多「江戸伝馬町の助成制度」同著『近世交通史の研究』(筑摩書房、一九八六年)所収、同『宿駅』(至文堂、一九六〇年)、吉田伸之「江戸南伝馬町二丁目他三町の町制機構と住民」前注(6)書所収、前注(6)吉田論文。このほか馬込家や高野家に関する研究は多い。
(13) 『東京市史稿　産業篇　第九』(東京都、一九六四年)七一六~七二六頁。
(14) 「撰要永久録」所収、万治三年七月二十一日、日比谷二丁目九右衛門ほか訴状。児玉幸多編『近世交通史料集三　御伝馬方旧記』(吉川弘文館、一九六九年)七~九頁。
(15) 延宝七年「江戸方角安見図鑑」『中央区沿革図集　日本橋篇』(東京都中央区立京橋図書館、一九九五年)二三頁。
(16) 小野謙六氏(岡崎市伝馬通)所蔵「旧記録」『新編岡崎市史　史料　近世上』(一九八三年)。

(17)『安永三年小間附北方南方町鑑』上・下（東京都公文書館編、東京都、一九九二年）。
(18)国立国会図書館所蔵。以下、「町方書上」の典拠は同じ。
(19)『都史紀要二十六　佃島と白魚漁業』（東京都、一九七八年、川崎房五郎氏執筆）。
(20)前注(2)吉田『都市　江戸に生きる』二〇九頁。
(21)以下、この項目は特記しないかぎり「牛持旧記之写」（熊井保「江戸の牛稼ぎ」『国立歴史民俗博物館研究報告』一四、一九八七年）による。『都市紀要三十一　江戸の牛』（東京都、一九八七年、熊井保氏執筆）も参照した。
(22)同右「牛持旧記之写」一四九頁。
(23)塚田孝「吉原」同著『身分制社会と市民社会』（柏書房、一九九二年）所収。
(24)『東京市史稿　産業篇　第七』（東京都、一九六〇年）所収。以下、『江戸鹿子』の出典はすべて同じ。
(25)鈴木理生『江戸はこうして造られた』（筑摩書房、二〇〇〇年）三三一～三三四頁、前注(2)吉田『伝統都市・江戸』一八四頁。
(26)以下、近世史料研究会編『江戸町触集成』第一～四巻（一九九四～九五年、塙書房）により、番号だけを記す。
(27)藤田覚「近世の請負入札について」『東京大学日本史学研究室紀要別冊　藤田先生退職記念　近世政治史論叢』（二〇一〇年）所収。
(28)吉田伸之「伝統都市の終焉」前注(2)同著『伝統都市・江戸』所収。この項での氏の見解はこの論文による。
(29)西川善介「江戸材木商の起源―江戸木材市場史序説―」『林業経済』一六九（一九六二年）が先駆的な研究である。
(30)前注(17)書。
(31)『大日本近世史料　諸問屋再興調二』（東京大学出版会、一九五九年）二〇〇～二〇二頁。
(32)牧原成征『近世の土地制度と在地社会』（東京大学出版会、二〇〇四年）二〇七～二〇九頁。
(33)『東京市史稿　変災篇　第四』（東京都、一九一七年）六五頁、『東京市史稿　産業篇　第四』（東京都、一九五四年）四七二頁。
(34)慶安四（一六五一）年五月の町触で「河岸通、御定之ことく材木積可申事」のほか、竹を縦に積むこと、薪を高く積むこと、河岸通りに小屋を建てることを禁じている（『江戸町触集成』五六号）。これ以前から禁止されていたとみてよい。
(35)『東京市史稿　産業篇　第一四』（東京都、一九七〇年）七〇～七三頁、など。

(36)『中央区史　上巻』（東京都中央区役所、一九五八年）。

(37)『大日本近世史料　諸問屋再興調十五』（東京大学出版会、一九八〇年）三九〜四〇頁。助野健太郎「勝田家文書（2）」『聖心女子大学論叢』二一（一九六三年）も参照した。

(38)家作改については、宮坂新「江戸の都市域拡大と幕府屋敷改」『関東近世史研究』六四（二〇〇八年）を、深川の開発については、髙山慶子『江戸深川猟師町の成立と展開』（名著刊行会、二〇〇七年）を参照した。

(39)前注(35)に同じ。

(40)『日本財政経済史料　巻三』（大蔵省編纂、一九二二年）四〇七〜四一二頁。

(41)島田錦蔵「江戸東京材木問屋組合正史」（一九七六年）、同「幕藩権力構造下の材木問屋仲間の行動」『徳川林政史研究所研究紀要　昭和61年度』（一九八七年）などを参照。

(42)前注(15)に同じ。

(43)「教令類纂」『静岡県史　資料編13　近世5』九〇七〜九〇八頁。

(44)寛文十三年「(江戸鑑)」深井雅海・藤實久美子編『江戸幕府役職武鑑編年集成2』（東洋書林、一九九六年）。

(45)以下、本船町の肴納屋と板舟については、吉田伸之「肴納屋と板舟」同著『巨大城下町江戸の分節構造』（山川出版社、二〇〇〇年）所収、を参照。

(46)一橋大学附属図書館所蔵・江戸期商業関係資料「魚問屋記録」冒頭の文書。『日本橋魚市場沿革紀要　上巻』（日本橋魚会所、一八八九年）にも引用されている。年代は、柳屋長十郎が活鯛御用を請け負った時期によって比定した。伊東弥之助「徳川時代活鯛納制とその推移（一）（二）」『社会経済史学』九―九・一〇（一九三九・四〇年）を参照。

(47)善左衛門は小田原の石切の棟梁として、北条氏以来の文書を伝来している。貫達人編『改訂新編相州古文書　第一輯』（角川書店、一九七八年）一一四〜一二〇頁。

(48)『佃島と白魚漁業』（東京都、一九七八年）。

(49)土井浩「新肴場とその付浦」『郷土神奈川』一五（一九八四年）、吉田伸之『成熟する江戸』（講談社、二〇〇二年）三〇〇〜三〇三頁。

(50)水藤真・加藤貴編『江戸図屛風を読む』（東京堂出版、二〇〇〇年）五〇〜五三頁。

(51)『日本橋魚市場沿革紀要』(日本橋魚会所、一八八九年)。
(52)牧原「榎本弥左衛門の商いをめぐって」『宇都宮大学教育学部紀要』第五六号(第一部)(二〇〇六年)。
(53)大野瑞男校注『榎本弥左衛門覚書』(平凡社、二〇〇一年)には、町中諸問屋・諸商人らが一同の申し合わせをすることを禁じ、時々の相場で売買するようにという、天和四(一六八四)年二月付の町触とそれへの「伊せ町塩河岸誰棚 誰」の請け状雛形が写されている(一一八頁)。伊勢町は町内が塩河岸と米河岸というように区別されていた。
(54)国立国会図書館所蔵「廻船問屋式法」。
(55)元禄二(一六八九)年「子孫ゑの家乃記」『板倉町史 別巻6』(一九八一年)三七二〜三九四頁。
(56)林玲子『江戸問屋仲間の研究』(御茶の水書房、一九六七年)七三〜八七頁。
(57)河岸八町は、本船町を長屋・表河岸・七軒町の三町に立て、伊勢町を上と下の二町に立て、小網町・小船町・堀江町を指すとされる(『江戸町触集成』六三六五)が、なお検討の余地もある。
(58)吉田伸之「日本近世の巨大都市と市場社会」前注(45)書所収、同前注(49)『成熟する江戸』第四章を参照。
(59)田谷博吉『近世銀座の研究』(吉川弘文館、一九六三年)、同「銀座」『国史大辞典 第四巻』(吉川弘文館、一九八四年)。
(60)田谷博吉「金座」同右『国史大辞典 第四巻』。
(61)田谷博吉「金座の小判師」『月刊ボナンザ』一〇―一(一九七四年)。
(62)前注(44)に同じ。
(63)前注(8)乾論文、二一四〜二一五頁。
(64)三井高維編『新稿両替年代記關鍵 第一資料編』(岩波書店、一九三三年)二一三〜二二五頁。
(65)中田易直「江戸時代の呉服師」『歴史教育』九―一〇(一九六一年)、同「呉服師」『国史大辞典 第五巻』(吉川弘文館、一九八五年)。
(66)前注(56)林書、七一頁。
(67)前注(15)に同じ。
(68)久保田城下では、中心部にある大町三町は伝馬役を勤める対価として絹布木綿麻糸類・古手類・小間物類の独占販売権を「家督」として認められた(金森正也『近世秋田の町人社会』〈無明舎出版、一九九八年〉四〇頁)。仙台城下では、大町二〜四丁目は木綿・絹布・小間物の専売権を与えられた（『仙台市史　通史編3　近世1』〈仙台市、二〇〇一年〉九九頁）。

(69) 吉田伸之『近世都市社会の身分構造』（東京大学出版会、一九九八年）第一編第二・三章。

(70) 池上裕子『戦国時代社会構造の研究』（校倉書房、一九九九年）第一部第三章。

(71) 京都のような伝統的な都市においても堀や道路利用の便宜等によって、職人・商人の「下からの」同職集住がみられ（前注(8)南論文三〇七〜三〇八頁）、江戸など創出型の城下では、そうした動向を再編・拡大した側面をもつ。

(72) 前注(1)小野書、一二三頁、三一九頁。前注(1)松本書、一〇五〜一〇六頁。

2章　江戸大伝馬町太物店仲間と「問屋」

牧原　成征

はじめに

江戸大伝馬町一丁目は、江戸の中心部、本町（一～四丁目）に続く位置にあり、伝馬役を勤める町として設定されたが、やがて太物問屋が集中するようになった。太物とは、絹織物を呉服と呼ぶのに対して、綿織物（木綿）や麻織物、とくに前者を指す。かつて、同町の太物問屋とその仲間について詳細に明らかにしたのが、北島正元編『江戸商業と伊勢店』(1)である（以下『伊勢店』と略称する）。同書は、伊勢松坂（松阪）の商人で大伝馬町一丁目に店を持った長谷川家の文書を駆使して、伊勢商人＝木綿問屋の経営等を分析したが、同問屋仲間の成立については、宝永二（一七〇五）年「町内記録写」(2)や後年の由緒書から次のことを指摘した。

大伝馬町では寛永初年に升屋・久保寺・赤塚・富屋の四軒が木綿問屋となり、次第に、多くの木綿店仲買が生まれた。やがて川喜田や長谷川などの店仲買が木綿を自己資本で広く仕入れるようになり、貞享三（一六八六）年には彼ら七〇軒の店仲買が一斉に木綿問屋となり、旧来の木綿問屋四軒は売場問屋となった。四軒は諸国の産地から送ってくる荷物を引き受ける荷受問屋であったのに対して、七〇軒は自己資本で荷物を仕入れる仕入問屋である。

やがて一九九〇年代に、塚田孝氏、吉田伸之氏が『岩波講座日本通史』に執筆した論文のなかで相次いでこの例に注目し、『伊勢店』の記述に依拠しつつも新しい論点を提起した。(3) まず塚田氏の論旨をみると、四軒の木綿問屋は、もともと〈売〉と〈買〉を媒介する「売場問屋」、本来の問屋であったのに対して、七〇軒の店仲買は、そうした問屋の本質的要件を欠いていたにもかかわらず、次第に荷主から直接、荷物を仕入れるようになったために、貞享三年に「問屋」という名目が与えられたにすぎない。荷受問屋と仕入問屋とは、問屋のあり方の展開・発展というよりは、町人・問屋と商人という、まったく系譜も内容も異なるものだったのではないか、とした。町人（問屋）と商人（仲買）との差異という提起は、ここ二〇年ほどの流通史研究に大きな影響を与えてきた。

一方、吉田氏は、十七世紀末以降の同町が、零細間口の表店層＝木綿問屋仲間構成員の充満する町という特徴的なあり方をとったことを確認したうえで、宝永二年「町内記録書写」を再検討した。それによると、十七世紀末以前の町内には他の職種も混在しており、また貞享三年を画期として旧来の太物仲買が一斉に問屋と化したのではなく、すでにそれ以前から売場問屋と仲買のほかに、問屋・仲買兼営という層が一定の比重で存在していた。こうして江戸町方にはもともと表店の問屋・仲買が町域を枠として結集するあり方が広くみられることを指摘し、それを「表店商人中」「表店衆」と呼んだ。

両氏の見解はともに、『伊勢店』の理解に対して、貞享三年の画期性を再検討する必要を提起しているといえる。ただし、塚田氏が町人（問屋）と商人（仲買）の異質性を強調したのに対して、吉田氏は表店衆としての同質性に注目しており、この食い違いをどう理解するべきかが問題になろう。この点は、管見の限り、その後、両氏や他の論者によって論じ直されておらず、近世商業の中心を占める「問屋」の意味や、「仲買」等との関係を考えるうえで、あらためて検討する価値があろう。そこで本章では、同町の太物店仲間と問屋との関係を、『伊勢店』が用いた史料に即して再検討し、店衆が「問屋」化した事情やその意味について考えてみたい。その過程で、本書の掲げた「権力と商人」という問題が浮上することになるだろう。

1　太物店中と問屋

一橋大学附属図書館所蔵「大伝馬町長谷川木綿店古帳」のなかの「指引帳」[4]は、大伝馬町一丁目の太物問屋（太物店）仲間の行事頭が、毎年二月と八月の寄合における取り決め等、重要事項を記録していった帳簿であり、寛文末年から天保年間の分が残存している。以下、本章ではこれを中心的な素材として使用し、断りのない場合はこの指引帳の当該年月記事を典拠とする。

この指引帳を残した太物問屋仲間はもともと「店中」と称し、当町に店を出す太物商人（店衆）の結集体・仲間である。正確には太物だけを扱ったわけではなく、当初は町内の絹問屋で絹類の売買も行ったが（本書1章、表1―G）、太物を中心としたことは確かである。指引帳に記録されている（元禄八〈一六九五〉年）亥八月四日付、三河の買問屋衆へ送った書状は、問屋中・店行持頭・中買行事頭を差出としており[5]、町内に「問屋」「店」「中買」三つの仲間が存在したことが確認できる。元禄十四年には問屋が四軒、中買八軒、「店」五九軒とされている。問屋に対して「中買・店中」は併記されることが多く、両者は機能的には近似的であるが、どのように異なる集団なのかは詳らかでない。ただ、中買は後に（庭問屋と称され）さらに減少し、正徳期には実質的に店衆（のち表問屋）と合併する。

では太物店中の機能をみてゆこう。指引帳は前欠で、冒頭の不完全な数行に続く部分は、次のような仲間の取り決めで始まる。長くなるが引用しておこう。

〔史料1〕

町内吟味之事

①一国々ニ而買申布木綿尺幅無之を隠シ手前江入申候ハヽ、為過銭銀子五牧(枚、以下同じ)急度取可申候事、
②一店主替リ申候節者、銀子五牧宛前々之通出シ可申候事、
③一兄弟諸親類又者若キ者ニ店譲リ申候共、右之通銀子五牧無相違出シ可申候事、
④一町内相談之時自身出可申候、若作病致名代ヲ出シ候者、為過銭銀子壱牧出シ可申候事、
⑤一町内売出し之儀、問屋ゟ前に店幷ニ中買売出し候ニ付、問屋より断被申候ハ、売出し一所ニ可致候、無左候ハヽ、店中ニ自然出入有之候共、問屋割符ニ入申間敷候与申来候事、
⑥一(略)
⑦一今日より国々太物参候ハヽ、問屋幷ニ中買店中月行持立合相改、御　公儀様御定之尺幅ニ少茂不足之分堅請取申間敷事、
⑧一大坂・伊勢・岡崎・西尾、此分ハ船ニ而改可申候事、
⑨一其外脇船ゟ参候荷物ハ其送り状之固数改、町内之帳ニ留置可申候事、
⑩一当着之荷物尺幅不足之分、町内ニ而売買仕間敷候、幷ニ送り状ヲ隠シ脇町江上ケ売買致候者、其人之荷物町内ニ而ハ売買致申間敷事、
⑪一町内之蔵に入置候荷物候者、荷主請取可申与申者御座候共、当地ニ而渡シ申間敷事、
⑫一町内小判之相場、申ノ三月朔日ゟ六拾弐匁ニ差引仕候事、
⑬一従町内方々江荷物付出シ売申者有之候者、入札ニ致町内を除キ可申候事、
⑭一(略)
⑮一念比之者脇江隠シ置荷物付出シ先々ニ而売申間敷事、
⑯一右三ケ条之趣前々之通り堅相違申間敷事、若付出ス者有之候者入札ニ仕、数多キ仁より為過銭銀拾牧町内江取可申

事、（後略）

まず、この取り決めが作られた時期について、⑫の中年は、省略したこの後の記事との関係で寛文八（一六六八）年であると考えられ、⑫はそのすぐ前に書かれたもの、全体としてもその頃のものといえよう。

総じて太物店中＝「町内」という関係にあり、大伝馬町一丁目という町を単位として、「太物店中」がその全体と重なるように存在し、太物商売を強く規制していたことがわかる。②③④はその構成員である店主の交代・寄合に関する規定である。また、⑤⑦からは、先に指摘した「問屋」と「中買」「店中」という三者（大きくは二者）の区別が確認できる。以下、これらが形づくる売買の構造を検討してゆこう。

まず荷請・入荷についてみると、⑦～⑪では、大坂・伊勢・三河など「国々の太物」が船積み、送り状付で来着すると、（それまでは問屋各自が荷受してきたが）今後は来着時に問屋と中買・店中月行持が立ち会って改め、尺幅が幕府公定の規格に合っているかを確認し、また荷物が脇町（他町）へ流れないように共同して確保しようとしている。ここに町内＝太物店中の結集目的の一つがあった。

また、後年の規定をみると、上記のほかの太物産地として、尾張をはじめ、近江・越前・加賀・遠江・下野・甲斐などがあったこと、諸国の荷主から「御問屋中江送り来候荷物」だけでなく、「店々江送り荷物」もあったことがわかる。以上のような受託荷物のほか、①で「国々で買った布木綿」を手前へ入れることに言及されており、店衆による産地での仕入れも行われていた。

こうして入荷した荷物（とくに受託荷物）は町内の蔵で一時的に保管され、やがて問屋庭へ出され、売りを主催する問屋と、買方である店衆・中買が立ち会って売買され、相場が立てられた。(6) ⑤「問屋割符に入れる」とはこれを示すとみられる。寛文十二（一六七二）～延宝三（一六七五）年と推定される、次の規定はそれに関するものである。

一売場所(7)〔問屋〕江、町内之外他所之人同道被成御買物被成候方御座候者、為過銭銀子三牧町内江取可申候事、

また、指引帳には、〔史料１〕のような仲間内部での取り決めとともに、「問屋衆中江申遣ス覚」など、同町の問屋衆（や産地の問屋衆）への要求書が多く記録されているが、元禄十一（一六九八）年二月には問屋中に対して、次のように要求している。

一御問屋中之内ニ而、他町江町内同前ニ庭ニ而分ケ口御売被成候御方御座候由、以後左様之御方御座候ハヽ、其御問屋ニ而売買仕間敷候段、問屋中江申遣候事、

これらによれば、店中は問屋庭での買いを独占することを重要な結集目的としていることがわかる。そのうえで、店衆・中買（および問屋）が一斉に「町内売出し」⑤を行った。元禄十六年二月二日の仲間取り決めにも次の条文がある。

一手前仕入候荷物并中買物ニ不限、町内之相庭ゟ少茂下直ニ売申間敷候、若向後町内相場ゟ下直ニ御売被成候方御座候ハヽ、致入札、町内除可申事、

ここでは店衆・中買が、各自で仕入れた荷物と、問屋で買った「中買物」とを銘々の店で売る「町内売出し」について規定しているのであるが、文中「町内之相庭」とは、問屋庭で立てられた中買物の相場を指すとみて、この条項はとくに手前仕入荷物を、問屋庭において立てられた中買物の相場より安価に売ることを規制していると解しておきたい。店中は、問屋庭で中買物を買い合って相場を形成し、各自の店でそれを販売することを相互に規制しつつ結集しているといえる。

ここで、〔史料１〕⑬〜⑯で問題にされている、町内より方々へ荷物を付け出して売った者は町内から排除するという規定について考えると、太物売買（卸売）を町内に限定するべく店衆が相互に規制している文言とみることができるだろう。また延宝七年には、問屋において店衆が買った金額の一％をプールし、仲間の判断で損失・紛失分等を合力・補償する「買引金」の規定が設けられている。(8)

以下、〔史料１〕から離れ、産地および（江戸以外の）消費地の商人（旅人）との関係をふくめて、太物売買の構造についてさらに検討を進めよう。延宝三年八月三日の「問屋衆中江申遣ス覚」には、次の項目がある。

一近年脇売被成迷惑仕候、前々之通リ奥州より宇都宮迄御売可被成候、其外者一切御売被下間敷事、

これによれば、店衆にとって、問屋が売ることを認めている相手は、自分たちのほか「奥州より宇都宮まで」（の商人）であり、それ以外へ売ることは「脇売」として否認している（実際には多少なりとも行われたために、こうした批判がなされたことはいうまでもない）。店衆はこの後も、こうした問屋の「脇売」「直売」をしばしば問題視し、年欠だが、延宝七年〜貞享元（一六八四）年の「太物問屋江口上書之覚」でもそれを繰り返している。一部だけをあげると次のとおりである。

一問屋中より前々極之外江直キ売、又者手代衆買分ニ被成町内同直段ニ御売被成候方御座候由、以後左様之方御座候ハ、、入札ニ仕、其所ニ而売買仕間敷候事、

一旅人衆之内ゟ先々江付出し直キ売被成候方御座候由、以後左様之方御座候者、入札ニ仕、其仁之荷物売買仕間敷候間、旅人衆中江其段被仰入可被下候事、

「前々極之外江直キ売」とは、奥州より宇都宮までを除いた、それ以外への直売を指し、「手代衆買分ニ被成町内同直段ニ御売被成候」とは、問屋が手代衆の買う分として、店衆へ売るのと同じ値段で他へ卸すことを意味し、それらを店衆が否認していることを示す。店衆は、違反した問屋では売買をしないと宣告・牽制している。

一方、引用二条目では、産地の旅人衆による先々への付出し直売行為がみられ、それを店衆が認めず、そうした旅人の荷物は売買しないので、それを問屋から旅人衆へ申し入れてほしいと述べている。問屋庭において、旅人衆の荷物を問屋が受けて売り、店衆が独占的に買うという関係が、店衆にとっては、あるべき売買の構造と認識されていた。

荷主との関わりをもう少しみておこう。貞享四年八月二日の「問屋衆江申遣候覚」には、次の条文がある。

一前々ゟ脇売被成候衆之荷物、町内ニ而売買不仕候筈ニ申合候処、余町ニ而小売被致候衆之紀州嶋、町内へ入込うり買有之候、向後左様之主荷物買申間敷候、御請被下間敷候事、

ここでは荷主が「脇売」＝江戸の「余町ニ而小売」したことを問題視しており、旅人衆が江戸・近在にまで出向いて荷

物を売ることがあったことがわかる。次に引用する、元禄四（一六九一）年二月二日の「問屋衆江申遣し候覚」の後の条文も同内容の条項であり、そうした旅人・荷主の荷を受けないよう要求している。

一御問屋衆ゟ在々江御売被成、近年店々迷惑仕候、以後ハ仙台より外へハ一切御売被下間敷候事、

一先年より申合候通、脇売被成候旅人衆之荷物御請被成候御問屋中有之由、弥自今左様之荷物御請被下間敷候、然ル上ニ御売被成候ハヽ、入札ニ致、其御方ニ而ハ売買仕間敷事、

一方、前の条文は、問屋による在々への売りを否定し、今後は仙台以外へは一切、売らないよう要求している。同年八月二日の「問屋衆江申遣候覚」にも、次のようにある。

一中奥御売之儀、当二月申遣候通、自今堅御売被下間敷候、仙台衆御買分ニ而も外之所へハ一切御売被下間敷候、御返事無御座候内ハ売買仕間敷候事、

ここでも二月の要求書を確認しているが、問屋も容易にそれを受け入れず、問屋での売買が停止された。この間の事情については、次のように記録されている(9)。

一中奥売之義、店中買ゟ申遣候通、問屋衆御合点不被成候ニ付、八月三日同廿三日まで問屋売買相止申候、就夫宇田河孫右衛門殿・同喜右衛門殿・小玉孫右衛門殿三人之取扱ニ付、八月廿三日浅草ニ而大寄合ニ付、扱之趣、宇都宮・白川・須ケ川・会津・二本松・福島・仙台・最上・南部、右九ケ所従先規問屋売所ニ候得共、此度之義ニ付、須ケ川・会津・南部三ケ所者、店衆へ相渡シ可申扱ニ候へ共、承引不仕候ニ付、白川・須ケ河・会津・二本松・福島、右五ケ所店衆へ相渡シ、仙台・最上・南部・宇都宮四ケ所者問屋売所ニ相究申候、依之問屋売出し八月廿五日ゟ有之候、以上、

宇都宮・白河・須賀川・会津・二本松・福島・仙台・最上・南部の九カ所が、奥州（正確には奥羽）より宇都宮までの「中奥」に当り、以前より問屋の売先であった。今回（元禄四年）の対立に際して仲裁を受け、須賀川・会津・南部の三カ

所を店衆へ譲ることが提案されたが、店衆は承服しなかった。結局、白河・須賀川・会津・二本松・福島の五カ所を店衆へ渡し、仙台・最上・南部・宇都宮の四カ所を問屋の売先と決めて解決し、問屋売出しが八月二十五日より再開されたという。

問屋の売先とされた宇都宮について、元禄七年二月に問屋衆へ申し遣わした五カ条のうちには、次の項目がある。

一宇都宮衆、御問屋中より買被申候荷物、当地近辺より段々ニ売払被参候ニ付、先々売子之構ニ罷成、致迷惑候、以後左様之儀堅御吟味被成可被下候、此儀毎々茂申入候得共、猥有之候、重而左様之義御座候ハヽ、其御問屋衆名差仕、急度御断可申入事、

宇都宮衆が、問屋で買った荷物を、大伝馬町近辺より少しずつ売り払って宇都宮へ戻るので、先々の売子の営業妨害になっている、以降そうしたことを止めさせてほしい、と主張している。宇都宮商人が江戸の問屋へ買い付けに来ていること、江戸やその周辺での売りは、当町店衆の権益とされ、それに従う売子が担っていたことがわかる。それを示す史料をもう一点あげよう。元禄十三年八月三日に、問屋に対して次のように要求している。

一中奥売之儀毎々ゟ堅申入候処、猥ニ御売被成、別而当盆前者、越前布類、中奥者不申及、近在江戸商人迄直売被成候而、店々迷惑仕候、急度詮儀可仕候へ共、左候へ者、御名茂出申候間、此度者差扣候、向後御売被成候ハヽ、其問屋にて売買仕間敷候、

問屋が、認められた所以外に中奥売をしており、さらには近在・江戸商人への直売をして店衆が迷惑しているとする。こうして問屋での買方には本来、中奥の旅人衆も加わっていたが[10]、江戸・近在での売りを独占する太物店中が、問屋の売先を制限し、問屋での買い付けの独占を強めていったといえよう。

2　太物店衆の「問屋」化

『伊勢店』は、太物店衆が貞享三（一六八六）年に一斉に「問屋」を称するようになったと論じた。しかし、前節でみてきたように、指引帳からはそうした変化は読みとれず、元禄期頃までは「問屋」「店衆」等の呼称や売買の構造に基本的な変化はなかった。以下、この事情・矛盾について検証してゆこう。

従来、貞享三年に店衆が一斉に「問屋」となったことを示す史料として利用されてきたのは、宝永二（一七〇五）年の「町内記録（書）写」という史料である[11]。

〔史料2〕

覚

一太物商売之義、八十年以前ゟ貞享弐年丑年迄者、善右衛門・七左衛門・喜三郎・四郎左衛門四人ニ而問屋仕候処、御当地御繁昌ニ付国々ゟ送リ荷物多罷成、我々共七十人之方へ茂手筋以段々荷物送リ来リ候、然ル所銘々居住せまく荷物取捌成兼申ニ付、人々他町引越、荷物商売可致旨相談仕候得共、右四人者共申候者、金銀指引等茂有之候所、隔リ申候者相互ニ不勝手ニ罷成候、我々四人之方を売場所ニ而取究、壱丁目ニ而問屋商売仕候様ニ被申候付、双方相談之上庭銭相究、貞享三寅年ゟ中買相止、当年迄以来七十四人共ニ問屋商売仕候、

一送リ荷物之義者、銘々所持之蔵入置、右之四所之売場持寄、立合相庭相究請払仕候、

一我々徳用之儀、国々旅人方へ口銭懸リ物金壱両ニ付壱匁壱分五厘相究、右之内三分五厘四ケ所売場銭ニ引取、八分ハ七十人者共方へ口銭・蔵鋪引取申候、右七十人之者共国々送リ荷物引請候ニ付、銘々ニ送リ状遣シ候、尤荷物之儀者御当地船問屋所々ゟ請取申候、

一国々旅人へ仕切金遣シ申候日限之定、京・大坂・川内・近江・加賀・越前・尾州・三河、右六十日切、
一伊勢・吉田・遠州・宇都宮・鹿沼・栃木、右五十日切、
一佐野・下妻・真岡・結城・岩付・甲州、右三十日切、
右之通定置候得共、縦中買共方ゟ滞日有之候（脱有カ）、我々金子立替、国々旅人方へ究之通相済シ申候、尤為替手形金子渡シ帳面等茂銘々所持仕候処相違無御座候、拙者共七十四軒問屋紛無御座候、為後日家主幷太物問屋中連判仍如件、

赤塚善右衛門

私儀祖父代ゟ四代太物問屋商売八十年以来仕候、

（中略）

嶋屋六兵衛

私儀親代ゟ五十年以来、太物問屋中買両用仕候処、国々手筋方ゟ荷物段々多送越、中買相止、貞享三寅年ゟ弐拾ケ年以上問屋商売仕候、此段少も偽不申上候、

（中略）

白子屋七右衛門

私儀祖父代ゟ五十年以来、太物中買商売仕候所、国々手筋方ゟ荷物多送り越候ニ付、貞享三寅年ゟ中買相止、弐拾ケ年以来問屋商売仕候、此段少茂偽不申上候、

（中略）

都合七十四人（内訳略）

家守仕候者

源右衛門
（一三人連名略）
町年寄三人

右之通
宝永二年乙酉十月
御奉行所坪内能登守様

これを町奉行所に差し出した経緯は、指引帳に次のように記されている。

一此度太物問屋商売御改ニ付、町御奉行様ゟ樽屋藤左衛門殿へ被仰渡、御詮義之上、問屋ニ紛無御座候ニ付、七十四人連判帳相認、酉ノ七月御月番坪内能登守様へ壱冊、町三人御年寄中江一冊宛納置申候、并右之写名主・家主江茂壱冊宛酉ノ十月遣置申候、右之扣此方帳箱ニ壱冊有之候、已上、

行持頭　田倉勘三郎

宝永三年
戌二月三日

〔史料2〕は、ここで「右之扣此方帳箱ニ壱冊有之」とされるものの写であろう。この請書の目的が、問屋に紛れないことの誓約であることが明らかである。ただ、こうした改めはこの時、初めてではなく、指引帳によれば、元禄十六（一七〇三）年にすでに行われていた。

〔史料3〕

覚

一太物商売之義、先規ハ七左衛門・善右衛門・喜三郎・利兵衛、右四人ニ而問屋仕候処ニ、貞享三年寅年ゟ七拾四軒ニ而国々旅人方より送り荷物引請問屋仕、中買方へ売渡シ申候、

一送り荷物之義ハ、銘々所持之蔵江入置、右四ケ所之売場へ持寄、立合相庭相極請払仕候、
一（〔史料2〕の三条目とほぼ同じだが、「売場銭」ではなく「庭銭」と表現され、「七十人」ではなく「七拾四人」とされている）
一国々旅人方へ仕切金遣シ申日限之定
（以下、〔史料2〕とほぼ同文につき略）
右之通相定置候得ハ、縦中買とも方ゟ滞有之候而茂、我々共金子立かへ、国々旅人方江極之通相済シ申候、尤為替手形金子渡シ帳面等茂銘々ニ所持仕候処相違無御座候、拙者共七拾四軒問屋ニ紛無御座候、為後日家主并太物問屋中連判仍如件、

元禄十六年未十月日

太物問屋
七十四人名判
家主中
弐拾弐人名判

一右之文言ニ而
右之趣此度名主勘解由殿へ帳面認差出シ候ニ付、銘々連判之加判被成被下候、右之通少茂相違御座候ハヽ、我々共罷出急度申分可仕候、為後日問屋中連判手形仍如件、

元禄十六年未十月日

太物問屋
七十四人判形

太物問屋
家主衆中

前半の「覚」は、元禄十六年十月に、名主（馬込）勘解由へ差し出したものであり、町奉行所―町年寄の指示によるも

のとみてよい（後述する通町組・内店組の例も参照）。中身は、〔史料2〕より簡略であるものの、明らかにその原形であり、従来、問屋四軒だったのが、貞享三年より七四軒で荷物を引き受けて問屋をしてきたことに相違ないと誓約されている。しかし、前節で言及してきたように、この史料の直前（元禄十六年八月）までの指引帳の記事はすべて、「問屋」といえば四軒のみを指しており、[12]一方、これ以降の記事では彼らを「売場」「売場所」「売場問屋」等と称し、従来の店衆・中買を「問屋」（表問屋・庭問屋）と称するようになる。したがってこの書き上げこそが、店衆・中買の「問屋」化の契機にほかならないとみてよいだろう。

同時に、これらの書き上げで「問屋をしてきた」ことを弁明している部分を事実と受け止めるには慎重であるべきだろう。〔史料3〕と比べると、〔史料2〕では傍線部で、七〇軒が新たに問屋となった事情をあえて説明し、中買を止めたことを強調している。これは、再度の改めに際して付け加えたロジックであり、いっそう割り引いて読む必要があろう。彼らは店衆（店借）であり、家主中の加判が求められているが、家主衆中に対しても申告に間違いがあった場合に説明責任を負う旨の連判手形を出している。

さて次に、貞享三年は実際に画期なのかどうかが問題となる。指引帳の貞享三年分をみると、次の記事がある。

〔史料4〕

貞享三丙寅年二月二日ニ極メ候覚

（二ヵ条略）

一地主九兵衛殿新店之儀、御望之通、太物店ニ仕候、敷金五拾両取入申候、自今以後者御望之方御座候とも新店者入不申候、

（二ヵ条略）

右之外ニ相談致相究候事者、此帳ニ写シ可申候事、

大和屋三郎兵衛
中田治右衛門
加嶋屋次郎兵衛
（以下略）

貞享三歳丙寅二月四日

この時の仲間取り決めでは、省略した二条目を含め、二軒の新「太物店」を認めており、今後は新店は入れないとしている。連名者は全部で六〇人余であるが、抹消や張り紙があり、正確な人数は数えられない。〔史料2〕と同じ人名もかなりの数にのぼる。これは仲間の惣連名であり、以後も書き替え（更新）がなされており、確かに「仲間」の歴史のうえで画期といえそうである。ただ、省略した取り決めの中身には、問屋に関する言及や、売買の方法を改めるような特段の内容はない。元禄十六年の改めの際に、この時期を「問屋」化の画期として読み替えたことになろう。

では、なぜ「問屋」を称する必要があったのだろうか。この点は次節で考えることにして、以上の史料批判をふまえると、〔史料2〕から何を読み取ることができるのか検討しておこう。〔史料2〕では、七四軒の「店舗歴」を一軒ずつ書き上げている。そのうち旧来の「問屋」は四軒であり、過半が貞享三年以前には「中買」であり、かなりの数の店が「問屋・中買両様」を営んできたとする。問屋に紛れないことを誓約する文書において、中買だったとか問屋・中買兼営だったことを書き上げることにメリットはなく、総じて事実を反映しているとみてよいであろう。店衆は、業態としては基本的に仲買であり、なかには商人宿を兼ねていた者が少なからずいたのである。次の引用は、〔史料4〕の直後に記されたもので、貞享四年のものとみられる。

問屋衆江申遣ス覚

一先年ゟ御問屋中江送り来候荷物、以後店中買致吟味、請申間敷候、

一脇問屋ニ而荷物自今以後売買仕間鋪候、
（二カ条略）
行持頭　和泉屋四郎兵衛

これ以前に、四軒の問屋以外にも「脇問屋」が存在したことがわかり、たとえば、それが「問屋・中買両様」に該当するのだろう。この時点で、店衆は脇問屋で売買をしないこと、以前より問屋中へ送ってきている荷物については、店・中買が吟味して荷受しないことを申し送っている。むしろ旧来の問屋と、店・中買との区別が確認されているともいえる。

次に、開店年次をみておこう。〔史料2〕では「店舗歴」を主として一〇年単位で書き上げている。[13] まず、旧来の問屋四軒は、赤塚善右衛門・升屋七左衛門が八〇年前（寛永三〈一六二六〉年）、久保寺喜三郎が七〇年前（同十三年）、冨屋四郎左衛門[14]が六四年前（同十九年）に開業したとされている。町内では最古参であり、『伊勢店』によれば、いずれも家持町人、居付地主であるという。[15] 貞享四（一六八七）年の地誌『江戸鹿子』[16]でも木綿問屋として前三者だけがあげられている（本書1章、表3）。

赤塚と升屋が創業したとされる寛永三年の十二月には、幕府が、絹紬と布木綿の織物（反物）について寸尺を定め（布木綿は、大工がねで長三丈四尺、幅一尺三寸）、翌年四月朔日より、長幅が不足の布を売った場合は見合わせた者が取るように命じている。[17] これ自体は高札に掲げられたとみられるが、関連する町人を呼び出して、指示を与えた可能性もあり、それが「問屋」化の契機となったとすれば興味深い。[18]

一方、この史料でいう「中買」（正しくは「店衆」「中買」）の開店年次は、七〇年前の三軒を初めとして、六〇年前、五〇年前、四〇年前、三五〜二五年前などとされ、五〇年前（一六五六年）が一九軒でピークとなっている。大伝馬町に次第に太物店衆が集まったことがわかり、伊勢津の川喜田や田中（田端屋）、松坂の長谷川や小津など、木綿の産地にも近い伊勢商人の出店が多かったことはよく知られる。[19] また、貞享四年以降に開業したケースはすべて誰某の「名代・跡式」を

「仕舞取」ったと記している。貞享三年に〔史料4〕のような物連判がおそらく初めて作成され、店衆の「名代・跡式」（一種の株）が定まったことを示すのだろう。

さて、述べてきたように、彼らが貞享三年に中買を止めて、問屋になったとするのは事実ではなく、彼らは貞享三年の前も後も、四軒の「問屋」とは区別された、「店衆」（もしくは「中買」）であった。元禄十六年以降、木綿問屋仲間を称するようになった彼らは、時期が下って寛延四（一七五一）年、十組問屋を構成していた三十軒組太物問屋（越後屋・白木屋・大丸など白子組）を排除しようと、町奉行所へ訴願を行った。そこでは、寛永期以来、当町内の外に木綿問屋はなく、諸国から自分たちだけが荷受けしてきたが、近年は他町で問屋のようになる者が出て直買いをしているので、それを禁止してほしいと訴えた。三十軒組（白子組）の方は、それに対する反論のなかで次のように述べている[20]。

伝馬町之儀中興迄七拾四軒有之候所、当時四拾八軒ニ減少仕候段申上候由、此義者当時四拾八軒之内、私共同前ニ国々ニ而直仕入幷送請仕候者共ハ漸々右之内纔ならでハ無御座候、其余之分ハ七左衛門・作十郎と申売場を建置候而仕入をいたし候者共と、荷物を差出、口銭をとらせ夫より買請、一向直仕入不仕候中買同然之族、問屋之分ニ相成商売仕候者共過半に御座候、依之我々同前ニ直仕入仕候者ヨリ売渡候とハ夫たけ高直ニ付申候間、自不商売故、相続難相成段々減少仕候儀ニ御座候御事、

写し誤りがあって文意がとりにくいが、大伝馬町の太物問屋（太物店）は、私共と同じように国々で直仕入れや送請をする者は僅かである。過半は、売場を取り立て、そこで買い付ける中買同然の者共が問屋の分になっている。直仕入れするのに比べ高値になり、経営難で次第に減少していったと述べられている。これは後年の史料ではあるが、川喜田や長谷川のように、自己資金による仕入れをしたり荷物を引き受けたりするような者が台頭しつつも、店衆の多くは表店（の間口）を二～六軒で分割[21]して賃借するような零細な仲買商人だったのである。

3　店衆の「問屋」化の背景

元禄十六（一七〇三）年の改めに際して、なぜ店衆は「問屋」とは別の存在だったにもかかわらず、「問屋」に紛れないと書き上げたのであろうか。当然、何らかのメリットがあったことが想定されよう。同年、〔史料3〕にすぐ先行する時期の指引帳には「売懸金猥ニ無之様申合、太物現金売与看板相定、店六拾二軒、中買八軒江相渡シ申候」という記事がある。問屋改めが行われる直前、店衆・中買は、売掛金の回収に行き詰まることを懸念して、太物を現金売することを謳い、それを各店で看板に掲げることを決めている。当時、債権回収に問題が起きていたとみることは可能であろう[22]。そこで注目されるのは、前年元禄十五年閏八月二十八日に江戸で出された相対済まし令である。第一条だけを引用しておこう（『江戸町触集成』[23]三八一四）。

一近年金銀之出入多く、外之御用之支ニも罷成候間、十八年以前丑年之通、去巳年迄之金銀之出入ハ取上無之、相対を以埒明候様ニ被申渡、当午正月より之分、可有裁許候、尤預金・買掛り・売物之前金・諸職人作料手間賃、惣而相対之筋ニ而、金銀出入ハ同前之事、

近年、金銀の出入が多く他の御用の差支えになっている。貞享二（一六八五）年と同じように、去年までの金銀の出入は取り上げないので相対で解決せよ、今年正月からの分は裁許する、と命じている。この触書やこの後の触書[24]にとくに規定はないが、実は町奉行所は、問屋の売掛金等については取り上げ、裁許をしていたようである[25]。それは、大伝馬町太物店仲間のライバルであり、十組問屋を構成した通町・内店両組（三十人組）諸色問屋の「万記録」から明らかになる[26]。これは成立期の十組問屋仲間に関する最も重要な史料の一つでもあり、林玲子氏が詳細に紹介・検討したものである。元禄十三年以降、享保十一（一七二六）年までの史料を引用（写）しつつ、寛延二（一七四九）年の記事で終わっている。

〔史料5〕[27]

A

商売体御尋ニ付口上書を以申上候

一権現様御代ゟ私共儀諸色問屋商売仕候ニ付、京大坂ハ不及申上、諸国ゟ之産物、絹布木綿類・くり綿・小万物其外諸色直買、又ハ送り荷物等引請、御当地・奥筋・関東辺所々之中買商人共へ百両ニ付三両程ツヽ之歩合を取、売渡申候、

一上方ゟ送下申候船荷物之儀者、伊豆下田御関所罷通候節ハ、御当地ニ三軒、大坂ニ六軒、船問屋印鑑ニ而罷通り申候、私共判鑑ハ入不申候、

（中略）

内店行司

八兵衛

勘三郎

元禄十六年

未六月晦日

御町年寄衆三人認遣ス

B

一、元禄十五壬午年穐、巳年前売懸金御取上ケ無之候間、相対ニ而受取申候様ニ御触有之候所、惣而問屋分之者共売掛金ハ、年月ニ御構なく御取上ケ被為成候趣、未春御触有之候、然所当組合之儀ハ、東照権現様御代ゟ之諸色問屋相勤来候ニ付、北村殿被召寄、別段ニ被仰聞候、依之外組問屋衆売掛滞金御訴訟申上候砌ハ、当組合之者共へ御尋被為成候ニ付、書付を以御返答申上候、其上御裁許被為仰付候事、

（中略）

C

又々商売体御尋ニ付口上書を以申上候

一十組之内内店組通町組三拾人組諸色問屋共申上候、私共儀七十五・六年以前ゟ問屋商売仕来候、尤問屋仕廻申候者共有之候節、問屋仕度旨望申者御座候へハ、私共立合詮儀仕、有来候問屋名題株相譲らせ、其段町御年寄様へ御願申、私共組合へ仲間入為致申候、

一私共先年ゟ問屋仕来り候義ハ、京・大坂・堺・奈郎（良）・近州・勢州・尾州・三州・播州・紀州・河内・加賀・越前、此外諸国ゟ荷物引請、中買・売子方へ相渡シ申候、尤手前徳用之儀ハ、金子百両ニ付金三両程ツヽ歩銭之取、売渡シ申候、中買と申候ハ、御当地・奥筋在々所々有之候商人共、私共方ゟ諸色買請、少々之徳用を以世利売之者共へ売渡候を中買と申候、尤私共方よりも、右中買へも売渡し、又世利売仕候者へも売渡遣申候、

（略）

内店組
久三郎
（八名略）

通町組
南組
四郎兵衛
（一三名略）

元禄十六年
未九月十三日

同断
東組
喜兵衛
（ほか五名略）

樽屋藤左衛門殿

（後略）

両組の記録（B）によれば、元禄十五年の相対済まし令にもかかわらず、翌十六年春に「総じて問屋の者共の売掛金は、

年月の制限なく取り上げる」という「触」があった（「万記録」所収の享保四年の願書では、触ではなく「町年寄からの申し渡し」とされている）。その後、すでにみたように、大伝馬町太物店中では十月に問屋であることは紛れない旨の書き上げを行い（〔史料3〕）、四軒以外は貞享三年に問屋となったという由緒を創作した。

三十人組の方ではそれ以前、六月と九月に商売体の尋ねが二度にわたって行われた（A・C）。こちらも当然、問屋であることに紛れないと書き上げたわけだが、一度目は「権現様の時代」から、としていたのを、二度目には七五、六年前（寛永五・六〈一六二八・二九〉年）からとし、商売体についても、一度目には絹布木綿類・繰綿・小間物など諸色を「直買」し、または送り荷物等を引き受けて、中買へ売っているとしたが、二度目には「直買」については書かず、「荷物引き受け」のみを述べている。問屋であることをより明確に主張したともいえるが、それが事実かどうかは当然、留保が必要であり、彼らは海難問題で十組問屋の結成を主導したことに明らかなように、むしろ上方で「直買」・直仕入れをする荷主にほかならなかった[28]。

ただし、十組問屋はこの元禄十六年に初めて「問屋」を称したわけではなく、同十五年の相対済まし令より以前、同十三年の訴状ですでに「十組諸問屋」を称している（「万記録」）。相対済まし令を契機に問屋を称したわけではないことになるが、それより以前、寛文元（一六六一）年閏八月に、江戸では初見とされる相対済まし令が出されている（『江戸町触集成』三二一号）。

覚

一町中諸商人売買物売買掛仕、出入有之訴訟ニ罷出候共、自今以後捌申間敷候間、此旨相守可申候、但諸問屋方ゟ売掛申儀は各別之事ニ候間、相滞候ハヽ、可申出候、

閏八月

但し書で諸問屋の売掛は裁許するとしている。相対済まし令における例外規定として、問屋の売掛が保護されたことが、

十組を結成する者たちを含め、広く商人が「問屋」化を志す背景にあったとみる可能性は十分に残ると思われる。なお、享保四年の相対済まし令では、問屋を例外とする規定はなくなり、大伝馬町太物問屋も、十組問屋も、ともに保護を求めて訴願を繰り返すことになる。

なお〔史料5〕Bの後半部分において通町・内店両組は、幕府との関係で他の問屋に対して特権的な立場にあるかのような書き方をしているが、実際に「万記録」に収められているのは、売掛が滞った際に訴訟をして仲間の権利を保持しようとしている文書（の写）にすぎない。「万記録」は、寛延四年以降、大伝馬町の訴願に対する反対訴願を行った際に、「家々の覚書」を取り集めて編纂しつつ作成されたとみられる由緒書であり、そこでの創作・脚色と読むべきであろう。

この「万記録」の冒頭は、次のとおりである。

抑通町内店両組諸色問屋商売之儀、東照権現様御仁政を慕ひ奉り、御入国之砌ゟ御当地罷下り、御代々諸色問屋商売相勤来候、依之従御公儀様商売体之儀ニ付御尋被為成候趣、諸色相場書差上申候様子、或ハ御訴訟之子細、且又組合定法等之帳面往古より有之候処、元禄之比類焼之節焼失候ニ付、其後家々の覚書等取集、粗書記有之候、蓋シ御入国之砌者問屋中買小売と申差別もなく、何商人も幽成事之由、其砌当組合之儀ハ京・大坂其外諸国之産物、絹布木綿幷小万物類等を買廻し御当地江罷下り、御用等も差上ケ、御屋鋪様・御当地ハ不及申、在々所々へ売買いたし候、其比ハいまた世上穏ならさる時節ゆへ、非常姦曲之者御防之為、諸商売人へ商売御免札被下置候由、其後万治二己亥年にも町御奉行神尾備前守様・村越治左衛門様両御奉行御印鑑居り候御免札被下置、爾今所持之衆有之候、然所世上一統御静謐御繁昌に随ひ、商売体も段々手広相成、国々へ店を出し、或ハ仕入問屋を相立、諸国の産物を買集、此外国々より送荷物等引請、御当地・奥筋・関東国々の売子を扣、繁花の市中に蕘をならへ、連綿として家業故障なく相勤候事、是唯東照権現様慈視眼の深き御恵と難有奉存、御法度之趣大切ニ相守可申旨、一ケ年ニ両度宛参会、能々示合可致候、（後略）

この後、さらにその後の経緯を述べ、元禄の相対済まし令における例外規定にも言及している。この「万記録」を伝えた白木屋は、寛文二（一六六二）年に江戸通三丁目に出店したのであり、万治二（一六五九）年の振売札のうち小間物札四枚などを所持している等とされているが、[29]「非常姦曲之者御防之為」だったとする解釈は、万治札に関してはもちろん付会にすぎない。だがここには、上方の小間物を自ら「買い廻し」て、大伝馬町太物店衆を凌駕して「諸国の産物を買い集める」に至った彼らの力量とともに、幕府権力への対応こそが商人の経営発展のために決定的に重要であるという認識がみごとに示されているといえよう。

おわりに

太物店衆が相対済まし令を受けて「問屋」化していった経緯について、あらためてまとめる必要はないと思われるので、当町がそうした太物店の町となった歴史的事情に立ち戻って整理することで、むすびに代えたい。

『伊勢店』が指摘したように、木綿はもともと陸付荷物であり、江戸へも畿内や東海地方の商人が街道を馬などで付け下ってきたと考えられる。彼らは江戸を経てさらに奥（東北）方面へも足を伸ばす可能性もありえたが、江戸が大消費地となると、そこで売買＝中継されることが普通になった。その際、大伝馬町は、江戸における街道のターミナルであり、そこに彼らの宿や売買の場が形成されたのには一定の必然性があった。

もちろん木綿商人の宿・拠点は大伝馬町に限定されたわけではなく、他の町々にも簇生したが、上方―江戸間の廻船が整備されると、西国の荷主は在所にいながらにして大量の荷物を船で発送し、江戸の宿（代理人）に売却を委託するようになった。その場合、荷物が委託・送付されるのは安定的で有力な家（家持町人）に限定され、そこへ集中していった。

また江戸湊の中心である伊勢町入堀に近接する大伝馬町は、船積み荷物の荷受にきわめて有利な地理的条件にあった。こうして大伝馬町に、売り手の代理となる数軒（四軒）の問屋が定まり、そこに仲買＝店衆が立ち会って売買が行われ、相場が形成されるようになった。ただし、四軒の問屋以外にも「脇問屋」と呼ばれる商人宿も存在しつづけた。

江戸には商人が多く店借・店衆として集まった。大伝馬町の店衆は、やや複合的な性格をもち、一部に上方・産地の荷主の出店があり、また一面では商人宿としての機能を担いつつも、江戸での仲買であることを本位とし、太物の卸売買、市場の機能を町内へ集中すべく結集し、問屋での買いと江戸・周辺での売りを独占しようと努めた（その結果として、小売は売子・振売に委ねられることになる）。逆に、仲買が「町内の表店衆」として結集したのは、同じ町内に通りに向って表店を開くことが、商売や信用を相互に保全しあう上で、きわめて重要だったことを意味するのであろう。

（1）吉川弘文館、一九六二年。北島氏のほか村井益男・松本四郎氏の共著であり、本章に関わる部分は、主として松本氏の執筆である。

（2）長谷川次郎兵衛家の本家筋に当たる市左衛門は早く寛永期に大伝馬町一丁目に店（布屋）を出し、次郎兵衛は延宝三（一六七五）年に出店（丹波屋）したとされる。以後も、当主は伊勢松坂に本宅をおいた。布屋は天明三（一七八三）年に閉店したが、長谷川家は大伝馬町に五店舗を出し、大正期にそれらを統合して株式会社長谷川商店となった。最近まで、マルサン長谷川株式会社として存続したが、二〇一四年に解散した。長谷川家の松阪の旧本宅や古文書等は、二〇一三年に松阪市に寄贈され、現在、市教育委員会が整理調査中とのことである。なお、朝日新聞デジタル版二〇一四年三月十七日の記事を、二〇一五年五月九日に参照した（http://www.asahi.com/articles/ASG3G42RTG3GONFB00G.html）。

（3）塚田孝「身分制の構造」『岩波講座日本通史　第12巻近世2』（岩波書店、一九九四年、のち同著『近世身分制と周縁社会』〈東京大学出版会、一九九七年〉所収）、吉田伸之「巨大城下町―江戸」『岩波講座日本通史　第15巻近世5』（岩波書店、一九九五年、のち同著『巨大城下町江戸の分節構造』〈山川出版社、二〇〇〇年〉所収）。

（4）同図書館ウェブサイトで公開されている（http://www.lib.hit-u.ac.jp/catalog/hasegawacotton/hasegawacottonlist.html）。宮崎正吉「江戸大伝馬町太物問屋資料に就て」『一橋論叢』一〇―二（一九四二年）は、長谷川次郎吉が天保の株仲間解散の直前に行事を勤めた関係で、仲間関係の帳簿・記録が同人方に保管され、長谷川商店から古書店を経て、東京商科大学附属図書館の所蔵になったとする。また同論文は「株仲間に於る大帳と称するものを大伝馬町では指引帳と唱へる」とするが、少なくとも当初は、この帳簿を「指引帳」と呼んだ形跡はなく、むしろ「大帳」と呼んだようである。ただ、先行研究を継承し、本章でも指引帳と呼ぶ。

（5）現在、一般的には「仲買」「行事」と表記するが、以下では史料に従って「中買」「行持」の表記も用いる。

（6）店衆の仕入荷物についても、ある程度は問屋での売買・糶に出されたと考えられる。

（7）この「売場所」は貼り紙に書かれた後年の訂正であり、もとは「問屋」と書かれていたとみてよい。同様の訂正は指引帳の他の部分にもみられる。

（8）『伊勢店』一三二～一三六頁。

（9）これは後（元禄七年八月三日）に中買衆の文書を借用して確認し、写したものだとされている。

（10）宇都宮よりも江戸に近い常陸真壁（桜川市）の商人中村作右衛門家は、元禄五～十一年頃、問屋の久保寺や赤塚を通じて木綿を仕入れていることが知られる。林玲子『江戸問屋仲間の研究』（御茶の水書房、一九六七年）三六～三八頁。

（11）『伊勢店』が利用したのは長谷川家所蔵「町内記録写」とみられるが、ここでは川喜田家伝来の「町内記録書写」の翻刻による（日本海事史学会編『続海事史料叢書3』〈成山堂書店、一九七八年〉。紺野浦二『大伝馬町・仕入帳』〈学芸書院、一九三六年〉で校合した。前者は、各人の書き上げ部分に重複がある）。なお、そもそも写し誤りがあったとみられる。

（12）〔史料3〕の直前に、未九月七日付で「一名主殿養子娘祝儀銀子五牧遣申候、／太物問屋七拾軒、絹店六軒」とある記事が問題になるが、帳簿の記事は半年に一度ほど、まとめて記された可能性が高く、〔史料3〕が出された後で記されたと考えておきたい。

（13）『伊勢店』では、宝永二（一七〇五）年から数えて八〇年前を一六二五年、七〇年前を一六三五年……とみなしているが、この史料では、たとえば元禄三（一六九〇）年を一六年前、元禄九年を一〇年前と数えており、八〇年前は一六二六年、七〇年前は一六三六年とするのが正しい。

（14）〔史料2〕では冨田屋と記されているが、指引帳から冨屋の写し誤りと思われる。元禄十五年に長井利兵衛が継承した。

（15）『伊勢店』六九頁。

(16)『東京市史稿　産業篇　第七』(東京都、一九六〇年)一四一七頁。
(17)「御当家令条」「東武実録」『東京市史稿　産業篇　第三』一九四一年、七三六～七四〇頁。
(18)後述するように、ライバルの通町組・内店組が、これより前の元禄十六(一七〇三)年九月に、寛永五年頃から問屋商売をしてきたと書き上げている(〔史料5〕C)ので、それを知ってそれより古い年代としたことも考えられる。
(19)『伊勢店』八六頁。
(20)一橋大学附属図書館所蔵「十組願書写之」。なお『伊勢店』三〇八～三二四頁を参照。
(21)『伊勢店』一二六～一三一頁。
(22)ここですぐに想起されるのは、三井が掲げた「現金掛値なし」の商法である。これは天和二(一六八二)年の江戸大火の翌年、店を駿河町へ移してまもなく宣伝したもので(中田易直『三井高利』〈吉川弘文館、一九五九年〉一〇九～一一二頁)、江戸ではその大火によって、金公事の裁判が停止されていた時期にあたる。
(23)以下、近世史料研究会編『江戸町触集成』第一・二巻(塙書房、一九九四年)による。
(24)元禄十五年閏八月の相対済まし令以降、一年間ほどは、『江戸町触集成』「正宝事録」における収録数が著しく少なく、留書の漏れが多いと考えられる。
(25)本文で以下に述べる「万記録」のほか、仙台藩の記録でも「預り金・相図金、巳年(元禄十四年)以前御取(上脱カ)無之筈ニ被仰出候所ニ、上方・江戸諸問屋相図借之分ハ御取上有之由、御当地ニても巳年以前之相図金御取上被下度由」と、元禄の相対済まし令以降、「相図金(貸)」と呼ばれる問屋の債権の訴訟を、幕府の町奉行所が受理していたことが記されている。吉田正志『仙台藩金銀出入処理法の研究』(慈学社出版、二〇一一年)四〇～四一頁。
(26)林玲子・谷本雅之『白木屋文書　諸問屋記録』(るぼわ書房、二〇〇一年)所収。林玲子「十組問屋史料(1)～(4)」『流通経済論集』二―一・二・三、三―二(一九六七～六八年)も参照。
(27)同右『諸問屋記録』八～一〇頁。
(28)前注(10)林書。
(29)同右、四八頁。

3章　三井の武家貸と幕府権力——享保期の上方高官貸の成立を中心に

村　和明

はじめに

本章は、近世を代表する大商人三井と幕府高官との関係、特に貸付を検討することを通じて、元禄から享保にかけての幕府権力の変貌に、大商人がどのように対処したかの一例を示そうとするものである。

三井が享保期の家法で大名貸を禁じていたことは古くから知られ、事業の上では大名貸にあまり積極的に取り組んでいなかったことが、三井の特徴として論じられている。(1) この事業が、三井と政治との関わりについての材料ともなりうることを、賀川隆行が指摘している。(2) 賀川は三井の大名貸について主要な貸付先ごとに精緻に分析を加え、以下のように論じている。対象としては本貫地松坂の領主である紀州徳川家と幕府御用引き受けの恩人である牧野家（後述）に加えて、譜代大名、特に京都所司代・大坂城代の就任者があった。所司代・城代の畿内役知が借入の条件と考えられるが、「損得抜き」とみえる場合もあり、御用商人としての立場補強の意図や、これらの役職が三井に「なんらかの強制力」を感じさせた可能性などが背景として推定されている。三井の貸付において、幕府権力とのつながりを見出せるとの指摘である。本章の内容を先取りすれば、これに加えて三井は、京都町奉行・大坂町奉行にも、ある段階から恒常的に貸付を行っていた。

京都・大坂の幕府高官への貸付として把握できる実態があったのである。

三井が業務上幕府と深く関わっていたこともまた、古くから知られる。創業期の貞享四（一六八七）年に幕府御納戸の呉服御用を請け負ったことは、三井の地位の安定に大きな意味を持った。続いて両替業において元禄三（一六九〇）年に請け負った大坂御金蔵銀御為替御用は、幕府から大坂で公金を預かり一定期間後に江戸で上納するもので、安定した資金をもたらした。三井はこれを基盤に新たに両替業部門を発達させ、その後、正徳～享保期に勘定所の御用を多数引き受けていく。(3) しかし、この時期の幕府権力のあり方やその変化との関わりは、三井が綱吉の側用人牧野成貞の仲介により御納戸御用達となり、以降牧野家を恩家として特別に扱ったこと以外、あまり詳しく明らかになっていない。(4)

本章では、三井と牧野成貞以降の幕府中枢との関わりを、統括機関である大元方（後述）から幕府関係者への貸付・付届を中心に検討する。残念ながら史料的な制約があり、ある程度網羅的な検討が可能となるのは、宝永七（一七一〇）年以降であるので、これ以前の時期については、牧野成貞の段階以降の展開をたどる意味で、編纂物や業務規則などの断片的な素材で考えていく。以上の検討から変化を抽出し、元禄～享保の政治的激動への三井の対応について考えてみたい。このことはまた、藤田覚が大名からの賄賂の検討を通じて幕府の権力構造を分析したように、(5) 当該期の幕政を理解する上での一助となるであろう。

最後に、三井に関する基礎事実を最低限説明しておく。三井高利が延宝元（一六七三）年に江戸・京に出店してから発展が始まり、元禄七年の高利の没後、子供たち（長男高平＝北三井家二代、次男高富＝伊皿子三井家初代、三男高治＝新町三井家初代、四男高伴＝室町三井家初代、八男高久＝南三井家初代ら）は共同で事業を継続した。宝永七年に成立した大元方が、事業と一族（時期により九～一一家で財産を共有）を統括した。その下の諸店舗は三都と松坂に展開、享保十四（一七二九）年までに、呉服業に従事する「本店一巻」と金融業に従事する「両替店一巻」に編成された。本章で使用する近世の三井の史料は、筆者が勤務する公益財団法人三井文庫に所蔵され、公開されている。

1　三井と幕府中枢との関わり

綱吉期の権力者と三井

高利の江戸・京進出後、幕府との関係が知られるのは綱吉政権期からである。帳簿や同時代の文書があまり現存しないため、断片的な史料によってみていこう。

〔牧野成貞〕　この時期については、まずは著名な、綱吉の寵臣・側用人牧野成貞との関係をあげねばならない。高利と同郷の本因坊道悦を媒介として、まず三井高好（高利六男）が牧野家の出入となり[6]、牧野の推挙によって三井高平（高利長男）が幕府御納戸（元方・払方）の御用達となった。三井は深く恩義を感じ、享保七（一七二二）年制定の家法「宗竺遺書」において領主紀州家とともに特別扱いと定め、成貞の没後も貸付を続けたことが知られている。

牧野成貞は元禄五（一六九二）年末に言語不自由となり、以後致仕を願い元禄八年に許されたが[7]、その後の元禄十四年にも、三井は幕府への提出書類を添削してもらっている[8]。また大橋顕毅によれば、元禄十六年に綱吉が牧野邸で自ら能を舞った際、牧野家の記録では町人では三井兄弟のみが陪観を許されている[9]。牧野の致仕後も、三井は牧野と関係を保ち、その関係を介して、綱吉自身にも接近していたと評価できよう。

〔桂昌院〕　続いて、綱吉生母で当時権勢を誇り、三井もその御用を勤めていた桂昌院[10]についての所伝である。享保七年に三井高治（高利三男）が初期の事業史をまとめた「商売記」にみえるもので[11]、「一位様」こと桂昌院が、老中一人・女中多数を連れて駿河町の江戸本店を「御上覧」したという。三井の菩提寺真如堂（真正極楽寺）の江戸開帳の翌年のことで（この記述から、高治が四〇代だった元禄後期のこととみられる[12]）、かねて桂昌院が三井の真如堂への貢献を評価していたためで、「偏是真如堂如来の御仏縁」である、と記される。

典拠史料は編纂物であり、他に裏付ける材料もなく、あるいは桂昌院付の高位の女中が来店した程度のことであったかもしれない。桂昌院も牧野成貞と近しく[13]、牧野が仲介した権力中枢と三井との近しい関係が、牧野の致仕後も続いていたと、高利の子供世代が記憶していたことを物語るものと読むべきであろう。それほど遠くない時期に子孫のために作られた書であり、「仏縁」という論理が享保期の一連の記録・規程の論調にどちらかといえば反すること[14]、あえてエピソードを創作・仮託するほど享保期に桂昌院の評価が高かったとは考えにくいことなどから、完全な創作とも考えにくく、何らかの前提となる事実があったのだろう。桂昌院の外出は高齢となったこの時期も頻繁であり[15]、寺院訪問などの往復の途中に立ち寄ったものであったかもしれない。

〔荻原重秀と柳沢吉保〕　牧野の影響力が衰えていく時期、三井が近しかった幕府の実力者が、荻原重秀であった。重秀の失脚と急死の後、その息源八郎は懲罰的に知行を大幅に削られたが[16]、三井大元方は享保十二年、その源八郎に対する貸付を特別扱いとすると定めた。理由は「是ハ御為替最初御取立之御家ニ候得者」[17]とある。元禄三年に大坂御金蔵銀御為替御用が新設された際に、有力な両替商というわけではなく大坂に両替店を持たなかった三井（高平・高伴）が加えられた経緯は、従来明らかでなかったが[18]、享保期の三井大元方（高平・高伴は健在）は、その過程で荻原重秀に引き立てを受け、恩義があると理解していたのである。享保五年上期には、高伴の名で「荻原江州様御厨子位牌幷茶台茶椀代」、「御一家中」から「荻原至誠院様月牌料為祠堂旁」、合わせて銀二八七匁余を、二年前に三井が建立した成願寺（現左京区花園）へ支払っており、三井家として荻原重秀の菩提を独自に弔ったことがわかる[19]。元禄三年時点の荻原重秀は勘定頭差添役（吟味役）で、代官・勘定の摘発で辣腕を発揮していたが[20]、この御用の新設に際しても影響力を発揮したといえる。後に新井白石が荻原と御用商人の癒着を厳しく批判したことは著名であるが、三井もまた、荻原との関係を築いていたのである。

後に三井の両替業部門が作製した、幕府御用の推移を整理した記録には、しばしば荻原に呼び出され、様々な指示や相談を受けた記録が写されている。その一例として、柳沢吉保も登場する、宝永四（一七〇七）年の事例をみてみよう[21]。

この年七月、御為替御用達の三井高伴へ荻原から「密談」があった。創設以来、三井組（兄弟二人の名で、実態は一体）と十人組（他の本両替たち）が勤めてきた大坂御金蔵銀御為替御用へ、本両替の菱屋庄左衛門が参入を望み、年来柳沢吉保に運動していた。荻原は柳沢の家老からの働きかけは「捨置」いてきたが、吉保から「御直御頼」され、余儀なく菱屋の三井組への加入について相談する旨であった。高伴は抵抗したが荻原に説得され、京都の兄たちと相談して、三井組への加入を「何となく内証御請申上」たところ荻原は「御悦」び、柳沢に伝えると述べた。十月に入り、高伴と菱屋庄左衛門が、荻原家中の本間新七の指示のもと、三井高久（高利八男、御納戸御用担当）宅で相談し、委細を取り決めた。また高伴は、兄たちと相談しておいた、兄弟の三井高治（高利三男）も御為替御用達に加えることを荻原に内願し、実現した。[22] また、公金を預かる抵当として保持し幕府に申告する家質も、菱屋の一万五〇〇〇両に対して、三井は従来の三万一〇〇〇両に九〇〇〇両を追加した。

以上が一件の概要で、この後の大坂御金蔵銀御為替御用は、三井三兄弟と菱屋による組と、十人組で担うことになった。この事例からは、荻原重秀と三井の近しい関係と、柳沢吉保の圧力をみてとることができる。三井はこの御用で預かる御為替銀の運用を重要な事業としたから、新規商人の参入は望ましくなく、せめて三井も頭数と担保を増やして請負額の減少を抑えようとしたのであろう。この前後数年間で、三井が幕府から預かった御為替銀の額は実際に大きく減っており、[23] 柳沢の圧力による菱屋の加入によって、三井は実害をこうむったとみられる。後の宝暦八（一七五八）年、江戸両替店が御為替御用の簡単な年譜を作成した際、この一件には特に「但此一件前後熟覧して可知之」と付記しており、[24] 三井にとっての重要性を窺うことができよう。

柳沢吉保については、「商売記」（前述）中の重臣の重要性を説く箇所で、悪臣の典型として取り上げられている。その趣旨は、綱吉の「執権」吉保は、綱吉の機嫌をとるのみで諫めず「御自分立身耳」で、綱吉の憐憫の意図に出た生類憐み政策によって「下々くるしみ却而御上を恨」む事態となったのは「遍に美濃守殿所為」である。また吉保に取り入る大名・旗本や縁者は綱吉に取りなすが、「付届無之大名・御旗元衆」は立身できない。「上に美濃守殿一人にて、下万民下々迄賞罰明なく苦しミ恨憤候儀」であった、という[25]。柳沢吉保批判としてはありふれた内容にみえるが、右にみた綱吉時代の三井の経験を念頭に置くと、三井がつながりをもった綱吉の政治の悪弊を、三井にとり有害な存在だった柳沢一身の責任に、すべて帰したものと読める。荻原との関係によっても柳沢の圧力を排除できなかった経験[26]は、成功をもたらした牧野成貞との関係とともに、三井にとって大きな教訓となったと思われる。

宝永末〜享保期の付届

家宣の時代、宝永七年からは三井の統括機関大元方が作成した年二回の総決算帳簿「大元方勘定目録[27]」と、総勘定元帳にあたる「金銀出入寄」がほぼ完存する[28]。大元方は資産・事業の全体像を把握して最高意思決定を行うための組織であったから、その決算書類から、おおよそ三井全体の動向がみえると期待される。

これらの帳簿には、様々な付届が支出として計上される。単に「付届」とある場合が多く、三井一族からの土産代・献上品代などもみられる。あまり巨額なものはないが、当時の三井首脳がどの幕府高官との関係を把握・特記していたかを知ることができる。以下、重要人物（頻出もしくは高位）を拾ってみよう。

①御用引受・取引を伴う対象

〔間部詮房〕　最も早い宝永七年上期の「大元方勘定目録」にみえる人名として、紀州家・牧野家・荻原家に加え、「江戸両替店ニ而間部様方入用」がみえる。前年から政権中枢に位置する間部詮房である。正徳二（一七一二）年からの「金銀出入寄」では、紀州家・牧野家などと並び独立した勘定科目（前小口に見出しが付く）として「間部様」が立項される。ほとんどは京・大坂両替店の経費、江戸両替店からの付届で、間部家中の湯治見舞経費などもわずかにある。三井は間部の京都から江戸への為替送金を請け負っていたといわれ[29]、これに伴う費用を、間部の地位に鑑み特記したものと思われる。詮房の失脚・越後転封後、享保四年以降は江戸両替店からの少額の付届のみとなり、詮房が領国で没した翌々年上期の決算からは独立項目ではなくなり、他の武家と併記される。

〔江戸城役人・将軍家族〕　ほとんどの支出は三井一族か両替店の名義であるが、稀に江戸本店（呉服部門）が関わった支出が計上される。これらは呉服御用を請け負っていること（後述）に伴う付届ではないかと思われる。

〔朝廷〕　正徳二年からは「御所方」という独立項目が立てられ、京両替店から「御所方」への付届が毎期記載されていく。三井が請け負った朝廷の両替御用に伴うものであろう[30]。

②政治的な目的と思われる対象

〔青山幸能〕　綱吉〜吉宗の側衆、駿府城代。側衆時代の正徳元年上期に茶入を、駿府城代時代の享保七年上期に鴨一番を献上、以降も時おり付届がある。いずれも宝永・正徳期に江戸において三井を代表した三井高久（高利八男）の名でなされたようである。後に高久が「別而御懇意、右之味も有之」ためとして、幸能の存生中は貸付を特別扱いにすると定められており[31]、牧野成貞に頼れなくなった時代に、三井にとって大切な人物だったものと思われる。

〔近衛基熙〕　家宣正室天英院の父で、江戸滞在中[32]の正徳元年下期から翌二年下期まで、付届を計上している。朝廷の御用商人となったことを梃子に、将軍縁戚に接近したものと推測されよう。

〔新井白石〕　正徳二年上期、高久の土産代が計上されている。登場はこの一回だけである。

〔月光院〕　七代将軍家継生母。正徳四年下期、宇治茶壺の運搬に伴う二件の支出がある。

〔顕誉祐天〕　正徳期の増上寺住持で、綱吉・桂昌院・家宣らが帰依した[33]。享保二年まで数回みえ、「増上寺」宛の付届もある。寺院・僧侶では他に祐天の弟子祐海、伝法院、上野観成院などがみえるが、享保以降は稀となる。

③役所・役職によるもの

〔御側御用取次・側衆〕　享保四年に加納久通と、有馬氏倫の父閑斎がみえ、以降しばしば記述がある。単に「御側衆」宛に計上されている項目も多い。これは政治的な意図も多分にあったであろう。

〔町奉行〕　京・江戸は一貫して、大坂町奉行は享保九年からみえる。職名の場合も個人名の場合もある。[34]特殊なケースでは、享保四年下期の京都の項に「亥十一月一儀ニ付」銀六七〇匁が計上されている。江戸での相対済し令の発令に際し、特に京都町奉行所に働きかけたことがわかる。[35]

〔町奉行所役人〕　京都西町奉行所の芦谷権左衛門（正徳二年～享保元年）、京町奉行所与力四方田重丞（享保四～十年）、江戸町奉行所与力満田作左衛門（享保七・八年）など。「江戸与力同心」とか「町掛与力」といった名目での支出もしばしばみえるから、単独宛の付届は、かなり昵懇な関係であったことを示すものであろう。

④性格が不明瞭なもの

付届をする意図が推測しづらい人名のうち、何度も名がみえるもの。何らかの御用を伴ったものかもしれない。

〔松前嘉広〕　留守居で、それ以前には京都町奉行、町奉行、大目付、西丸付（家宣付）などを歴任している。正徳～享保にかけてしばしばみえる。享保期の大元方の記録には、「是迄御厚情之御義」とある。[36]町奉行在任中に、三井は念願の綱吉への御目見得を初めて許されており、[37]これ以来の縁かもしれない。

〔松平摂津守〕　尾張家連枝の高須松平家。正徳三年以来、初代義行（尾張光友子、正徳五年没）、次代の義孝（尾張綱誠子）ともにみえる。将軍職の継承をにらみ、尾張家にも伝手を作ろうとしたものであろうか。

〔輪王寺宮〕　享保七年秋から登場、高久からの土産代がしばしばみえる。輪王寺宮の御用を三井が請け負うのは、後の時代である。

以上からは、様々な有力者に付届をしていることがわかるが、牧野・荻原に匹敵するような実力者と昵懇な関係を築けた様子は窺えないというべきであろう。なお、付届をする三井側の名義も記される場合があるが、高伴・高久らの名前が次第に減り、両替店などの組織の名称が増えていっている。

さて、これらの支出が記される項目の立て方自体も、三井大元方による認識の変遷を示すと考えられるので、本節の終りに、項目名と収録される付届の変化をみておく。初め「大元方勘定目録」の「屋敷方付届」という項目（勘定科目）に、正徳二年以降は「金銀出入寄」に詳しく記される。この中では、まず、前述のように、正徳二年から「御所方」という独立項目が立てられる。日光門跡は最初「御屋敷方」に記載され、享保十一年からここに移される。享保二年下期に「江戸城付役人・江戸城御城向」が立項される。具体的な付届先としては、御側御用取次の加納・有馬、側衆、城付・吹上御殿（月光院）付・二丸（家重）付の役人・女中など。この項目は享保七年下期までで消え、入れ替わるように享保八年下期に「御側衆」が立項され、加納・有馬・側衆だけが記されるようになる。京都所司代・京都町奉行所関係は、当初「御屋敷方」に記され、享保四年からは独自項目となる。江戸町奉行所関係は同じく享保四年から独立項目となる（これ以前にはみえない）。大坂町奉行所の両奉行と家中への付届は、他の武家とともに「御屋敷方」に記される。なお、享保九・十年には「御屋敷方」に収録される付届先を増やしているが、これはこの時期の不良債権整理（後述）と顔ぶれが共通しており、取り立て強化の一環とみられる。

総じていえば、まず吉宗の将軍襲職に伴い、江戸城勤の役人への手入れを重視し、これを将軍側近の側衆に絞り込んでいき、同時に京都所司代、江戸・京の町奉行所との関係を重点強化したものと推測されよう。

2　三井大元方の武家貸

宝永期の貸付規定

本節では、三井、特に統括機関である大元方による領主階級への貸付について検討する。綱吉の時代には、大元方が未成立で、貸付の状況を網羅的に示す史料が残っていないため、貸付の規定でおおよその姿勢を確認しておく。宝永期の指導者高富（高利二男、伊皿子三井家初代）が作成した、江戸の諸店のための詳細をきわめた規則「此度店々江申渡覚」のうち、江戸両替店に宛てた部分に、武家や幕府関係者への貸付について定めた箇所がある。[38]総論として「御屋敷方慥成方へ之かし、出入之両替、又ハ急用之取替、面白存候」とある。さらに大名を西国・中国・奥筋・五畿内などに分け、それぞれ貸し付けてよい石高の目安や気質（「奥筋ハ有増律儀」「西国者偽多」）を記し、利子も規定している。三井は享保期の家法で大名貸を原則禁止としたことが著名であるが、この段階ではむしろ積極的に事業の一部として考えており、かなりの数の大名と結びついていたものと推測されている。[39]

幕府役人では、「二条・大坂御番衆」への貸付を特記している。また将軍周辺では、「御台様幷五之丸様」すなわち綱吉の正室鷹司信子・側室お伝の方への貸付を特記し、「金高千両迄、利ハ月壱分」と定めている。これらは、実際に貸付が行われていることが前提の記述であろう。お伝の方はただ一人綱吉の子を産み、綱吉の将軍襲職後は「諸人崇仰」された人物で、桂昌院・牧野成貞と関わりが深く、[40]所生の鶴姫は紀州徳川家に嫁いでいるから、元禄期の三井の人脈につながる関係であるといえよう。正室鷹司信子と桂昌院・お伝の方とは対立的な関係にあったとされるが、[41]三井は双方と関係を構築していたといえる。

宝永末〜正徳期の貸付先

前述したように、宝永七（一七一〇）年下期からは大元方の年二回の総決算帳簿である「大元方勘定目録」、および総勘定元帳にあたる「金銀出入寄」がほぼ完存し、具体的な融資先について判明するようになる。

以下、「大元方勘定目録」「金銀出入寄」をみていこう。これらは、債権を記載する部分に、武家などへの貸付を一つ一つ記載しており、三井の大名貸に関する情報源として利用されてきた。上述の不良債権や半年を経ず返済された貸付など、[42]これらの帳簿にはあらわれないこともあり限界もあるが、大元方が把握していた貸付を総覧でき便利である。この帳簿で

「様」付の人物は、ほぼ全員が同定でき、大名・旗本、紀州徳川家家老、宮門跡・公家、三井各家当主などである。「殿」付・呼び捨ての人物は、全員の同定はできないが、判明する範囲では、暖簾分けした奉公人（「別家」）、三井家所縁の寺院・神職、御家人、[43]陪臣、[44]御用商人の同僚、[45]商人・職人などである。従って、「様」付を拾えば大名・旗本クラスは網羅できると思われる。これを表に示した（領主の紀州徳川家、恩人の牧野家、三井各家当主は例外的な扱いであるため省略してある）。以下、これをみながら検討していきたい。

〔荻原重秀〕　まず注目されるのは、前節で関わりをみた荻原重秀への呉服代の滞り（2、表の番号で示す。以下同じ）である。最古の宝永七年では銀九貫目弱、正徳三（一七一三）年上期には銀一〇六貫目余まで急増している。先にみた宝永期の法度「此度店々江申渡覚」では、江戸本店に対し武家への掛売について「向後掛銀壱銭も滞無之様ニ可致候」と厳禁しており、[46]その後「大元方勘定目録」に呉服代の滞りがみえるのは他に牧野家のみで、荻原重秀は失脚の過程にあって[47]も、牧野家とならび特別扱いがなされていたとわかる。重秀が没したこの年の下期には、残額銀九六貫余が不良債権とみなされ、大元方の帳簿から消されている。

〔その他の武家〕　その他、外様大名では唯一、熊本細川家（1）がみえる。安藤次行（3）・山口直重（4）・諏訪頼篤（7）は、京都町奉行である。伏見奉行建部正宇（5）、老中松平信庸（6、京都所司代時代からの可能性がある）・町奉行松野助義（8）に貸している。また、「大元方勘定目録」に記されない不良債権として、元京都町奉行中根正包への貸付があったことがわかる。[48]京都町奉行を中心とする幕府高官に貸し付けているといえる。なお、このうち大坂・江戸の町奉行を勤めた（元禄十四年〜享保二年）松野助義は、三井高久（高利八男、一時江戸常駐、御納戸御用担当）が「別而御懇意」であったとして、没後も子に特別扱いの融資を行っており、[49]特に深い関係にあったものらしい。

表　三井大元方からの貸付一覧

	貸付先	属性(石高)	職歴など	初貸付
1	細川	大名(熊本五四万)	(国持大名)	宝永4年11月
2	荻原重秀(近江守)	旗本(三七〇〇)	元禄9～正徳2勘定頭／正徳3没	？
3	安藤次行(駿河守・頼母)	旗本(二五〇〇)	元禄10～正徳2京都町奉行／正徳2没	宝永7年8月
4	山口直重(安房守)	旗本(二〇〇〇)	元禄11～禁裏付、正徳3～享保6京都町奉行	正徳3年5月
5	建部正宇(内匠頭)	大名(林田一万)	伏見奉行、正徳4～5寺社奉行／正徳5没	(正徳4年以前)
6	松平信庸(紀伊守)	大名(篠山五万)	元禄15～所司代、正徳4～老中、享保元辞	(正徳4年以前)
7	諏訪頼篤(七左衛門、肥後守、美濃守)	旗本(一〇〇〇)	正徳4～京都町奉行、享保8～江戸町奉行	正徳4年8月
8	松野助義(八郎兵衛、壱岐守)	旗本(一五五〇)	元禄14～大坂町奉行、宝永元～江戸町奉行、享保2辞・寄合／享保5没	正徳4年10月
9	有馬氏倫(兵庫頭)	(紀州家一四〇〇↓)旗本一四〇〇→享保11大名(西条一万)	(紀州家御用役大番頭↓)享保元御用取次(新設)／享保20没	(享保2年)
10	加納久通(近江守、遠江守)	(紀州家二〇〇〇↓)旗本二〇〇〇→享保11大名(一万)	(紀州家御用役大番頭↓)享保元御用取次(新設)、延享2西丸若年寄	(享保2年)
11	清須幸信　(三之丞)		～享保元土圭間	(享保2年)
12	高井清房(飛騨守)	(紀州家↓)享保元旗本(一〇〇〇→翌年二〇〇〇)	紀州時代より家重傅。二丸(享保元～)・西丸(享保10～)時代を通じ家重側衆／享保18没	享保2年1月
13	野村義茂(作左衛門)	(紀州家↓)旗本(四〇〇)	(紀州家中↓)享保元より田安宗武付・御広敷用人／享保9没	享保2年3月
14	三浦為隆(遠江守)	紀州家中(一五〇〇)	延宝5～家老／享保17没	享保3年1月
15	土岐朝治(信濃守)	(紀州家↓)旗本(一二〇〇→翌年二二〇〇)	(紀州家中↓)享保元より家重付(書院番頭格↓9年二丸側衆↓10年西丸側衆)／享保18没	享保3年3月
16	青蓮院宮尊祐法親王	宮門跡	吉宗室の甥	享保3年12月
17	吉川・竹田・嶋　※殿付	旗本家中	御用取次加納遠江守御内衆	享保3年12月
18	竹本正綱(九八郎)・正堅(虎之助)	紀州家↓享保3旗本(四〇〇)／紀州家↓旗本(三〇〇俵↓延享2より五〇〇石)↓田安家家臣	正綱―紀州家中↓享保3幕臣。小納戸など 正堅―紀州家中↓享保3幕臣。田安宗武付。元文3～田安家用人 妹は吉宗側室・田安宗武生母。	享保4年5月
19	松平忠周(伊賀守)	大名(上田五万八〇〇〇)	(綱吉側用人)↓享保2～所司代、享保9～老中／享保13没	享保6年2月
20	吉川源大夫・野尻七郎兵衛・西村庄左衛門　※殿付	御家人	御庭番(西村―享保元～、吉川・野尻―享保3～)	享保6年5月

21	細川常存(出雲)	禁裏非蔵人(六〇)	非蔵人	享保7年7月
22	北条氏英(安房守)	旗本(三四〇〇)	元禄期には側衆、若君付など。宝永6~大坂町奉行、享保9~大目付	享保7年12月
23	正木元三郎	紀州家中カ	紀州家家老三浦家一族カ	享保8年6月
24	川合信與(刑部)	(紀州家中→)御家人(三〇〇俵)	(紀州家中→)御小納戸	享保8年12月
25	大岡忠相(越前守)	旗本(一九二〇)	享保2~町奉行、元文元~寺社奉行	享保9年2月
26	大久保忠義(備前守)	旗本(一五〇〇)	享保9~14院付武家	享保9年10月
27	「松坂鳥見中」	紀州家中	紀州家鳥見	享保9年12月
28	牧野英成(佐渡守・河内守)	大名(田辺三万五〇〇〇)	享保9~19所司代	享保11年1月
29	本多忠英(筑後守)	旗本(九〇〇)	享保8~京都町奉行、元文2~旗奉行/元文4没	享保11年3月
30	小浜久隆(志摩守)	旗本(七〇〇)	享保9~12京都町奉行/享保12没	享保11年5月
31	酒井忠音(讃岐守)	大名(小浜一〇万余)	享保8~大坂城代、享保13~老中	享保11年12月
32	長田元隣(三右衛門/越中守)	旗本(九八〇)	享保12~17京都町奉行	享保12年
33	土岐頼稔(丹後守・伊予守)	大名(摂津他三万五千→沼田六万)	享保15~大坂城代、享保19~所司代、寛保2~延享元老中	享保16年9月
34	稲垣種信(淡路守)	旗本(二〇〇〇)	享保14~元文5大坂町奉行	享保16年12月
35	向井政暉(伊賀守)	旗本(九〇〇)	享保17~元文4京都町奉行/元文4没	享保17年7月
36	嶋正祥(長門守)	旗本(一二〇〇)	元文2~京都町奉行、元文5~江戸町奉行	元文2年6月
37	今出川誠季(大納言)	堂上公家(一六五五)	誠季は養子。義母は家重室の姉妹(伏見宮邦永親王女)、義姉は紀伊宗将室徳子	元文4年1月
38	佐々成意(美濃守)	旗本(七〇〇)	元文3~大坂町奉行、延享元~持頭	元文4年2月
39	本多忠統(伊予守)	大名(河内西代一万→神戸一万五千)	享保10~寛延3若年寄	元文4年12月
40	馬場尚繁(三郎左衛門/讃岐守)	旗本(二〇〇〇)	元文4~京都町奉行、延享3~江戸町奉行	元文4年10月
41	三井良恭(下総守)	旗本(一二〇〇)	元文5~京都町奉行、寛延2~勘定奉行	(寛保元年)
42	水野忠昭(大炊頭)	紀州家中(三万五〇〇〇)	紀州家付家老	(寛保2年)
43	久松定郷(筑後守)	旗本(一二〇〇)	延享元~寛延3大坂町奉行	(延享2年)

注　「大元方勘定目録」から、原則として様付の人物を採録。一部「金銀出入寄」で補った。三井にとり特別で、恒常的に関係があり、詳しい研究のある紀州家・牧野家と、三井各家の当主は除外した。初貸付年月の順。不明の場合には、初掲載年を記した。

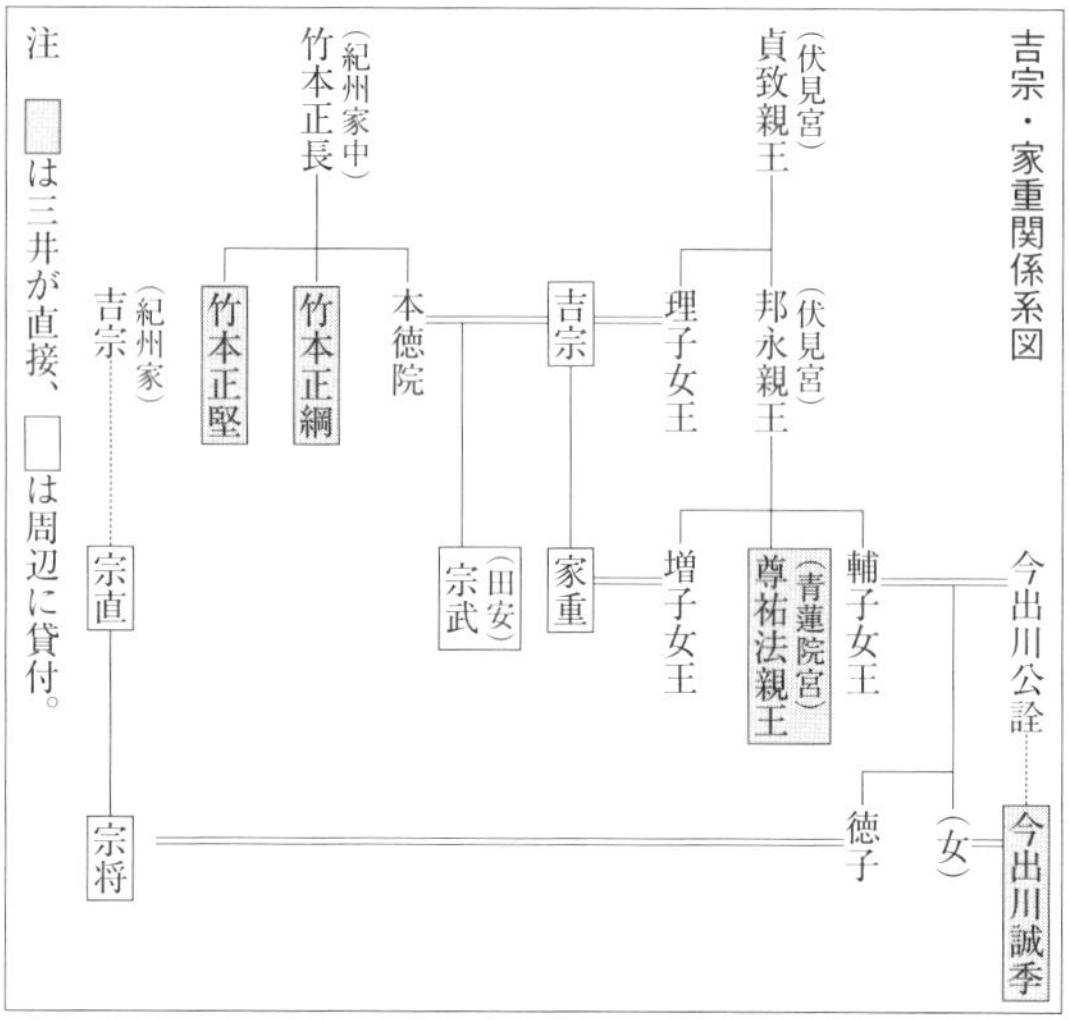

吉宗・家重関係系図

注　□は三井が直接、□は周辺に貸付。

享保前期の傾向

享保改革の時期区分について、辻達也・大石慎三郎は享保七（一七二二）年ごろ、深井雅海は同九年ごろに画期をみている[50]。本章の検討では、享保九年ごろに明確な傾向の変化が認められたので、この前後で項を分ける。

享保二〜六年

吉宗の将軍襲職後、享保元年の貸付先は前年と同じであり、翌二年から新たな貸付先があらわれ、顕著な傾向がみてとれるようになる（表参照）。

まずは吉宗の腹心、御側御用取次の有馬氏倫（9）・加納久通（10）である。例えば享保六年の一年だけで有馬へ一一回で計七〇〇両と、こまめに追加貸付を行っている。この二名は七、八年間で累積額が約一〇倍まで増大している。また、「殿」付で金額も小さいが、加納の家中（17）や、御用取次に直結する新設組織の御庭番[51]（20）へも貸し付けている。

続いて享保二・三年、吉宗の長子長福（後の家重）付の高井清房（12）、土岐朝治（15）、吉宗の第二子小次郎（後の田安宗武）付の野村義茂（13）、竹本正綱・正堅兄弟（18）に貸している。竹本兄弟の妹は吉宗側室、小次郎生母である。次代の将軍候補の側近と、早くも関係を構築している。吉宗正室伏見宮理子女王の甥にあたる青蓮院宮尊祐法親王[52]（16、系図参照）にも貸している。

享保三年からみえる三浦為隆（14）は紀州徳川家家老[53]、享保六年からみえる京都所司代松平忠周（19）は吉宗が抜擢したとされる人物で、[54]これらも吉宗に近しい人間に含めてよいものと思われる。

小普請の清須幸信（11）のみ不詳であるが、[55]それ以外の貸付の傾向は明白であり、対象を新将軍吉宗の周辺に集中したものといえる。それぞれがいちおう利子付で返済を想定したと推定され、[56]特に額がそれなりに大きい貸付は、三井の経営にとっても無意味ではなかったであろうが、[57]この偏り具合からみて、前節でみたような、時の政権中枢との関係構築もまた、重要な目的であったと考えるべきであろう。

享保七～九年

この数年間は、傾向がやや不明瞭となる。細川常存（21）は禁裏の非蔵人で、禁裏御用による縁らしい。[58]大坂町奉行北条氏英（22）にやや多額を貸している。正木元三郎（23）は紀州家家老三浦家の系図にみえる人物。[59]小納戸（将軍に近侍）の川合信與（24）は紀州系で、吉宗四男小五郎（一橋宗尹）とも関わりがある。[60]町奉行大岡忠相（25）は、享保三年に御納戸御用を免じられた三井を支配することになった町奉行である。[61]霊元上皇付武家大久保忠義（26）は、当時の一族の代表者三井高房（北三井家三代）へ直接借金の申し入れがあり、大元方で評議にかけられていて、[62]少し特殊なケースかもしれない。松坂の鳥見（27）は、三井の本貫地松坂の近郷で大きな力を持ったといわれる。[63]確実ではないが、前項と同じ傾向が続いていたのかもしれない。

享保後期以降の傾向

享保九年には、様相が変わり始める。大元方ではこの年から、従来の債権を頻繁に整理し、不良債権を帳簿上の資産から消していっている。[64]町奉行大岡忠相への貸付などは、一年を経ずに処理されている。この結果、例えば享保十三年上期には、「大元方勘定目録」上の幕臣への債権は当時大坂城代の酒井忠音（31、小浜）のみとなった。幕臣への貸付がかなり厳しく整理されたことがわかる。この時期にはまた、大元方と両替店で、武家への貸付について議論し、出資法を少しずつ改めており、(65)基本方針の修正を図っていたらしい。
新たな貸付先の記載は、享保十年にはなく、享保十一年からみられるが、新しく明確な傾向があらわれてくる（表参照）。これ以降の貸付は、ほぼ完全に京都所司代・大坂城代・京都町奉行・大坂町奉行の四職に集中するのである。例外は、吉宗・家重の正室の親族である今出川誠季（37、系図参照）、勝手掛若年寄本多忠統（39）、紀州徳川家の付家老水野忠昭（42）くらいである。

この四職が貸付先として優良であったかといえば、例えば享保十二年には京都町奉行（以下、貸し付けた時点の役職）四名、京都所司代一名、大坂町奉行一名への貸付を不良債権として処理しているから、経営上の判断で選別したとは考えにくい。利子取得以外の目的から、必要な貸付対象に絞り込んだものと考えられよう。

これ以降は、大元方出資の貸付の対象となる幕府の役職が固定化したようである。以下、いちいち表を示さず、役職ごとに天明期ごろまでのおよその概略を述べることにする。(66)

〔京都所司代〕　初例の松平忠周（既出、享保二～九年在任）から松平乗完（天明七年～寛政元年在任）までで、松平資訓（寛延二年～宝暦二年在任）以外の(67)全員に貸し付けている。

〔大坂城代〕　初例の酒井忠音（享保八～十三年在任）、土岐頼稔（享保十五～十九年在任）の後五名とんで、酒井忠用（延享四年～宝暦二年在任）から阿部正允（天明四～七年在任）まで一二名中、青山忠朝・久世広明・松平康福・戸田忠寛を除く八名に貸し付けている（松平・戸田は貸し付けていた可能性がある(68)）。

〔京都町奉行〕　初例の安藤次行（元禄十年～正徳二年在任）から本多忠英（享保八年～元文二年在任）までで、七名中五名に貸付（一名は早くから不良債権化）。本多から山崎正祥（天明七～八年在任）までは二一名全員に貸し付けている。

〔大坂町奉行〕　初例の北条氏英（宝永六年～享保九年在任）の後、三名は貸付なし。稲垣種信（享保十四年～元文五年在任）から神谷清俊（明和六年～安永四年在任）までの一四名中、一二名に貸付。前述の債権整理期に、むしろ貸付を強化しているといえる。

〔老中・西丸老中〕　正徳期の松平信庸が初例。以降、天明期までに一〇人へ貸すが、すべて大坂城代・京都所司代時代から貸し付けている人物。また、貸していた京都所司代・大坂城代が老中に昇進したケースでは、その全員で貸付が継続されている。

〔中奥役人〕　加納・有馬の後、文化期までみて、家治の側用人水野忠友(69)のみ。

〔若年寄〕　享保改革後期の勝手掛本多忠統のみである。

〔町奉行〕　大岡忠相（享保二年～元文元年在任）・諏訪頼篤（享保八～十六年在任）。諏訪へは前職の京都町奉行に就任した時から貸している(70)。大岡は、三井が江戸で支配を受けていた町奉行である（前述）。

〔勘定奉行〕　赤井忠皛（天明二年より在任）。就任時点が前述の「持ち分け」の時期にあたっており、前職の京都町奉行時代からの可能性が高い。

〔伏見奉行・寺社奉行〕　正徳四年に伏見奉行から寺社奉行に転じた建部正宇に、伏見奉行時代から貸している。伏見奉行時代に三井は物成金銀の為替送金・掛改を請け負っており(71)、この縁によるものであろう。

〔大目付〕　北条氏英（享保九年より在任）のみ。前職の大坂町奉行時代から貸している。

〔二条蔵奉行〕　花形頼母（宝暦九年より在任）のみ。二〇両とごく小額。

このように整理すると、大元方出資の貸付は、京都所司代・町奉行、大坂城代・町奉行の四職にほとんど集中している。逆に、このうち京都所司代・京都町奉行・大坂町奉行の三職の就任者に対しては、享保半ば以降から、ほぼ全員に貸し付けるようになっている。一部は転任後も（特に老中となった場合）、貸付を継続して行っていた。

3　享保期の貸付先と三井の動向

京・大坂両替店の貸付先

前節までで、大元方の帳簿にみえる貸付先を検討してきた。後段でその意味するところについて考察するが、その前に三井の大元方以外の部門からの貸付について、可能な限り検討しておこう。三井の両替業部門（両替店一巻）は貸付を主な業務とするが、その貸付先がすべて大元方の記録に載るわけではない。しかし、両替店の帳簿は、大元方に比すと古いものが現存していない。かろうじて、享保十三（一七二八）年下期分のみの京両替店の貸付と、同年以降の大坂両替店の貸付が判明するので、これらを検討してみよう。

京両替店の武家貸

京両替店の総勘定元帳にあたる「大福帳」が、本章の対象時期では、享保十三年下期の一冊だけ現存している（続八五五）。この帳簿の「御大名貸」「御屋敷方取替」という勘定科目（前小口に見出しが付けてある）と、同期の「金銀出入寄」に載る貸付を見比べると、①大元方が全額支出する対象、②大元方・京両替店がともに出資する対象、③京両替店のみが出資する対象、④資産から除外された不良債権、が存在する。①は肥後細川家、青蓮院宮、紀州家老三浦らで、大元方の帳簿にも載る。②は三井にとって特別な家である紀州家・牧野家と、この年七月に大坂城代から老中に転任した酒井忠音、京都町奉行の長田元隣・本多忠英らで[72]、こうした出資については、享保八年四月に「両替店江抱ハり候御屋敷」について、大元方からの全額出資を改め、両替店も四分出資すると定められ、同十年八月には牧野など具体的な名をあげて適用対象を定めている[73]。これらの貸付は、これ以前については大元方の帳簿に全額、これらの時期以降も一定額が出てくるものといえる。③は大坂定番の米津政容（久喜一万一〇〇〇石余）の組、大坂勤番中の大番頭酒井忠貫の組、郡山柳沢家・久留米有馬家・弘前津軽家の大名たち、西丸御書院番の山口直倫、京都町奉行所の与力・同心、である（同定できない「殿」付の相手が多い）。④は牧野家、老中松平忠周、元町奉行諏訪、元京都町奉行小浜ら。「大福帳」上では「浮物」という独立項目で、同じ期の大元方の帳簿にはみえないものの、前年の帳簿にはすべて載っており、ここで損失として処理されたものである(74)。

本章の検討においては、大元方の帳簿にあらわれない③が特に問題となる。前述した宝永期の規則にもみえた大坂城詰の番衆への貸付で、京両替店「大福帳」では「大坂御番衆貸」という独自の勘定科目が立てられ、定番米津の組への貸付は一六口で計七八〇両と、それなりの額である（大番頭酒井の組は、計金四六両余）。独自の勘定科目となっているから、定番・大番（おそらく加番も）の大名・旗本とその組下への貸付は、当時ある程度継続して行われていたものと考えられる。ただし宝永期以来続いていたかは不明である(75)。この大坂在番中の譜代大名・旗本への貸付を除くと、③は最も多額なもので金五〇両、銀一五貫ほどと、少額の貸付である。

大坂両替店の武家貸

大坂両替店から大元方（担当の三井一族）に提出された決算報告書「目録帳」の控えが、享保十三年分から現存する（本一七四八）。債権の中に「御屋敷方」という項目があり、前田家（金沢）・島津家（鹿児島）・毛利家（萩）・浅野家（広島）・有馬家（久留米）といった国持大名や、酒井家（小浜）・阿部家（福山）・榊原家（姫路）・土井家（唐津）など、有力譜代への貸付が載せられている。享保期の金額をみると、国持でも銀二〇貫を超えることは稀で、三井と貸付先の規模からすればそれほど巨額ではないといえよう。このうち大元方の帳簿にみえるのは、当時大坂城代（同年老中に昇進）の酒井忠音など、幕府の重職についている者だけである。

以上から、享保後期には、大元方と両替店で、貸付先の分担がみられたといえる。前節で検討した、大元方で享保中期にみられなくなる吉宗周辺への貸付を、京・大坂の両替店が代わって引き受けたわけではないこともわかる。大元方は幕府高官と紀州家・牧野家への貸付のみに出資し、京両替店がこれに一部出資、大坂の番衆への貸付は京両替店が、その他の大名への比較的小規模な貸付は京・大坂の両替店が、それぞれ行っていた。大元方は、事業としての規模や優良性によらず、貸付先との関係が三井全体にとって重要であるものを管轄していたと考えてよいのではないか。

これ以前の状況や、江戸両替店の貸付先については残念ながら不明である。ただし、当時の両替店は不況に苦しみ、享保十一年から十七年にかけて、手代たちに不況の乗り切り策を提出させ、享保八年・十五年には大元方に願い出て、優良な貸付先を保持するため金利を引き下げている(76)。こうした両替店の動向や、前節でみた大元方の貸付の動向に鑑みると、右にみた状況はある程度意識的に整理された結果なのではないかと推測されよう。

享保期の変化の背景

以上の検討から抽出できた重要な変化は、大元方の貸付先が享保中期に変化したことである。本章の最後に、享保期の三井全体の動向に照らして、その意味を若干考察してみたい。

享保期の三井は、全体に吉宗政権の経済政策等による不景気の影響を受けていた。後に元文の貨幣改鋳を利用して業績を躍進させるので、享保期は三井にとって苦難の時代であった。享保三年の江戸の幹部たちから京都の大元方への書状では「諸商売何れも不商売、言語ニ絶」「大辻は大きさん年」「御当地不商売・困窮ハ御察之外」と述べられる(77)。外部からの借り入れを減らして営業資金を三井内部で確保しようとする改革がなされ(78)、享保七年制定の家法「宗竺遺書」では経営姿勢の保守化がみられ(79)、大名貸のリスクを警戒し原則禁止とすることがうたわれた(80)。

こうした中で三井は、享保元年七月に吉宗長男長福（家重）の御広敷御用を願い出て獲得、さらに同三年時点で小次郎方女中、浄円院（吉宗生母）、同五年時点では本丸奥・月光院（家継生母）・「御部屋様」、同二十年時点では竹姫（吉宗養女）の呉服御用も勤めており(81)、吉宗家族の呉服御用を獲得していっている。これと大元方の貸付先には共通性があるといえよう。三井は、元禄~正徳期と同様の政権構造を想定し、綱吉・家宣の家臣団の幕臣繰り入れと台頭[82]、各時代の権力者との関係などの経験から、新将軍吉宗周辺との関係を新たに構築しようとしたものと考えられる。

享保期半ば以降になると、吉宗周辺への貸付がみられなくなる。享保八年、吉宗の側近中の側近有馬氏倫から、借財計一〇〇〇両余を一〇年賦とし、かつ毎年六〇〇両余を「仕送」りすることを求める申し入れがあった際、三井大元方は評議の上、「不首尾ニ相成候義も如何」との判断から、有馬に対し、「京都ハ得心無之」が、三井高方（新町三井家二代、京両替店の名前人）の一存で今年については了承する、ただし「此上不時出来候共少も相構不申」と回答する、と決定した[83]。とりあえず有馬との関係維持を考えた判断がなされたのだが、同時にこの関係は以後変化しうると表明されたことが注目される。呉服御用でも変化があり、享保三年に高利時代以来の御納戸御用を同役七名とともに免じられたが、同九年、こうした御用は採算が合わず、今後依頼があっても断るべきとする内部規定を作成している[84]。

こうした動きは、吉宗政権の構造の特質と関連づけて理解できるであろう。研究史を参照すると、加納・有馬に代表される吉宗期の将軍側近集団の地位や影響力は、綱吉~家継期のそれに比して限定的であったとされる[85]。三井は吉宗政権期に、「聞書」と題する情報収集記録の作成を各店で本格化させていた節があり[86]、政権の構造と動静を注視し、次第にこうした政権の新たな特質を理解し、将軍側近と太いパイプを持たないことによるリスク（例えば柳沢の圧力のような）は、吉宗政権においては低いと判断するようになったのではなかろうか。

また幕府官僚への貸付は、正徳期からみられていたが、その中でも京坂の四職に集中させていっている（大坂の番衆にも貸付が続いていたかもしれない）。彼らへの貸付の回収実績が良かったわけではない。この集中の理由は推測となるが、政権との結びつきで利益が期待できるものとして、勘定所の御用、特に両替店の事業の基盤である上方から江戸への送金を担う御為替御用を重視したのではないか。享保六・七年ごろは、最も重要な御用であった大坂御金蔵銀御為替御用に変動がみられ、三井では渡される金がなくなりつつあると認識し[87]、その代わり享保期には新たな勘定所御用、特に京都関係のものを多数引き受けた。享保七年には新たに京都町奉行所支配となった大津御蔵の払米代金の御為替御用を請け負っている。[88]

この点に関連すると思われる、三井に衝撃を与えたできごとが、享保七年六月にあった。京都町奉行河野通重から、大坂御金蔵銀御為替の下為替の返済滞り訴訟の特別扱い（幕府のために為替を取り組むものとの名目に基づく）を取りやめると告げられたのである。[89] この御為替の下為替の名目で、実際には御為替とは無関係な貸付を、自己資金も投入して行い利益をあげていた三井ら御為替御用達は「難儀千万此所ニ相極り、当夏以来片時も不心成罷有」[90]と大きな衝撃を受け、江戸の勘定所に問い合せ色よい返事はもらったものの、問題の訴訟は京都で出訴するもので、また京住である以上江戸で訴えることもできないと苦悩した。結局これはとりやめとする旨が同年十一月に告げられるが、あわせて京都町奉行より、以後訴訟に際し下為替の取組に問題があれば御用達の責任をも問うとの内意が伝えられ、御用達たちは下為替の取組先（実質的には貸付先）の制限や訴訟の事前相談について取り決めを行っている。この時、訴訟を従来通りの取り扱いとする方向で動いたのは、もう一人の京都町奉行諏訪頼篤で、勘定奉行に為替御用の重要性を聞き合せ、それを京都所司代松平忠周にも報告しているが、諏訪と所司代忠周は、三井大元方が以前から貸付を行っていた対象であった。[91] これは偶然であったかもしれないが、上方の支配・訴訟を担う高官たちとつながっておくことの重要性を、三井に強く認識させたのではないかと思われる。

おわりに

本章の内容をまとめよう。三井はその黎明期に、牧野成貞・荻原重秀の力によって幕府御用を引き受け、以降の地位の安定と、経営の発展の基礎を築いた。牧野の致仕後も、牧野との関係に基づく綱吉への接近がみられる一方、柳沢吉保とは良好な関係になかったようで、その圧力による実害も蒙った。荻原の急速な失脚も経験した。

三井は正徳期・享保前期まで、新たな将軍周辺との関係を模索した。宝永期から判明する付届と貸付に、こうした動向をみることができるが、家宣・家継期には、牧野や荻原に匹敵する実力者と緊密な関係を築けた様子はない。吉宗が将軍となると、御用取次や吉宗の家族周辺など、吉宗に直結する存在に集中的に貸付を開始している。改革が本格化する時期には債権整理を進め、享保十一（一七二六）年以降は貸付対象を京都所司代・京都町奉行、大坂城代・大坂町奉行の四職に絞り込んだ。以降はこれが定着し、特に京都所司代と京・大坂の町奉行は、ほぼ全員へ貸付を行っていた。付届においても、享保後期には、京都所司代や三都の町奉行など、幕府官僚制上の高官との関係重視という変化がみられた。この時期の京・大坂両替店では、大坂城の番衆、国持大名、譜代大名への貸付を行っていて、幕府関係者に貸し付ける大元方（享保八年からは一部両替店も出資）と分担があり、大元方は三井全体に関わる貸付先を扱っていたものとみられる。

三井大元方のこうした貸付は、既に賀川隆行が述べた通り、経営上の利害のみでは説明できず、営利事業というよりは幕府高官との関係維持の一環として理解すべきものであると考えられる。従ってこうした動向は、政権の構造の変化に対する三井の対応として理解できるものと思われる。側用人政治といわれる時代に経験を重ね、幕府権力の中枢と結ぶことの重要性を知悉していた三井は、享保前期までこうした関係の構築を模索し、享保後期には方針を改めたといえる。もう少し長いスパンでいえば、「人」から「職」へ、官僚制的な政治機構への移行に対応し、個人的力量や勢力ではなく、特定の職にあることを、貸付を通じた関係構築の判断基準とするように、基本方針を固めたものといえよう(92)。

最後に、本章で十分に検討できなかった課題をあげて結びとしたい。

第一に、三井における制度整備の過程との関係である。享保期の三井は、外の不況、内の世代交代という危機に直面し、強い危機感のもとで、家法「宗竺遺書」をはじめ多くの規則を定め、家と事業の体制を固めていった。享保期の規則や事業体制は、後代に対して強い規範性を持つにいたる。この動向が貸付の固定化傾向の背景にあり、貨幣改鋳を利用して業績を急激に伸ばした元文期や、紀州家の御用金賦課による資金欠乏に苦しんだ明和期にも[93]、大元方から武家への貸付を大きく変更することはなかったのではないかと見通せる。今回使用した史料は、事業組織の整備過程で試行錯誤しながら作成されていったものなのだが、やや平板な理解・利用にとどまってしまった。今後さらに三井内部の事業組織・会計制度の整備過程と、具体的に関連づけながら考えていく必要がある。

第二に、江戸の高官、特に三井が深い関わりを持つ勘定奉行・町奉行に対する貸付が稀な理由である。付届では、大坂よりむしろ江戸の町奉行が重視されている。遠国に赴任する職は支出が大きかった、史料がない江戸両替店の管轄であった、御家人クラスの役人との関係が主[94]、などの理由が考えられるが、今後の課題としたい。

第三に、こうした三井による幕府高官への貸付の、幕府にとっての意味である。役職就任者への貸付は、享保期の幕府財政窮乏の中で、役人の遠方への着任[95]やその家の経営を安定させ、享保七年までに京都所司代・大坂城代を頂点に成立したとされる上方支配機構[96]を、就任者の側から支えた面があるのではないか。また他方で、その政策決定に影響を与えることはなかっただろうか。幕臣側の史料からも検討してみる必要があるであろう。

最後に、分家出身の将軍の政権において、将軍襲職以前からの商人たちとの関わりが幕府政策に与えた影響である。三井は甲府徳川家の御用を勤め、紀州徳川家は本貫地松坂の領主であった。館林・甲府・紀州系の幕府官僚たちと商人たちは、将軍代替りの前後に、どのような関係を築いていたのであろうか。三井の享保初期の動向を考える上でも、紀州時代の吉宗への三井の理解、その家臣団と築いていた人脈は重要であるが、今後の課題としたい。

（1）中田易直『三井高利』（吉川弘文館、一九五九年）、安岡重明『財閥形成史の研究』（ミネルヴァ書房、一九七〇年）。
（2）以下、賀川隆行『近世大名金融史の研究』（吉川弘文館、一九九六年）二一～四頁。
（3）以上、三井文庫編『三井事業史』本篇一（三井文庫、一九八〇年）。

（4）享保期の大岡忠相らの改革に対する抵抗勢力として、三井ら両替商が御用取次らと結合していた可能性が提起されている（大石慎三郎『享保改革の商業政策』吉川弘文館、一九九八年、二二〇頁～）。ただしこの時期の三井は、御用取次にも町奉行らにも貸付・付届をしている。天明期では、勘定所役人への賄賂・接待の実態が詳しく知られる（小沢詠美子「三井越後屋と為替方―天明期の贈答をめぐって―」『日本常民文化紀要』二七、二〇〇九年）。

（5）藤田覚「武家官位の「価格」」『近世政治史と天皇』（吉川弘文館、一九九九年、初出一九九七年）。

（6）前注（1）中田書、一三五頁、大橋毅顕「三井家の発展と大名貸―延岡藩牧野氏を事例として―」『宮崎県地域史研究』二四（二〇〇九年）。

（7）永島福太郎・林亮勝校訂『史料纂集　隆光僧正日記』一（続群書類従完成会、一九六九年）六〇頁、黒板勝美編輯『新訂増補国史大系　徳川実紀』六（吉川弘文館、一九六五年）。

（8）幕府払方頭に提出した御用についての「遺諸書」。写しが宝永期の「此度店々江申渡覚」（三井文庫所蔵史料、北七。以下、三井文庫所蔵史料については所蔵番号のみで示す）などに載る。『三井事業史』資料篇一（三井文庫、一九七三年、以下『事資』と略称する）一二七頁。

（9）大橋毅顕「将軍綱吉の牧野邸御成り」大石学編『高家前田家の総合的研究』（東京堂出版、二〇〇八年）。列席したのは江戸在住の高伴・高久で、それぞれ御為替御用・御納戸御用の担当であった。

（10）松坂町奉行所に提出した書類による（享保十八〈一七三三〉年「松坂永代録」続二五四八、『事資』五五二頁）。

（11）北三―五、『事資』四〇頁。一次史料に乏しい高利時代についての基本史料である。

（12）比留間尚「江戸開帳年表」西山松之助編『江戸町人の研究』第二巻（吉川弘文館、一九七三年）によれば元禄十四（一七〇一）年三月が初例（四七六頁）。「真如堂日記抜萃一」（特一二三。戦前に作成された抄写本）をみると、元禄十一年の一時期は江戸での記録となっており、この年に江戸開帳を行っている可能性もある。

（13）牧野邸を単独で三度訪れており（前注（9）大橋論文）、桂昌院の死の前後には、致仕後の牧野が眼病を押して詰めている（『隆光僧正日記』三、三四頁～）。

（14）仏教への過度の信仰・出費を批判・抑制する傾向がある。享保七年「宗竺遺書」・「商売記」（『事資』一四・四〇頁）、享保十三年「町人考見録」（『芸の思想・道の思想五　近世町人思想』岩波書店、一九七五年、二〇一・二一七頁）。

(15)『徳川実紀』『隆光僧正日記』などにみえ、訪問先は護国寺・寛永寺・増上寺・鶴姫邸(紀州徳川家)などが多い。老中同行の例としては、元禄四年四月十日の戸田忠昌(前注(9)大橋論文)、元禄十五年四月三日の秋元喬知(山田安楽他校「御当代記」『戸田茂睡全集』国書刊行会、一九六九年、一八五頁)などがある。
(16)村井淳志『勘定奉行荻原重秀の生涯』(集英社、二〇〇七年)二二七頁。
(17)「永要録　一」享保十二年十一月七日(本一一〇六、『事資』三〇四頁)。両替業部門の本店格である京両替店において、上位にある統括機関大元方とのやりとりを記録したものである。
(18)三井における御為替御用引き受け当時の記録は、宝暦以前に失われていた(『事資』八〇〇頁)。御用が始まった翌元禄四年、大坂両替店を開設している。
(19)「大元方勘定目録」享保五年上期(続二八七一)。成願寺は出家した元両替店重役のため、高伴中心に建立されたといわれる寺院(明治十六〈一八八三〉年「成願寺草創由緒」続二八二二―三、『第一稿本三井家史料　北家初代三井高利』一五一〜一五二頁所載。明治末に三井文庫の前身である三井家編纂室が編纂した、三井各家当主ごとの編年史料集。未刊。現在は三井文庫閲覧室で公開中である。以下、『稿本高利』のように略す)。数多い三井所縁の寺院の中でも、特に両替店ゆかりの寺といえよう。
(20)前注(16)村井書、七九頁〜。
(21)京両替店「御用留抜書　二」宝永四年十一月(本二〇五、『事資』四五六〜四六〇頁)。宝暦八(一七五八)年に訴訟のため江戸両替店が作成した資料の写し。原本や材料(一次史料)は焼失してほとんど現存しない。
(22)当時の三井家は、高利(元禄七年没)の子供たちが共同で支配・経営しており、高伴の三名の兄(高平、高富、高治)は京都に居住していた。
(23)賀川隆行『近世三井経営史の研究』(吉川弘文館、一九八五年)表二―一、三八頁。
(24)「例繰鑑　二」(本四八九―一、『事資』四七三頁)。
(25)『事資』四六頁。この前後では他に悪臣の例として、漢の韓信・石田三成・明智光秀や伊勢商人の手代が取り上げられるが、柳沢吉保に割かれた紙幅は圧倒的に大きい。
(26)実際に荻原がどれだけ三井のために防戦したかは不明だが、荻原が三井を説得する際に、柳沢吉保の圧力を持ち出していることが重要である。

(27) ほぼ完存。一〇冊程度欠けているが、「金銀出入寄」で補える期もある。
(28)「金銀出入寄」は現在の総勘定元帳にあたり、これをもとに「大元方勘定目録」が作られ、資産が計算される。さらにこの基礎となる帳簿として「金銀出入帳」があったが、文化期以降の分しか現存しない（西川登『三井家勘定管見』白桃書房、一九九三年、三三五頁）。
(29) 日本経営史研究所編『三井両替店』（三井銀行、一九八三年）六七頁。なお同書は体裁上、典拠を注記していない。間部が摂津・和泉に有した所領の収入を為替で江戸へ送ったものと思われる。
(30) 三井の朝廷御用は散発的には宝永期からみられ、正徳元年に三郎助（高治）名義の両替店所在地（高治はこの奥に居住）の諸役免除札を受納しており、このころ両替御用を請け負ったものとみられる（拙稿「三井の御所両替御用について」『吉田伸之先生退職記念　近世社会史論叢』東京大学日本史学研究室、二〇一三年）。
(31) 前注(17)「永要録　一」享保十二年十一月七日（『事資』三〇四頁）。
(32) 近世の公家では珍しく、宝永七（一七一〇）年より、江戸に長期滞在中であった。
(33)『大本山増上寺史』（増上寺、一九九九年）六〇五頁。
(34) 人名の同定、役職の在任期間については、『寛政重修諸家譜』『国史大辞典』により、一部『柳営補任』で補った。
(35) 三井は発令の前月に、適用対象は不明だが徳政が発令されるとの情報を入手している。結果的に京都では発令されなかった（宇佐美英機『近世京都の金銀出入と社会慣習』清文堂出版、二〇〇八年、一二九～一三〇頁）。
(36)「会日落着帳　乾」享保十二（一七二七）年閏正月二十日（別二六五一）。統括機関大元方の評議（制度上、三井全体における最高意思決定の場）の記録。
(37) 藤實久美子「書物師出雲寺にみる御用達町人の格式」『論集きんせい』一五（一九九三年）。
(38) 北七、『事資』一一二～一一五頁。宝永三（一七〇六）年作成と推定されている。
(39) 前注(3)三井文庫書、八八頁。西国大名への評価が、後の「大名貸し全般への警戒に連なっていく」とみている。また、この直後の「此方より取替申儀曽而無之候」との記述から、大名貸への慎重な態度を読み取る先行研究もある（前注(29)日本経営史研究所書、六八頁）が、その直後に「多年此儀工夫可申事」とあるから、積極的に大名貸を行ってゆく意思があると読むべきであろう。同時に「近年江戸両替衰微」と述べているから、新規貸付先の開拓を模索する一環とみるべきかもしれない。

(40)姉と姪二人が牧野の養女として嫁いだとされ(斎木一馬・岩沢愿彦校訂「柳営婦女伝系」『徳川諸家系譜』一、続群書類従完成会、一九七〇年、二三四・二三五頁)、綱吉とともに牧野邸に一二回御成りしている(前注(9)大橋論文)。

(41)進士慶幹編「大奥の女たち」笠原一男『日本女性史4 義理と人情に泣く女』(評論社、一九七五年)一二七頁。綱吉の牧野邸御成では、正室と桂昌院が同座した例はないという(前注(9)大橋論文)。

(42)これらの基礎となる「金銀出入帳」(当該期分は現存しない)には記載された(前注(28)西川書、三四〇頁)。

(43)享保期の「殿」付の人物で、『寛政重修諸家譜』『柳営補任』にみえるのは御庭番のみである。十九世紀の勘定所役人(村上直・馬場憲一編『江戸幕府勘定所史料―会計便覧―』吉川弘文館、一九八六年、三八頁)について「大元方勘定目録」の貸付先をみると、留役書物方三井清左衛門が殿付である(続三一〇二)。他に、京都町奉行所与力と同定できる人物もいる。

(44)紀州家中、荻原家中本間新七(享保六年下期)、寺侍(高台寺代官永田甚内、寛政十二年上期)など。

(45)同じ大坂御金蔵銀御為替御用を請け負う泉屋三右衛門(無利子の貸付あり)など。

(46)前注(38)「此度店々江申渡覚」(『事資』八〇頁)。

(47)「屋敷方付届」(前述)には正徳二年春にすでに荻原の名はみえない。滞高の急増は、失脚の過程であるために支払いが滞るようになったことを示すかもしれない。

(48)三〇〇両の返済が記録されている(大元方「正徳四歳午秋出入寄」続五五二一)。不良債権「浮有物」を管理した大元方の帳簿は現存しないが、そこから少しでも回収できた場合、その利益は決算帳簿上に計上されるので、債権の存在が判明する。

(49)前述の元側衆・駿府城代青山幸能と同様に、江戸両替店からの特別の貸付規程を定めている(前注(17)「永要録 一」享保十二年十一月七日、『事資』三〇四頁)。

(50)辻達也『享保改革の研究』(創文社、一九六三年)二七七頁〜、大石慎三郎「享保改革の経済政策」(お茶の水書房、一九六一年)一六一頁〜、深井雅海『徳川将軍政治権力の研究』(吉川弘文館、一九九一年)一一七頁。

(51)前注(50)深井書、二三三・三八八頁。

(52)元禄十一(一六九八)年生、宝永七(一七一〇)年入寺得度、延享四(一七四七)年没(仏書刊行会編『大日本仏教全書 華頂要略 門主伝』第二、仏書刊行会、一九一三年、五七七頁〜)。

(53)紀州徳川家本体への貸付も、享保期には返済が滞り、次第に巨額となっていった(前注(2)賀川書、四〇頁)。

(54) 元綱吉側用人で失脚状態にあり、吉宗が抜擢したという（前注(50)辻書、九九頁）。
(55) 元禄末から御行水方・桐間番・御次番と転じ、綱吉の死後番を免されている。綱吉の寵臣で、当時から関係があったものかもしれない。「殿」付でみえる期もある。
(56) 例えば享保二（一七一七）年上期、有馬・高井への貸付には「当秋御返済被成筈之由」と肩書される。利子は記載がない場合もあるが、同業者などで「無利子」と注記している貸付があることから、特に記されない場合は利子付であると判断した。
(57) この時期、例えば両替業部門の純益は銀三〇〇〜五〇〇貫程度であった（前注(23)賀川書、一七一頁）。
(58) 享保十二（一七二七）年の大元方の議事録によれば、京両替店の手代が、禁裏御用を担当していて親しくなった村雲左京なる人物の紹介で、細川の世話をしてきたという（前注(36)「会日落着帳　乾」）。
(59) 前注(40)「柳営婦女伝系」一七二頁。
(60) 享保七（一七二二）年五月二十三日、小五郎の宮参に随行している（茨城県立歴史館史料学芸部『茨城県立歴史館史料叢書一四　一橋徳川家文書　覚了院様御実録Ⅰ』、同館、二〇一一年、三四頁）。将来的に小五郎付になると推測された可能性がある。
(61) 享保三（一七一九）年「元方払方御赦免之節書付」（本一四五五—一二、『稿本高久』一二八頁）。
(62) 前注(36)「会日落着帳　乾」享保九年十月二十三日（『事資』二五四頁）。
(63) 元禄十二（一六九九）年作成の松坂役人の補任に関する覚書「勢州松坂御城先城主并御代諸役人覚帳」（B九七二—三六）では、「御鳥屋飼」が徒目付と郡奉行の間に立項されている。なお、一部は将軍となった吉宗に江戸へ招かれたという（三重県環境生活部文化振興課県史編さん班 web ページ「歴史の情報蔵」。http://www.bunka.pref.mie.lg.jp/rekishi/kenshi/asp/hakken/detail.asp?record=223）。
(64) 享保九（一七二四）年下期に家重付土岐、小次郎付竹本兄弟への貸付を償却。同十年下期、加納・有馬、家重付高井、町奉行大岡への貸付を償却。同十二年下期、七口償却。この時は町人への大口の焦げ付きを含め、銀四四一貫余も償却を行った（前注(3)三井文庫書、二三四頁）。
(65) 享保十二年には牧野家の利子を焦げ付きに備えて積み立て始め（前注(2)賀川書、一四一頁）、荻原・青山・諏訪らへの特別な貸付規程を定める（前述）などしている。
(66) 三井が三つに分裂した「安永持分」以後の安永四（一七七五）年〜天明二（一七八二）年は、新規貸付の記載がなく、両替店で独自に処理されているものと思われる。天明三年以降記載が復活するが、それ以前に比すとごくわずかとなる。

(67) うち久世広明（安永六～天明元）は、両替店作成の「諸御屋敷方貸金調」（続二四六三―四）にみえ、大元方扱いにならなかったが、貸付は行っていたとわかる。

(68) 松平は後職の西丸老中時代からみえるが、大坂両替店扱いとあり、城代時代から大坂両替店で貸していた可能性がある。戸田は後職の所司代時代からみえるが、大坂城代時代が安永の持分期（前述）であるため、大元方の記録にあらわれるのが遅れたのかもしれない。

(69) 家治の幼少以来の側近。安永六（一七七七）年側用人、天明元（一七八一）年老中格・勝手掛、天明五年奥兼帯勝手掛老中。田沼政権の一翼（意次の子が養子）。

(70) 諏訪へは、就任時点で江戸で貸している（前注(17)「永要録　一」『事資』二九三頁）。

(71) 「例繰鑑　四」（本四八九―三、『事資』五一五・五一六頁）。

(72) ②は「大福帳」では「大元方預御屋敷貸引当幷加入」、「金銀出入寄」では貸方の中の「京両替店拠金六歩通かし」という項目で、この両者は一致すべきものであるが、一方にしか記されない貸付がある。この享保十三年下期「大福帳」は総勘定元帳として不完全との指摘があり（前注(23)賀川書、一八六頁）、記述に一部脱落があるのかもしれない。

(73) 前注(17)「永要録　一」（『事資』二九四～二九八頁）。

(74) 三井は不良債権に敏感で、定期的に損失扱いとして資産の計算から消し、一部は専用の帳面（大元方のものは現存しない）に移し、取り立てを継けた（前注(28)西川書、三四七頁）。このように不良債権を簿外とする処理は大元方を創設した中西宗助に始まり（「中西宗助覚」『事資』五一二頁）、資産の実態を慎重に把握しようとするものであろう。

(75) 京両替店の永久保存指定帳簿の管理台帳である「永除諸帳面控」（追五八〇）をみると、「御番衆貸諸事留」なる史料が享保十二年から作成された（天明大火で焼失したとある）ことがわかるので、大元方の貸付先の変化と重なるこの時期に再開されたものかもしれない。享保十七年には、大元方と両替店で細則を議論している（前注(17)「永要録　一」『事資』三二〇頁）。

(76) 前注(3)三井文庫書、二一九～二二一頁。

(77) 三井高久ほか「通達状」（本一四六六―四、『稿本高久』一一九・一二〇頁。江戸から京都へ、呉服御用の不採算を訴えた書状）。こうした状況認識は、享保期を通じて散見される（前注(3)三井文庫書、二一八頁）。

(78) 前注(3)三井文庫書、二一八頁。
(79) 中井信彦「共同体的結合の契機としての『血縁』と『支配』」『三井文庫論叢』四(一九七〇年)。
(80) 『事資』一一頁。これに八カ月先立つ享保七年三月「江戸両替店大式目」でも、「家法之通、御大名貸シは弥無用ニ申付候」と明言し、確かな貸付先がある場合のみ、評議にかけるよう定めている(本一〇四八、『事資』一四八頁)。
(81) 前注(77)「通達状」(『稿本高久』一二〇～一二二頁)、「評議申渡帳」享保五(一七二〇)年三月十六日(続一一二一。大元方の決定事項を列記した記録の一つ)。元方・払方御納戸の御用とは別である。
(82) 藤野保『新訂幕藩体制史の研究』(吉川弘文館、一九七五年)、前注(50)深井書。
(83) 前注(81)「評議申渡帳」享保八年五月十六日。
(84) 「御用承由緒書」(本四九二乙、『稿本高久』一一九～一三三頁)。
(85) 前注(50)辻書、一〇三頁～、前注(82)藤野書、八六八頁～。
(86) 江戸両替店のもの(続一四〇七)は吉宗の江戸入城が冒頭、江戸本店のもの(別一一三一一八)は享保元年の記事が最古、まとまって残る大坂両替店のもの(吉川弘文館より翻刻刊行中)は寛延四(一七五一)年の吉宗葬儀が冒頭である。現存しないが、京両替店でも寛保二(一七四二)年から作成されていた(前注(75)「永除諸帳面控」)。
(87) 曲田浩和「享保六、七年における公金為替について」『白山史学』三〇(一九九四年)。
(88) 前注(3)三井文庫書、二二二頁。
(89) 以下の一件の経緯は、御為替両組「定書」(本九六五乙、『稿本高遠』五一～五九頁)。享保の国分けの直前であり、京都町奉行は上方八カ国の公事・訴訟を扱っていた(小倉宗『江戸幕府上方支配機構の研究』塙書房、二〇一一年、四七頁)。御為替銀の貸付に対する司法の保護については、時期が下るが前注(23)賀川書、前注(35)宇佐美書を参照。
(90) 建前上は、江戸と取引があり江戸からの受取勘定を持つ商人を対象とするはずであった(新保博「徳川時代の為替取引に関する一考察」『神戸大学経済学研究年報』一五、一九六八年)が、実態は次第に逸脱していった(前注(23)賀川書、三八・一八七頁)。
(91) 宇佐美英機は、金銀相対済令が京都で発令されていないことから、金銀出入裁許において京都・大坂町奉行所は独自の権限を有したとしている(前注(35)宇佐美書、一三〇頁)。小倉宗は、京都・大坂町奉行が京都所司代・大坂城代を補佐する機能を明らかにし、「さながら上方の評定所」と評価している（前注(89)小倉書、一九三〜一九四頁）。

(92) 藤井譲治は、幕府の官僚制化の過程において、側用人は主従制性格が大きい「ゆらぎ」であり、御側御用取次は職の方向への「戻り」と評している（藤井譲治『近世史小論集　古文書と共に』思文閣出版、二〇一二年、初出一九九八年）。

(93) 前注(3)三井文庫書、前注(23)賀川書。

(94) 大元方寄合の記録に、上京してきた「懇意」の「江戸与力上野藤右衛門」に高久が「無心」され、金一五両を取り替えた記事がある（前注(36)「会日落着帳　乾」享保十年五月十八日）。天明期には勘定所役人への賄賂・接待が確認される（前注(4)小沢論文）。

(95) 転封から赴任へ移行していくとされる。前注(82)藤野書、八七三頁、藤本仁文「近世上方支配の再編」『史林』九四―四（二〇一一年）、同「近世上方幕府直轄都市と譜代藩」『史林』九五―一（二〇一二年）。

(96) 前注(89)小倉書、四七頁、同「江戸幕府上方軍事機構の構造と特質」『日本史研究』五九五（二〇一二年）。

〔付記〕　シンポジウム当日に、貴重なご意見を賜わった各位に謝意を表する。基礎となる武家貸のデータ入力については、同僚の下向井紀彦氏のご協力を得た。なお、本研究はＪＳＰＳ科研費二六七七〇二三五の助成による研究成果の一部である。

4章　住友江戸両替店と諸藩大名家の取引関係

海原　亮

はじめに

住友家（泉屋）は、近世都市大坂で活躍した最大規模の銅商・銅精錬業者として著名な存在である。元禄三（一六九〇）年以降、伊予国別子銅山の開発を手がけ、同十五年には幕府＝公儀より永代稼行の許可を得た。十七世紀後半、正確な時期こそ不明だが、東北地方の銅買い付けや経営上の必要から、江戸で事業活動を始めた。延宝六（一六七八）年中橋上槙町（現在、東京都中央区日本橋三丁目）に「中橋店」を設け、後に隣地を買い増し、幕末期まで営業を続ける。(1)

宝暦十（一七六〇）年十二月の「分与別家式」は、各店支配人・店員の格付けを示した規定である。それによると、中橋店の支配人は大坂本店・別子の下位、もうひとつの江戸出店＝浅草米店とは同格とされ、長崎店の上位に位置づけられていた。(2)

ただし、江戸の諸藩屋敷と関係を良好に保ち、別子銅山の繁栄と継続に功を為した者は、特別に本店・別子と同等に扱い、家督銀（退職時に支払われる一時金）もそれに準ずる、と明記されている。中橋店は、銅山経営の安定に寄与することを業務の核に据えていた。江戸での諸活動を通じ、当初から重要な役割を期待されたのである。

文化二（一八〇五）年、前年の七・八月に発生した別子銅山風水害の救済を名目とする拝借金を元手として、中橋店は両替業を立ち上げた。(3) 同五年には、江戸本両替仲間に加入するなど、経営は順調に拡大したが、早くも文政期の初めから社会全体の景気後退と幕府の金融緊縮政策が影響し、資金繰りに窮し始める。そこで浅草米店の収益を一部、中橋店へ繰り入れる策を講じたが奏功せず、天保七（一八三六）年には大坂本店から老分（重役）鷹藁源兵衛が派遣され、抜本的な調査・改革に着手した。

筆者はかつて「大坂為登状控」と題された留帳の文政八年・九年分をおもな素材として、中橋店業務の具体像を描こうと試みたことがある。(4) この史料群は、大坂本店の指示に従って定期的に提出された書状（「番状」と呼ばれる）をまとめた冊子であり、断片的ではあるものの二〇冊程度が現存している。そこで本章は、前稿での考察に続けて、天保三年分をとりあげ、当該期における商家と公儀（おもに藩）の関係構造について、具体的な様相を提示してみたい。

1　中橋店の番状は何を伝えたか

本章で検討する天保三（一八三二）年「大坂為登状控」の内容は、表1にまとめた通りである。同年は正月六日付「初番」から、十二月二十六日付「六拾八番」までと、無番号のもの（十月二十二日付、閏十一月二十九日付）が二通、大坂本店へ宛て差し出された。表右側に示した件数は、各番状の一ツ書を報告の単位とみなし、筆者の判断により内容を分類したものである。全体で四〇〇件弱を数えるが、御三卿・各家「館入」の記事が目立ち、実に二〇〇件を数える。記事別にみると、住友が稼行した別子銅山に絡んで伊予松山藩関係が五四件を占めたのは、前稿で指摘した文政期の場合と似ている。次いで、浜松藩・延岡藩など特定の藩に関する件数が目立つが、これについては第3節で後述しよう。

番状それ自体は、日常の業務報告を集めたものに過ぎず、重要な案件については別帳が作成される。「その他」は一一六件と多いが、その八割強は、番状・諸帳面の発送・到着を知らせる短い文章である。残りは、浅草米店の収益の内訳(5)や大火など江戸の近況、家内の慶弔や嵯峨清涼寺の江戸出開帳関係記事(6)が占める。

奉公人の動静

表1の記載順にみていこう。「奉公人の動静」項は、奉公人の雇用・異動・給銀、大坂より派遣される「子供」（手代の下位にあり、業務を補助する）の情報、元服などの祝儀、江戸末家の処遇に関する内容などを含んで、まとまった件数を数える。これらの情報は大坂本店で一括管理された。

表2は、住友家文書に現存する史料「記録　弐番」（末家・別子・各店の奉公人動静を簡潔に列記したもの）から、天保三年の江戸出店（中橋店・浅草米店）関連記事を抜き出したものである。

奉公人関係の記事は、いずれも簡潔な記述にとどまる。たとえば、六月に市松なる者が暇を出された事例について「大坂為登状控」は「心得違之儀有之、家風ニ相叶不申故」とその事情を述べ、詳細は全九郎から聞いてほしい、と記している(7)。市松はその直後、才領（江戸での

表1　「大坂為登状控」の記事内容分類（天保3年）

		（件）
奉公人の動静		51
銅吹・古銅関係		12
両替業・金融業務		7
銭屋佐一郎関係		7
御三卿・各家への館入		200
その他		116
総　計		393
館入先別の記事件数		
御三卿	田安家	3
	清水家	2
各藩	伊予松山藩	54
	浜松藩	42
	延岡藩	25
	薩摩藩	5
	上総五井藩	4
	南部藩	3
	越前大野藩	3
	上総一宮藩	2
	磐城平藩	2
	三河吉田藩	1
	小田原藩	1
大坂町奉行		8
長崎奉行		7
その他，幕府代官・旗本など		38

出典　天保3年「大坂為登状控」。

表2　江戸中橋店・浅草米店 奉公人のおもな動静(天保3年)

月	人　　物	記事内容
正	中橋市三郎	暇，出勤15カ年につき銀25枚御目録
〃	庄松	江戸下し子供，不埒につき差登，親元へ引き渡す
2	中橋支配人全九郎	登坂聞済，差出物あり，御酒下される
3	末家久右衛門	杉様一件につき江戸下り，心配につき白銀5枚
4	浅草喜十郎母	死去につき南鐐壱片音物料
6	中橋市松	不心得筋あり，差登，親元へ引き渡す
7	中橋全九郎	登坂のところ帰府，暇乞御目通，御盃など
〃	〃	拝領物着古シにつき内願
8	江戸末家又兵衛	古証文・新証文取立方実体につき褒美
〃	又次郎・勝蔵	年限相立につき御定紋御上下を下される
〃	中橋茂平・徳右衛門・左五郎	出精の由，(支配人)全九郎より申立につき替御紋上下を下される
9	中橋清平	浅草店支配役を仰せ付けられる，御直筆差下し
〃	両店下し子供	御目通，被下物あり(又蔵13歳，平蔵14歳，繁蔵14歳，幸四郎12歳，常次郎12歳)
11	浅草巳三郎	初中登り，御目通を仰せ付けられる
〃	〃	大坂着，差出物あり，別帳に記す
閏11	浅草支配人清兵衛	登坂聞済，差出物あり，別帳に記す
12	江戸末家茂右衛門	歳末祝儀として銀20枚
	江戸末家平右衛門	歳末祝儀として銀10枚
	両店支配人・又次郎	御手当，歳末祝儀，詳細は目録帳に記す

出典　「記録　弐番」天保3年部分(住友家文書)。

保証人、宰領とも書く）である長三郎に連れられて登坂、同月二十四日に到着し、すぐに親元へ引き渡された(8)。

全九郎は、当時の中橋店支配人である。彼は正月晦日に江戸を出立、翌月二十六日に大坂へ到着した(9)。表2で明らかなように約半年、大坂に滞在し、大坂本店の記録によると、このとき「別紙願書弐通」を提出している。本店の財政状況は厳しいとよく分かっているが、中橋店での精勤を考慮され、是非とも願いを聞き入れてほしい、というのである(10)。なお、この「別紙願書弐通」に該当する史料は現存する(11)。

史料引用は省略するが、要するに全九郎は大坂・江戸の双方で「無拠借財筋」が嵩み、さらに大坂滞在中の「差掛候入用」によって帰府できないため金子を借用したい。また、実母が老衰し、介抱人を置いているが行き届かないので、本店在勤の篤兵衛を養子に貰い受けて世話させたい、と願い上げたのである。大坂本店は全九郎が江戸で「実意ニ出精相勤候事」を踏まえ、特別に二通の願を許可した。

ところで全九郎の留守と関係するか、江戸出店で人員が不足したので至急、大坂本店に掛け合い、「子供」の補充が実現している（表2）。当初は中橋店の要請だったが[12]、予州（別子銅山）の事情や、浅草米店の要望なども加味し[13]、結果的には江戸へ五名の「子供」が派遣される[14]。当時、各店の人員調達は、おおむね大坂本店が差配しており、路用銀の精算など、具体的な情報は番状を通じて報告されたのである。

銅吹・古銅関係

古銅回収と吹立を増進し、長年の懸案となっていた地売銅値段の高騰を抑制するため、江戸本所に「古銅吹所」が設立されたのは、寛政八（一七九六）年八月である。大坂の銅吹屋仲間は、古銅の買入・吹方・吹銅売払に責任を負うこととなり、吹屋と手代が一年交代で江戸に詰めた[15]。

番状のなかに、古銅吹所からの情報として、天保三年正月、伊勢屋甚兵衛なる者からの吹所開設願が許可された、との記事がみえる[16]。同所では、一年に秋田銅九万斤・市中古銅六万斤を吹き立てる計画という。明和三（一七六六）年銅座設立以降、古銅は銅座の専売を原則としたものの、実際は流通統制が難しかった。設立経緯や経営規模はよくわかっていないが、江戸でも伊勢屋のような「別段」吹所がいくつか存在したのだろう。中橋店は住友の本業＝銅商に関わる江戸の動静を逐一、大坂本店へ報告した。

三月二十七日、古銅吹所詰の野村八郎助が、中橋店手代の又次郎を呼び出した[17]。さっそく又次郎が出向くと、野村は不快ゆえ、代りの役人が勘定方小野市郎右衛門からの話を伝えた。すなわち、長崎奉行である牧野長門守（成文）が「来七月晦日限、金四百両分借用」を願っているとの依頼である。又次郎はいったん、その場を引き取って、翌日改めて断りを入れたが、江戸で決裁不能なら大坂（本店）へ掛け合ってほしいと懇願された。

中橋店の立場としては「先達ゟ銅山方願筋之御掛り之御役旁以如何可有之哉」すなわち、別子銅山関係の願書を提出する手前、長崎奉行の依頼は慎重に検討すべきだと判断して、番状で伺いを立てたのである。ちなみに、吹所詰の野村は、その後も不快を訴え続けた。又次郎が干菓子を持参し、見舞に出かけたとの記事がみえる[18]。

九月末に、古銅吹所の普請役と勘定役が転役した。この異動は「俄之儀」であり、古銅吹所でも詳しい事情が把握されていなかった。普請役は「老体」で、それが交代の理由と想定できたが、跡役は十月九日にようやく任命された。新しい勘定役について「日々御出勤者是迄と違ひ若党・徒・草履取、都合供廻り三人ツヽ御召連、御普請役様も壱僕御連御座候由、少者振合も相替り可申哉」と述べ、具体的な動静を報告する。恐悦状＝挨拶文は「御仲間中御一統」で又次郎から提出した。ただし「品物御差出」は厳重に断られたので、大坂本店の指示に従い「手札斗にて厚く」申し入れた[19]。

両替業・金融業務

表1で注目すべきは、中橋店が両替業を営みながらも「両替業・金融関係」記事がほとんどみられない点だろう。番状の文面から察するに、日常的な金融業務は報告の対象とせず、別に精帳・通帳など期ごとの帳簿類を作成した。

番状では一例のみ、例外的に為替手形送付の記事が掲載されている[20]。金一四〇〇両分の手形二枚（大坂炭屋安兵衛振出→江戸竹原文右衛門渡り、同銭屋清右衛門→村田七右衛門）を確かに受領した、というもので「尤右金子之儀者当方大福帳江大坂西尾講預りと申、新庭帖ニ記入置可申旨」との記載がある。天保三年六月以降、中橋店は為替の形で同藩の調達銀を受け取り、月七朱分の利足を毎年、大坂へと送金する取り決めになっていた。詳細は、在坂中の全九郎と相談のうえ決めたようである。

大坂で実現した西尾藩の調達講の実態は現時点で不詳だが[21]、住友家文書には講一口分を引充とした貸付証文や、同藩用達の作成した講銀の算用書が、わずかに現存する。

また、九月から鋳造の開始された「天保二朱金」は、金品位を低くし改鋳による出目の獲得をめざしたもので、十月二十四日より通用となった。江戸の引換所に対し、引替差出高に応じ手当銀を与えるから引替に努めるよう告示が出されたという。中橋店は、通用の初日に後藤役所で引き替えると、新二朱金をまず少量「手本」として大坂本店へ四日限で送り、残りは一〇日限とし十一月上旬に輸送した[22]。

金融関係の話題としては、大坂の両替商銭屋佐兵衛の記事がまとまっている。二月中旬、事情は不明だが、銭佐が得意先一統から預銀を取り付ける行動に出ており、いったん店を閉じるのではないか、と大坂豊後町店から報知があった[23]。銭佐は去年の盆以降、中橋店と為替の清算がなく、また年初に不渡り手形を出したので不審に思い、かねて動向を注視していた。二月二十五日時点での預高は、金七〇七両一分・銀二九八匁八分八厘一毛である。これは、大坂より送られた小手形二〇本分から、飫肥藩（伊東修理大夫祐相）への出金七六五両と岸和田藩（岡部美濃守長慎）への出金六一六両余を差し引いた額である。町人・商家宛の為替の精算は、何とでも理由をつけて延期ができるけれども、両屋敷への出金は手形の日限を遵守しなければならない。全九郎が大坂滞在中に銭佐と掛け合うこと、要は今後、二〇〇〇両規模で帳簿の清算をおこなうならば取引を継続する旨、江戸から抜飛脚（至急便）を使い、指示している。

本件については、大坂本店より詳細の報告があった[24]。三月中旬の時点で「御同人方手尻漸く金九百両程有之候」と、資金繰りの厳しさが推察されるため「当方も油断ハ不仕様相心得居申候」、大坂本店も細心の注意を払う、と述べている。

次に引用する〔史料1〕からは、本件に関して中橋店の窮状がうかがわれる[25]。

〔史料1〕

一銭佐殿為替方差入手尻入金之儀、先便ニ申上候通り五百両程有之、然ル所亦々今日入状之処、別紙写書之通り渡方申上候手尻金さつはり無之候得共、先方ゟ何之入割之御掛合も参り不申、此儘ニ致置候時者何程如何様之渡方申参候程難斗、尤多分渡方ハ大株ニ而諸家様方斗故、参着被申来候時者手形文言住友吉次郎ゟ受取可被申と有之故、銭佐ゟ入金無之、且又未仕下し金集不申抔と申候而も中々御聞入者無之儀有之候、左候時者万一当御店之迷惑、損金ニ相成候事も難斗奉存候間、亦々同所江別紙壱通掛合、書状差遣申候間、御一覧之上、差遣候而も宜敷候ハヽ、御届

ケ可被下候、猶又直々御渡合被下候而よろしく義候ハ、越智御氏と御相談之上、可然御取斗奉頼上候

銭佐から五〇〇両の入金があったものの、入金割合など細かい連絡はなく、為替差入の資金は全く不足している。「諸家様」など大口の渡方が集中すれば、手形の文言に吉次郎の名前があるため、支払いを延期することは難しい。中橋店としては迷惑を蒙るし、損金を余儀なくされる。そこで銭佐宛の依頼状を作り大坂へ送付するので内容を確認のうえ、(越智)全九郎とも相談して銭佐へ渡してほしい、というのである。

もとよりこの当時の銭佐の経営状況や、以降の経過は明らかでない。おそらく在坂中の全九郎が尽力した結果、徐々に為替差入用の送金が実現したようである。叙上の依頼には銭佐から返書があり、中橋店はそれを大坂本店へ送付した。四月中旬になると「此節追々手尻出来候」との文言がみられ、事態はようやく収束したらしい(26)。

2 幕府高官とのつながり

表1に戻り、記事の約半数を占める「御三卿・各家への館入」の内容を検討しよう。

表中「館入先別の記事件数」の下段から明らかなように、大坂町奉行・長崎奉行に関する記事も、少なからぬ数を確かめることができる。前稿でもとりあげたが、幕府内の要職者と適切な館入の関係を保つことは、中橋店そして住友全体の業務展開にとって重要な意義を有した。第1節で、長崎奉行から借金の依頼があったさい、大坂本店に善後策の検討を要請したのは、住友の本業＝別子銅山の減銅願に関わった判断といえる。

文政八(一八二五)年に別子銅山本鋪深部で発生した大規模な涌水は、天保期の半ばにかけて坑道湛水の状態が解消されず、産銅高の減少と水引経費の増大によって銅山経営に深刻な影響を与えた(27)。

この大涌水への対応については別稿(28)で詳しくふれたので、ここでは簡潔な叙述にとどめよう。涌水発生の翌文政九年末

にかけ、大坂本店と中橋店は助成歎願の活動を本格化させた。その結果、文政十年七月より向こう五年間、年一二〇〇両規模で増手当の支給が申し渡される。これは有期の手当で、天保三（一八三二）年に期限切れとなったが、依然として湛水処理は解決していない。そこで大坂本店は増手当の延長を画策するとともに宝暦期以降、別子銅山に義務付けられていた輸出用「御用銅」（七二万斤）の減産を願い出たのである。

四月九日付の番状[29]に「去歳減銅願筋之儀ニ付、御掛合中上候処、此義者先日長崎便り在之、何れ近々御勘定方并御普請方御交代ニ付、右御帰府之節御持帰り可相成哉ニ御承知有之、其御地御通行之節又々再願等可被成、内外御聞合之上、御取計可被成御積之由」とあって、大坂を通過する長崎奉行の勘定方・普請方へ減銅を再願する旨、大坂本店より連絡されたようである。減銅の打診は、少なくとも前年から続けて取り組まれてきたが、実際、天保二年八月付で銅座へ提出された願書[30]は、近年の別子銅山は定数分をようやく生産できるような状態が続いて、地売方へ廻す量を確保できず、十分な利益を得られない構造になっていることを強調する。願書では「家業ニ難相成当惑仕候」と述べ、別子銅山経営の窮状を繰り返し訴えている。

もとより減銅の提案は、長崎銅貿易の状勢に直結する内容ゆえに、同年十月の時点でも結論は先延ばしされていた[31]。このとき、長崎から帰府する奉行大草能登守（主膳・高好、文政十年就任）は、同月十九日に大坂へ到着し、泉屋主人との面会を実現させた後、二十二日には出発した[32]。だが、この機に至っても減銅願に関する進展はみられない。このまま年末になれば銅山の差下銀に支障が出るので、銅座および、別子銅山を管轄する伊予松山藩の御預役所へ再び願書を提出する準備を始めた。

本来なら、松山藩の後で銅座へ差し出す手順とは認識していたが、急を要するため「三田御役所（松山藩江戸屋敷）」に断りを入れて、願書を手配する。加えて長崎奉行にも大坂銅座で再願したのである。別子銅山の事業を円滑に推進するために、長崎奉行とは良好な関係を構築する必要があり、中橋店の果たすべき役割は大きかった。以上の判断は、第１節で紹介した牧野氏の金談一件と同様の論理に基づくものといえよう。

これと同様の意味で、大坂町奉行との関係もまた重視すべき課題だった。町奉行という役はもとより町政を担うが、寛政九（一七九七）年五月以降は銅座掛も命ぜられており、[33]泉屋の主力事業である銅吹業にも深く関与する立場となっていた。また、それと前後して泉屋は、他の銅吹屋とともに、銅座専売を原則とする古銅の市中流通にも関わり「見改役」を仰せ付けられる。[34]

番状の事例をみると、当時の東町奉行曽根日向守（次孝）は天保元年十一月に着任して間もないが、病気療養で江戸へ戻ることになり、四月五日に大坂を出立した。例によって江戸到着次第、中橋店から「御着之恐悦御状四通」提出の手筈が整えられた。[35]ただし、これはあくまでも臨時の帰府ととらえられたようで、曽根氏の家老河村喜平は、今後とも大坂へ送金の必要があれば、中橋店を介して為替を取り組みたい旨を申し出ている。大坂本店からはおそらく番状を通じ、その旨が伝えられた。

結局、同役は六月二十八日付で戸塚備前守（忠栄）に交代となる。中橋店は、戸塚と「是迄御文通無之ニ付、恐悦状御差出無之」つまり従前は館入関係がなかったので、家中の名前を調べ、早急に知らせるよう大坂本店の指示を受けた。また、古銅吹所にも聞き合わせ、同所より戸塚のところへ挨拶に出向くようであれば、中橋店からも名代を差し向けよ、との判断も示された。吹所詰の文蔵に尋ねたところ、すでに戸塚への挨拶は済ませたとの回答ゆえ、急いで手代の勝蔵を遣わしたという。[36]

一方、曽根の前任にあたる高井山城守（実徳）は、山田奉行を経て文政三年東町奉行に就任、病気を理由に職を辞すと、帰府して田安家の家老となった。中橋店は、文化五（一八〇八）年三月から田安家の掛屋をつとめており、業務上とりわけ重要な取引先と位置づけていた。年貢など当座預り金のみならず、田安御下ケ金の運用もおこなったが、結果的に十分な利益を得ることは出来なかった。[37]

次の〔史料2〕には、高井との関わりを示す、興味深い記述がみえる。(38)

〔史料2〕

一先達而登坂之節、　旦那様ゟ御注文被仰付候文晁様真山水一幅、右者下々ゟ手筋を以相願候而も前々者出来仕候得共、不宜趣承之候処、折節高井山城守様御内今澤正左衛門様御光来有之、幸之儀と御同人様江御頼申上候処、御承引之上、殿様へ御願被下候趣被仰聞候、然ル所一昨十日御殿ゟ御下り掛ニ右御掛物出来上候由ニ而、御持帰被遊、直様正左衛門様当方へ態々御持参被成下、思召ニ相叶候哉難斗候得共、　旦那様江差上可申段被仰聞候、併右様被為成下候而者奉恐入候段御断申上候得とも、　殿様ゟ被下置候儀ニ付、無拠為差登候様申上候て御願申上置候、右ニ付、今明日之内又次ゟ手札ニて鳥渡御礼ニ今澤様迄出勤被致候様可仕候、御掛物者箱相調、損し不申候様重便為差登可申候、此段可然御取繕被仰上可被下候

叙上のように、全九郎登坂のさい、「旦那様」（住友家第九代友聞）が絵師谷文晁（生没年、宝暦十三〜天保十一年）の「真山水一幅」を所望したらしい。文晁は二〇代後半から田安家に仕え、寛政期には松平定信の命で「集古十種」編纂に関わったことが知られる。天保期は「烏文晁」とも呼ばれるキャリア晩年の時期であったが、江戸での名声は依然、高かったのだろう、中橋店が「下々より手筋を以」入手を願うも叶わない。

文晁と田安家の関係を意識してか、高井の家中である今澤正左衛門が来店のさい協力を依頼すると、うまく「殿様」＝高井へ依頼することが出来た。そして早くも十月十日には掛物＝山水画が完成したと連絡が入り、すぐに今澤自らが中橋店へ持参してきた。非常に恐縮したものの、高井からの下賜品であり、友聞へ贈りたいとの申し出ゆえ破損せぬよう箱を用意した。「十日限」で大坂へ発送、十一月十六日に到着している。もちろん、今澤のもとへすぐ手代を派遣し、礼を述べさせたが、掛物の到着後、改めて大坂で「御礼御披露状」を作成し、中橋店に送られてきたので、白木の状箱に入れて届けた。(39)

全九郎が帰府したのは八月上旬と考えられるので、掛物を入手するのに、さほど時間は要しなかった計算になろう。中橋店が田安家と業務上の関係を有することも幸いしたが、高井や今澤の好意的な対応を眺めると、彼らの側もまた江戸と大坂に複数のチャンネルをもつ、泉屋のような両替商と良好な結びつきを望んでいたことが十分に考えられる。逆に中橋店の立場でいえば、本件のような些事にとどまらず、大坂町奉行就任の経歴をもつ高井と友好関係を保ちつつ、銅山経営を円滑に推進させていくねらいがあった。

3　諸藩との金融関係

第1節の冒頭で述べたように館入関係のある諸家のうち、伊予松山藩関係の記事が最も多くみられたのは、泉屋が稼行した別子銅山の経営維持に関わって、とくに緊密な連携が図られたからである。一方で、浜松藩・延岡藩以下の諸藩とは、それぞれ独自の契機から中橋店、あるいは大坂で両替業を営む豊後町店が業務上の関係を有した。(40)

浜松藩の調達金御用

表1によると、浜松藩関連の記事は計四二件を数え、伊予松山藩に次ぐ規模である。過半は用達金返済と「惣益講」による調達金関連の報告で占められる。浜松藩と中橋店の取引は意外にも歴史が浅く、同店の見解では、文政四（一八二一）年を端緒と位置づけるが、(41)史料上そのときの状況を確かめることは難しい。

文政八年五月、藩主水野忠邦が大坂城代に転じたさい、館入の関係にある泉屋主人に一〇人扶持と紋付の袷などを贈り、当時の中橋店支配人晋右衛門へも御上下一着を下賜した。幕府役職の継承には先例があり、城代交替時に大坂本店と中橋店が連携し当該の役職者を支援する慣例があった。同年六月、藩の要請で金二五〇〇両の調達に応じたが、このとき中橋店は折衝過程を逐一、報告するとともに、大坂本店に最終的な判断を仰いでいる。

なお、藩からの下賜は恒例となり、天保二（一八三一）年末も寒中見舞いとして「嶋もめん弐反」が下賜された。むろん中橋店から礼状を届けたが、同時に鴻池善右衛門の分も持参している。[42] 鴻池も館入として同様の位置にあったのだろう。番状に収載される、浜松藩用達金関係の記事を次に引用する[43]（〔史料3〕）。

〔史料3〕（□は、虫損による判読不能の箇所）

一□年浜松様江金三百両分御用達候分、□□月催促仕候処、先方ゟ被仰聞候者□□月中頃亦々有金丈入用之儀有之候間、其節間渡呉候様、達て朝生殿ゟ□割御座候ニ付、無拠承知致候趣相答、右金二百両元利とも三月廿九日請取候間、其段□承知置可被下候、然ル所此節柘植様ゟ□□仰聞候者、三百両丈者承知致呉候得共、暫時之間之儀ニ付、金弐百両丈相増□渡呉候様、又次郎殿江直々御頼ニ付、色々相断候得共、是非〳〵右分丈当借仕度、当地ニ而出来かたく候ハヽ、御本家表江掛合呉候様被仰聞候間、此段無拠御掛合申上候、早々御答被仰聞可被下候、尤当七月限迄御返済被下候由御座候

時期こそ不詳だが、従前の用達金三〇〇両分の返済を督促したところ、臨時入用のため「有金丈」＝短期間の当座貸しを依頼された。同藩の江戸藩邸に詰める吟味役の朝生（清太郎）から時々分割の入金があり、去る三月二十九日にも二〇〇両分が返済された。用人柘植（平助）は以前から中橋店との交渉役をつとめ、今回も表立って同店手代の又次郎に直接、依頼を重ねた。江戸で決裁できないなら大坂へ相談してほしいと促した。中橋店は番状で判断を委ね、一〇日後の番状で至急の回答を大坂本店に対し要望した。[44]

この種の用達金は繰り返し取り組まれたが、返済も滞りがちであり、収支状況の的確な把握は困難をきわめる。たとえば、四月時点で返金された二五〇両には「利足弐拾両」が添えられたが、大坂本店の問い合わせに対し、これは五〇〇両貸借分の利息（「月八朱」とみえ、ここでは〇・八％）五カ月分（前年十一月から三月まで）だ、と回答している。[45] 督促された三

○○両とは別件だろうか。史料上の制約もあり貸付の実態は不詳とせざるを得ないが、藩から頻繁に用達金を依頼される一方で、確実な資金回収は中橋店の重要な任務となっていた。

九月晦日夜八ツ前、強雨のなか「西御丸下水野越前守様御屋敷」（浜松藩上屋敷）より出火、隣接している浜田藩屋敷など、若干箇所に類焼の被害が及んだ（「尤御囲之内限りニ而、外御類焼者無御座候」）。中橋店は「御館入之御屋鋪様ニ付」通例に従い、とりあえず「御見舞弁当酒共」を御用人中・御勝手方御衆中に贈り、大坂本店の作成による「御伺状都合拾壱通」を提出している(46)。

このとき、叙上の用達金五〇〇両（「別段御用意御座候」分とみえるので、〔史料3〕で督促の対象とされた金三〇〇両とは別口であろう）の返済が問題となる。すでに二五〇両は五月中に返納済みであった。一方、残金は九月切の約定も国元から送金が滞っているとの理由で一〇日ほど延引されていた。さらに今回の火災による被害をうけて中橋店が一定の配慮をみせ、年末まで返済猶予となった(47)。

浜松藩年寄の水野友右衛門は、友聞に宛て「御直書」を提出した。大坂本店では十一月二十一日に「暮ニハ無御相違御返済被下候様申上候」と極月を期限に定め、決裁の内容は中橋店から伝えられている(48)。十二月中旬には、元利とも二七〇両が返済され、利息は閏月を含み一〇カ月分（前同「月八朱」＝二五〇両）の二〇両であった。

このように浜松藩へは常時、複数口の用達金による貸借関係を有するも、返済は順調といえず、何らかの対策が喫緊の課題であった。同藩用人の柘植平助は、要返済分を「惣益講」への加入という形に書き替えるよう、前年暮から大坂本店へ何度も提案した。

これに対し、大坂本店は「旧冬御掛合申上候浜松様惣益講之儀、証文面ニ而も加入仕候ハ、手続も宜敷御座可有、勿論正金差出候儀ニても無御座候段申上候処、証文金と惣益講金名目相替候而已ニて、此上増金等御頼談無之様、聢と取究候ハ、加入仕候而も可然趣被仰聞」との判断を下した。すなわち、正金の貸付ではなく、証文の名目が講金に変更されるだけであり、用達金の増額を依頼しないなら栢植の提案も是、というのである[49]。
二月の早い段階で、用達金の三口（叙上の五〇〇両、後述の九〇〇〇両、および一〇〇両）の三件を除く残りの負債は、全て講金名目に書き替えられた。従前の預り証文は写を取ったうえで藩へ返却され、大坂本店へは「講差引算用書」が送付された[50]。

浜松藩側で交渉を主導した栢植平助の行動は、住友家文書中の各所に散見される。次に掲げる〔史料4〕は、天保三年五月、本店の庶務に関わる記録「諸用御窺控」の一節である[51]。

〔史料4〕

一栢植様より御頼談一条六ケ敷事と存候、中々先年当地・京都　御役中御頼筋之節甚六ケ敷、其節之御年賦明年ニ而相済候様ニと存候、殊ニ来巳年二月御祝事之事ニ候ハ、此節ゟ御拵と存候、左候ハ、右御手当等ハ秋迄ニハ大躰御手当も出来不申候而ハ難済候御事、右様之事ニ候ハ、当地も甚六ケ敷、時節柄其上御大枚迚も一統御請之程も無覚束、乍併格別之御入用筋ニ候ハ、鴻伊兵衛迄内々咄し合仕候而、先其上御返答可申抔と申上候方可然哉、尚相談之上、案文等承度事

右之趣ニ相認候得共、猶愚考致候処、当地も何角と六ケ敷時節柄ニ候ハ、迚も一統御請仕候処無覚束奉存候、先御断申上候、併折角被為仰出候御事ニ候ハ、鴻伊兵衛迄咄し合ハ可仕趣ニと申答候而、表方ニ而被相認、御断申上候方も可然存候事

但し、吉次郎先日以来不快ニ引籠居候ハ、代筆ヲ以申上候段、御断申上候事

右奉畏候

栢植より「御頼談一条」＝金談の依頼があり、どのような対応をすべきか検討されている。以前、藩主水野忠邦が大坂城代・京都所司代在勤中（文政八〜十一年）にも「甚六ケ敷」申し出を請けたが、その分は明年には完済されるはずだとい

う。今回、翌天保四年二月の「御祝事」（不明）に合わせ、あらたな資金調達を期し、館入「一統」へ打診したのだろう。もとより当時の情勢では、各家とも要望に応えることは難しいが「格別之御入用筋」ゆえ鴻池家とは内々に打ち合わせる由、返事を差し出すのがよい、との判断が示された。

ここにみえる文政期の「甚六ケ敷」金談とは、実に九〇〇〇両もの貸付であった。当初、三〇〇〇両ずつ三年で返済するという計画は「員数過分」ゆえ、年二〇〇〇両ずつ四年半完済と変更するよう浜松藩と証文を取り交わしている。その後、文政十二年に初回返済分二〇〇〇両を受け取った時点で、さらに一年半延納（一四〇〇両宛、五年）の申し入れがあった。それまでの調達実績を踏まえると、一四〇〇両程度であれば無理ない規模の返済額だから、残る七〇〇〇両の返済は滞りなくおこなわれるであろう。

さらに前年冬、惣利金一〇八〇両のうち八〇両が返納されたけれども、元金の返済方を変更する見返りに、利金残高の皆済を厳守させるべきだ、との意見が大坂本店の老分中（経営の中核を担う重役）から出され、その旨を柘植へ提案している。[52]

このように指針を決めるのはあくまで大坂本店だが、実際の返納は中橋店とのあいだで決済される。次に掲げる天保三年七月記事（〔史料5〕）に、興味深い内容がみえる。[53]

〔史料5〕

一浜松侯九千両之口外御手元之分、以来御元入之節、中橋江御差入無之、友右衛門様ゟ直状ニ而大坂請ニ致候而ハ如何、併最初ゟ其積りニ無之故、是迄之通ニ而も可然哉

一浜松様九千両之外口以来御元入之節、友右衛門様ゟ御直状ニ而大坂請ニ可取極哉之段、仝九郎共相談仕見候処、此義者乍恐矢張是迄之通御かよひ帳へ御記し、中橋御店へ御持参、御返金御座候様可仕方宜哉ニ奉存候、右通ひ帳へ相記し候分ハ請取印形いつれニも御前へ出候様相見へ、先手堅キ様被存申候、両人義も同意ヲ以奉申上候、併御先

方様御勝手ニ寄、御直々大坂へ御登セニ取極候ハ、其所ニ而御取引可仕義ニ奉存候

この時点で前述の七〇〇〇両分の返済は継続中だが、それ以外の貸付分を含め、元金を返済するさい、中橋店に納めず「大坂請」＝本店直轄とすることが提案される。二条目の末尾からうかがう限り、これは浜松藩勘定方の意向であるようだ。だが大坂本店としてはそのような計画はなく、従来通り中橋店へ返納、通帳に記載のうえで清算するのが適当、との見解を示した。おそらく浜松藩は、中橋店と貸借関係を有しながらも、同店の経営が全て大坂本店の指示に拠る、という事業上の特質に不満を示しつつ、迅速な対応を求める意味からも、大坂本店と直接のチャンネル構築を望んだのであろう。

番状によると、柘植は大坂で公務のため同年九月十一日に江戸を出立、近江国で用務をこなした後、晦日に大坂へ到着した。このとき中橋店へ金二〇〇両を持参し、大坂本店へ届けてほしいと申し出たが、正金での送金は難しいので為替を取り組んでいる(54)。

金二〇〇両が何らかの返済分に当たるか詳細は不明だが、このとき、大坂銭屋清右衛門振出の為替手形一〇〇両分が中橋店に到着しており、それと併せ都合三〇〇両分を「大坂西尾講預り之口」へ入帳したという。叙上の通り、同店は西尾藩の講金を月七朱の利付で取り扱い、その利息分は毎年、大坂本店へ差し登す取り決めであった。この時点で講金の総額は三一〇〇両、との報告もみえる(55)。

柘植は、着坂翌日の十月朔日、さっそく大坂本店を訪れて「御頼筋」を持参した。当主友聞は不快ゆえ、友賢(56)が対応したというが、そこで具体的にどのような申し入れがあったかは不明である。また、閏十一月二日にも面会が実現し、このときの「御頼筋」は、(1)御手元銀の調達は格別の事項であり、間違いなく下されたい。(2)年賦返済の件については「御約束」する、との内容であった。一方、国元よりの返済分の送金が少しでも遅れる場合には連絡を入れるよう、大坂本店の手代貞助が先方に出向いて、希望を伝えている。またこのとき、柘植の「御老体」に鑑み、代理に八嶋氏を交渉役としたい旨を申し出たという(57)。

延岡藩の調達金御用

延岡藩との取引開始時期は、中橋店に記録が存在せず、当時から把握できていない[58]。現存する史料によると、文政八年十一月以降、同藩は大坂本店を廻米の蔵元に任じている。これについては、中橋店の手代を通じ斡旋の依頼があったらしい。翌年には、借銀の引当として国産の延岡紙を大坂へ廻送、紙問屋による買取代銀で返済する（利付）旨、議定が交わされた。残念ながら天保期の取引実態は不詳だが、大坂本店は同藩蔵屋敷の経営にも関わり、各種の御用金調達を担った。天保三年五月、当主吉次郎から同藩の御用人中に宛てた書状によると、前年七月、藩主内藤備後守（政順）が大坂通行のさい「封書」を提出し、蔵屋敷の倹約徹底を願い出た。名目金など同藩の借入が嵩み、過分の金高に達していたからである。

館入の金主中とは「御違約」の状態になり、あらたな臨時御用向なども引き受け難く、次第に「御疎遠」の状態に陥っていた。加えて前年冬の廻穀取扱方が不振で、返済計画に「不安心」な気持ちを抱いているのだという。大坂の銀主中としては時節柄これといった仕法の提案はできないが、藩側で「御実意之御取扱」を尽くせば、臨時御用を引き受ける銀主も現れようと述べて、同藩勝手掛りの善処を求めた。

当時の中橋店の経営帳簿類は現存しないので、取引関係の具体相については、断片的な史料から探るしかない。天保三年正月に作成された書付は「旦那勝手向用達金」として調達した金一六〇〇両を対象に利下げを取り決めている[59]。それまで月に銀七五匁（一〇〇両につき）のところうち一一〇〇両分を年一割、残る五〇〇両分を年八朱と改めて、七月と十二月の年二度、一二五両ずつ納める。なお、この書付には、小口かつ短期の貸付に関する利下げの約定が付されており、内訳を表3にまとめた。額面こそ小さいが、複数口をまとめ借用証文を書き替えて、各口の利金を列記する。利分を計算すると、年一割二〜三分前後である。

延岡藩は中橋店に対し「月割金」の形で、江戸藩邸の経費を調達するよう依頼している。表4は、天保二年後半から翌

表3　延岡藩借用金利下げに関する書付

金150両	辰正月　3月限	泉屋又兵衛宛
金100両	辰正月　5月限	同1通
金150両	辰正月　5月限	吉次郎宛1通
右者是迄之通季月証文御書替，名宛三通共住友吉次郎宛ニ可被成下事		
金200両	辰正月　3月限	鈴木直六宛1通，泉屋又兵衛証印
右者是迄之通直六宛ニ而御書替可被成下事		
金20両	卯12月　辰2月限	1通
金30両	同12月　辰2月限	1通
金25両	辰正月　3月限	1通
金70両	辰正月　3月限	1通
金20両	辰正月　3月限	1通
〆金165両		
右者御証文壱通ニ御書替可被成下事，尤住友吉次郎宛ニ奉願候 惣〆五通ニ相成候事		
金12両	元金150両，辰正月ゟ8月迄〆8ケ月分	
金8両	元金100両，辰正月ゟ8月迄〆8ケ月分	
金12両	元金150両，辰正月ゟ8月迄〆8ケ月分	
金16両	元金200両，正月ゟ8月迄〆8ケ月分	
金1両2分6匁	元金20両，辰正月ゟ8月迄〆8ケ月分	
金5両2分6匁	元金70両，右同断	
金2両	元金25両，右同断	
金2両2分12匁	元金30両，卯12月ゟ辰8月迄〆9ケ月分	
金1両3分3匁	元金20両，右同断	
〆金61両2分12匁		

出典　「書付之事」(住友家文書)。

三年にかけての状況を示したものである。この表にみえる数値は延岡藩からあらかじめ指定された入割高であり、ここから大坂蔵屋敷などの勘定を清算し(60)（「差引物」）、泉屋側の資金状況も勘案するので、実際の納高とは異なる。

中橋店は、大坂本店から受領した送金為替を月割金に充当する。たとえば天保三年正月中旬、金五〇〇両分の為替手形一枚（大坂炭屋安兵衛振出→江戸播磨屋新右衛門渡り）が到着した。これは正月分の月割金（表4には記載なし）である。中橋店では手形記載の期日通り、両替商播磨屋より受領、清算する旨を大坂本店へ報告している(61)。

当時は中橋店の経営状況も厳しいため、月割金の納入が遅れたり、繰り越されたりする事例が目立つ。三〜七月分の月割金は当初、計三三〇〇両の予定であったが（表4の数値とは異なる）、二月二十六日に予定

表４　延岡藩月割金の規模

金1000両	天保２年６月分	＊天保２年６〜12月分の古手形は翌３年５月にまとめて大坂へ送付	
700	7		
400	8		
500	9		
600	10		
600	11		
800	12	番状日付／手形関係の記事	
600	天保３年３月分	3／16	3〜6月分1200両請取
		3／22	正〜3月分1500両，手形3通請取
500	4	4／19	4月分請取
600	5		
800	6	6／26	6月分請取
1000	7	4／19	7月分請取
		7／12	7月分手形を御屋敷へ渡す
		7／22	7月分古手形を大坂へ送付
700	8	5／4	8月分請取
		8／22	8月分古手形を大坂へ送付
700	9	5／4	9月分請取
800	10	8／2	10月分請取
		10／22	10月分手形を御屋敷へ渡す
600	11	8／2	11月分請取
500	閏11	10／22	閏11月分請取
		閏11／22	閏11月分手形は翌日に渡す　※1
800	12	12／16	12月分手形を御屋敷へ渡す　※2

注※1…「大坂小払預り」分300両の手形が添付された。
　※2…うち300両は「当地差引帳合渡方」として大坂で清算済み。
出典　天保３年「大坂為登状控」各番状に拠る。
　天保２年分の数値は「三」25番状，１条目（５月12日付）。
　天保３年分の数値は「三」13番状，５条目（３月16日付）。

される代官所への入金が嵩むことを理由として納金が延期された[62]。また、その翌月には「二・三両月者御銅山方御上納之義ニ付、御銀繰不宜」として、さらに三〜五月分の請取額を各月一〇〇両ずつ減じ、一三〇〇両とするよう依頼した[63]。詳細は間もなく登坂する全九郎より聞いてほしいが、追々入金もあるので心配は無用だ、と番状には添えられている。

番状には送金に関する記事が目立つ。煩雑さを避けるため、表4右側にまとめたので参照されたい。手形送付の順序が前後する場合もあるが、おおむね遅滞の生じないように大坂本店から送付されている。事前に受領し、おそらく毎月、決められた期間中に延岡藩屋敷へ持参、清算する方法がとられたらしい。たとえば、閏十一月二十二日の

表5　中橋店の「館入」先大名（文政後期）

松平周防守（浜田）	水野左近将監（浜松）	大久保加賀守（小田原）	内藤備後守（延岡）
南部信濃守（南部）	松平隠岐守（伊予松山）	有馬六左衛門（上総五井）	太田摂津守（掛川）
松平伊豆守（三河吉田）	酒井左衛門尉（庄内）◆★	松平越中守（桑名）◆	松平陸奥守（仙台）★
松平土佐守（高知）◇	溝口伯耆守（新発田）◆	阿部備中守（福山）★	

注　◆＝御預所掛屋　★＝両替御用　◇＝掛屋
出典　「（中橋店）旧記録」（住友家文書）。

番状には「御屋敷今日者少々御差支之儀有之、明日御渡申上候」との一節もみえる。(64)
八・九月分（一四〇〇両）月割金の一部、二七〇両は「浜松様江五百両之内如高、元利御返済之分引」として清算され、残りの一一三〇両が計上された。(65)他藩の勘定と振り替える場合も多く、たとえば年末の番状記事によると、翌天保四年正月十三～十四日ごろ、小田原藩邸（「大久保様御屋敷」）より為登金九〇〇両の取組依頼があり、これを来年二月分の「延岡様御月割金」に充当する旨、大坂本店へ了承を得ている。(66)

ところで、天保三年七月に延岡藩が日光修復御用金を仰せ付けられると、すぐさま家老原四郎兵衛と平井藤三郎が登坂、大坂本店はじめ館入中へ資金調達の件を打診している。泉屋の引受分一五〇〇両は、さっそく為替で中橋店へ差し下された。(67)以上のように、大坂本店と中橋店の緊密な連携を前提として、同藩の財政は成立したのである。

その他の諸藩との関係

表5は、文政期後半に作成された「（中橋店）旧記録」に拠り、当時、館入の関係が取り結ばれていた諸藩を列挙したものである。このうち、浜田藩・浜松藩・小田原藩から一〇人扶持、南部藩からも二人扶持を得ている。(68)また、延岡藩は叙上の通り大坂での蔵元役と絡んで「勝手向之儀厚預心配ニ於大坂吉次郎方江蔵元之儀被引請全大慶候、仍之以来三人扶持」、当時の中橋店支配人晋右衛門へも三人扶持を与えた。

一方で、扶持こそ下されないが、調達金御用の出精に対し、何がしかの拝領品を下賜する例は少なくない。むろんその全貌は記録されないが、たとえば、上総五井藩（有馬氏）の例では「例年之通り有馬様ゟ御上下入箱壱ツ為差登呉候様申参り候処、箱板薄く道中ニ而損し候程難斗、上箱相拵、油紙包ニいたし並便ニ差出候間、着之上、御差出可被下候」と記されている[69]。同藩大坂本店（友聞）宛の下賜は、恒例となっていたようだ。

浜田藩主松平周防守（康任）は、かつて大坂城代・京都所司代を歴任し、文政九年から老中をつとめる幕閣の主要人物であった。中橋店は、文政初年より同藩と取引関係を有し、資金供与の関係が史料上からも確かめられる。番状に同藩の記事はみえないが（表1）、翌天保四年分には、次のような記述がある[70]（〔史料6〕）。

〔史料6〕

一浜田様江御用立金、去ル寅年御仕法ニ付、利下ケ之義色々御入割有之、其節御地江御懸合申上候上、年六朱ニ利下ケ御受申上置候処、又々卯年暮ゟ外金主中並年二朱へ利下ケ御頼談有之、去春在坂之節御咄申上候通り、大達小十郎様江甚以難渋之趣、又次郎殿を以連々申上候処、御同人様思召を以三朱ニ被仰付、無是非去辰年分より年三朱ニて御受仕候間、此段御届申上候、寅年御仕法ゟ間も無御座候ニ付、押て御歎可申上候筈ニ御座候得共、去秋御類焼御難渋之趣被仰聞、外金主中振合も御座候儀ニ付、前条之次第御座候、此段宜御承知可被下候

冒頭に「去ル寅年御仕法」とあり、天保元年時点で用達金の利下げが実現している。「年六朱」（六％）とみえ、浜松藩の事例と比較しても好条件といえるが、翌二年には他の金主並みに利下げするよう、おそらく中橋店へ依頼が来た。浜田藩との交渉は大坂本店が担うべき役であり、担当者が来坂したさいに利下げは実現困難と伝えたが、交渉が続けられ、天保三年分以降は年三朱で引き受けることになった。記載による限り、大坂本店へは事後承諾と読み取れるが、前述した九月晦日の火災類焼の被害も考慮し「外金主中振合も御座候」ゆえ、やむを得ないと判断されたのだろう。

ところで、五月二十九日付の番状によると、中橋店の手代又次郎が南部藩屋敷へ呼び出され、天保三年分より同藩産の水沢銅一〇万斤が江戸へ廻増される旨を仰せ渡されている。従前より問屋口銭が「倍御益」となるので「古銅吹所御役掛り幷盛岡様御役人中」へ挨拶をすべきか、判断を仰いだのである。

その後、同藩役人から「右様廻銅相増候事ゆへ金千両廻銅引当ニ而取替」を頼まれたが「不融通」を理由にこれを断った[71]。大坂本店の回答は、掛り役人中への挨拶は「太躰是迄之振合を以取斗」い、出金の件も五〇〇両程度は「銅代御先年請取之書付ニ而立替置可申旨」銅代で精算してよい、とのことであった[72]。

三井高維『両替年代記關鍵』に拠ると[73]、同年時点で又次郎は手代のなかで支配人全九郎に次ぐ地位にあった。中橋店の規則では、支配人を除く手代が各自、担当する藩を取り決めており、すなわち彼の担うべきは経営上とくに重視された藩といえる。

又次郎は、六月八日に同藩屋敷へ呼び出された。このときは「御家老毛馬内典膳様御逢ニ而、御国許　殿様ゟ相送候」として、在坂の主人吉次郎へは「御紋附帷子一反」、又次郎本人は「御紋附上下壱具」を拝領した。前者はすぐ「十日限を以」大坂へ登せ、到着次第「可然御差出」を中橋店経由で差し出すよう伝えられた[74]。

本章でとりあげた御用金供出の案件は、南部藩の事例でも確認できる[75]（〔史料7〕）。

〔史料7〕

一南部様ゟ金弐万五千両ハ蔵元金主中江出金之儀被仰出、先便申上候通り迚も御請難申上、一統相談之上、昨十七日蔵元中御断ニ罷出候処、此度之義者太守様御直御頼被仰出候儀ニ付、何分出金致呉候様、御勘定　御奉行中ゟ被仰聞候得とも、御返済方目当無之候ニ付、宜引取、又々押て御断可申上内評議ニ御座候、品ニ寄壱万両位御請可申上候哉と外金主中存意之所推量仕候、且又先便為差登御小袖御拝領之御書付、今朝伊達氏ゟ差越候ニ付、封入仕候、
御入手可被下候

南部藩では、金主中に対して二万五〇〇〇両の出金を要請した。叙上の通り、中橋店の経営状況ではとても請け難く、一統が相談のうえ断りを入れた。今回の依頼は「太守様御直御頼」のこと、と懇願されるも、返済の目途がないため再び断りを入れようと金主中で評議したが、場合によって一万両程度の要請には応じるだろう、との見通しが示された。条文

末尾には、歳暮の小袖拝領に関する件が添えられている。

おわりに

以上、本章は天保三（一八三二）年「大坂為登状控」収載の記事をとりあげ、中橋店が江戸出店として日常的に取り組んでいた活動の一端を紹介した。前稿で指摘したように、文政八（一八二五）年に明文化された「（中橋店）掟」の指針に従いつつ取引関係を有する各藩との儀礼や日常的な付き合いを江戸で代行することに加えて、多様な情報の収集と上申を担う点にこそ、同店の存在意義はみいだせる。

先行研究の指摘に学べば、天保期の同店は自己資金に乏しく、両替・為替業務は停滞し利益をほとんど計上できていない。収益の七割以上が貸付利息で、しかも融資先は代官・諸藩大名など武家が約六割、多くは不良資産（年賦貸・永代貸）化していた(76)。

そのような状況下、本章でとりあげたように中橋店は特定の諸藩とのあいだで継続的な金融関係を取り結んだ。たとえば延岡藩の場合、大坂本店が蔵屋敷御用をつとめる一方、中橋店は江戸屋敷の月割金を調達した。つまり為替取引を通じて、大坂方の決済と江戸の運営資金が緊密に連関する構造となっていた。もとより各藩が取り組む「講」の仕組みを解明することは、史料の発掘を含めて、なお今後の課題としなければならない。

また、中橋店が館入先とした諸藩について、取引の契機は必ずしも解明できなかった。同店の経営指針は、一切が大坂本店の指示を受ける形なので、決して融通の利く金主とはいえないが、大坂・江戸で複数の取引口を有した事実は、諸藩にとって好都合のはずだ。本章では割愛したが、同店が諸藩大名家以外にも御三卿田安・清水家や、旗本・代官諸家との関係を多く有したのも、そのような特質に由来するものではなかったか。

天保三年当時、住友を巡る最大の懸案は別子銅山の涌水問題処理であり、番状の記載で伊予松山藩関係が最も記事数の多くなった事実も、それに起因する。その詳細は、紙幅の都合もあり別稿を参照されたいが[77]、第2節・第3節でとりあげた長崎奉行・大坂町奉行や諸藩との館入関係を維持したのも、本業である銅山経営・銅流通の円滑な運営を目的としたことは本章で述べた通りであった。

すなわち、多様な金融関係の契機には「銅の家＝住友」という意識が強く働いていた。そしてこの事実こそ、圧倒的な金融業務の不振にもかかわらず、中橋店が明治の初年まで営業を継続し得た最大の理由とみなし得るのである。

（1）『住友の歴史　上巻』第七章「住友の江戸進出」（思文閣出版、二〇一三年）。
（2）浅草諏訪町（現在、東京都台東区駒形）に存在した江戸出店。もと銅吹所の用地を延享期に札差店とした。寛政の棄捐令で打撃をうけるも文化〜天保期は業績好調であった。前注(1)書、および『住友史料叢書』「浅草米店万控帳」（思文閣出版、一九九七年・二〇〇〇年）解題を参照。
（3）住友が江戸で展開した両替業の概要については、前注(1)書、および『泉屋叢考』第二〇輯「近世住友金融概史」（住友修史室、一九八三年）、同第二一輯「近世後期住友江戸両替店の創業と経営」（同、一九八七年）、宮本又次『住友家の家訓と金融史の研究』（同文舘、一九八八年）収載の一連の論考を参照。
（4）拙稿「文政後期住友中橋店の「館入」関係」『住友史料館報』第四四号（二〇一三年）。なお、番状の留帳は、多く支配人名で作成され、年ごとに番号が付される。文化十（一八一三）年以前の分が現存せず、文政初期や天保前期に欠落があるが、理由は不明である。書き留められる内容は、時代が下るにつれ粗さが目立つ。
（5）天保三（一八三二）年「大坂為登状控」（以下「三」と略記）六二番状、五条目（閏十一月二十二日付）ほか。
（6）京都嵯峨清凉寺は、住友家の菩提寺のひとつである。本尊の釈迦如来はしばしば江戸本所回向院で出開帳を実施し、江戸市中に著名であった。同寺は翌天保四（一八三三）年に出開帳を計画、住友の江戸出店に協力を要請したが、中橋店・浅草米店とも人手不足を理由に断っている。「三」初番状、九条目（正月六日付）。その後、出開帳は天保七年にようやく実現した。拙稿「嵯

峨清涼寺釈尊の江戸出開帳と住友」『住友史料館報』第三六号（二〇〇五年）を参照。
(7)「三」三三番状、欄外（六月十二日付）。
(8)「三」三六番状、七条目（七月十二日付）。
(9)「三」二番状、七条目（正月十二日付）では、留守中の用向きを清兵衛へ引き継ぎ、日柄を見極めて出立する、とみえる。同四番状、一条目（同二十九日付）・同五番状、欄外（二月二日付）によると、供として下男惣兵衛を召し連れ、正月晦日に江戸を出立した。さらに、同七番状、五条目（同十九日付）・同八番状、五条目（同二十二日付）・同九番状、四条目（同二十六日付）でも繰り返し報告されている。
(10)「諸用御窺控」（住友家文書）天保三年五月二十五日記事。
(11)二通とも、天保三年辰五月付「乍恐以書附奉願上候」、全九郎から「御本家貞助様・伊右衛門様」宛に提出されたもの（住友家文書）。一方の端裏には「江戸在勤中当地母介抱人無之ニ付、在勤徳兵衛義養子貰請、万端世話為致度との願書御聞済相成候事」と記されている。
(12)初出は「三」三五番状、七条目（七月六日付）。「当御店手代者、兎角無人勝」ゆえ、子供三人を急ぎ差し下してほしい、とする。同四一番状、追書（八月二十二日付）によると、全九郎が大坂出立時にも、その希望は重ねて本店へ申し上げたという。
(13)「三」四四番状、二条目（九月十二日付）で中橋店の希望は別子銅山へ伝えられ、調整された。また、浅草米店からも子供派遣の「注文」があり、大坂本店からは揃い次第、江戸へ派遣すると連絡された。
(14)「三」四六番状、二条目（九月二十六日付）。四～五名が同月二十二日ごろ、大坂を出立すると伝えられた。結局、子供五名と宰領が江戸に到着したのは、十月七日であった。同四九番状、二条目（十月九日付）。
(15)小葉田淳「江戸古銅吹所について」『日本経済史の研究』（思文閣出版、一九七八年）。
(16)「三」七番状、三条目（二月十九日付）。
(17)「三」一六番状、五条目（三月二十九日付）。
(18)「三」二二番状、四条目（四月二十六日付）。
(19)「三」四八番状、四条目（十月六日付）。同五二番状、三条目（同二十二日付）。同五五番状、四条目（十一月六日付）。
(20)「三」三二番状、一条目（六月十二日付）。

(21) 当時の西尾藩主松平和泉守乗寛は、文政五年九月から天保十年まで老中をつとめ、就任直後の十一月には、大坂の住友銅吹所の見分にも訪れている。直接のきっかけこそ不明だが、従前からの結びつきを梃子に調達講への関与を求めたのであろう。なお、明治五（一八七二）年五月時点での藩債残高は元銀四三七貫二〇〇匁、利銀一二五貫九一三匁余であった。前注(3)『泉屋叢考』第二〇輯、四二〜四四頁。

(22) 小葉田淳『日本の貨幣』（至文堂、一九五八年）一九八頁。「三」五三番状、欄外（十月二十六日付）によると、最初の差登分には御懸り勘定方の書付二通を添付している。到着期日については、同五六番状、二条目（十一月九日付）。

(23) 「三」九番状、五条目（二月二十六日付）。なお、拙稿「銭佐と住友江戸中橋店」逸身喜一郎・吉田伸之編『両替商　銭屋佐兵衛』（東京大学出版会、二〇一四年）も参照されたい。

(24) 「三」一三番状、三条目（三月十六日付）。

(25) 「三」一五番状、二条目（三月二十四日付）。

(26) 「三」一九番状、五条目・欄外（四月九日付）。同二一番状、一条目（同十九日付）。

(27) 『住友別子鉱山史』上巻（住友金属鉱山株式会社、一九九一年）二三六〜二三八頁。

(28) 拙稿「別子銅山の文政大涌水と住友中橋店」『住友史料館報』第四六号（二〇一五年）。

(29) 「三」一九番状、四条目（四月九日付）。

(30) 「別子銅山公用帳　一二番」（住友家文書）所収。前注(28)拙稿でもとりあげた。

(31) 「三」五三番状、一条目（十月二十六日付）。

(32) 「三」五五番状、二条目（十一月六日付）。なお「年々記」（住友家文書）によると、大草出迎えのため万太郎（住友家第九代友聞の悴、後に家督相続）を西宮へ派遣する旨、願書が十六日付で銅座へ提出されている。

(33) 『大阪市史　第二』三九二頁。これにより銅座は、長崎奉行・勘定奉行との三支配体制となった。

(34) 「年々記」（『住友史料叢書』第三〇回配本、二〇一五年十二月刊行予定）寛政六（一七九四）年四月九日記事など。なお「年々記」記事によると、天保三年閏十一月二十九日に上難波町の松屋嘉兵衛が古銅見改役を仰せ付けられたさいは、東町奉行戸塚（後注(36)を参照）の役宅で、久世伊勢守（広正、西町奉行）と銅座詰小野氏らが立ち会っており、この当時、古銅取締が町政の重要な課題であったことがうかがわれる。

(35)「三」二一番状、三条目（四月十九日付）。
(36)「三」三八番状、七条目（七月二十二日付）。
(37)前注(3)『泉屋叢考』第二一輯、四六〜六六頁。
(38)「三」五〇番状、二条目（十月十二日付）。
(39)「三」六〇番状、二条目（閏十一月六日付）。
(40)大坂豊後町に開業した両替店の創立経緯や、当該期の経営実態については、末岡照啓「幕末期、住友の経営危機と大坂豊後町両替店」『住友史料館報』第三二号（二〇〇一年）を参照。
(41)文政八年「大坂為登状控」一九番状、一一条目（六月十六日付）。浜松藩に加え、浜田・南部・小田原・延岡藩との取引について、開始時期の問い合わせがあり、大坂本店へ回答したもの。なお以下、同年時点での浜松藩との関係については前注(4)拙稿で概略を述べたので参照されたい。
(42)「三」三番状、八条目（正月二十二日付）。
(43)「三」一八番状、一条目（四月六日付）。
(44)「三」二〇番状、二条目（四月十六日付）。
(45)「三」二四番状、四条目（五月四日付）。
(46)「三」四七番状、五条目（十月二日付）。同五一番状、二条目（同十九日付）。
(47)「三」五六番状、四条目（十一月九日付）。なお、同六七番状、三条目（十二月十九日付）によると、二五〇両を返済した時期は五月でなく、三月と思われる。書き誤ったのではないか。
(48)引用部分は「諸用御窺控」二七番に拠る。「三」六〇番状、一条目（閏十一月六日付）。
(49)「三」初番状、八条目（正月六日付）。引用部分は同二番状、四条目（同十二日付）。
(50)「三」三番状、四条目（正月二十二日付）。同七番状、四条目（二月十九日付）。なお、証文の引き替えや算用書送付の手続きが大坂本店から是認されたことについては、同一一番状、三条目（三月六日付）に記載がある。
(51)「諸用御窺控」二七番、天保三年五月六日条。
(52)「諸用御窺控」二四番、文政十三年三月九日条。

(53)「諸用御窺控」二七番、天保三年七月二十九日条。
(54)「三」四三番状、一条目（九月十日付）。同四四番状、三条目（同十二日付）。同四九番状、三条目（十月九日付）。なお、取り組まれた為替の古手形は年末に中橋店へ送付、清算された。同六六番状、六条目（十二月十六日付）。
(55)「三」四七番状、二条目（十月二日付）。
(56)友聞息、後の住友家第一〇代友視（吉次郎）。文化五年生まれ、家督相続は弘化二（一八四五）年。
(57)「諸用御窺控」二七番、天保三年十月朔日条および、同閏十一月二日条。
(58)前注(41)史料。
(59)天保三年正月「書付之事」（住友家文書）。表3の出典も同史料である。なお、本状の差出人は延岡藩江戸藩邸詰の荻野銀三郎（在坂のため無印）・井上平吉・長谷川又一・原四郎兵衛（各捺印）の四名。
(60)「三」八番状、一条目（二月二十二日付）では、当月分の月割金五〇〇両から「差引物」一〇〇両を引き、四〇〇両分の為替を取り組んだ。また、十二月分の月割金八〇〇両も、一部が大坂で清算された後、残り分だけが送付されたという（表4参照）。
(61)「三」六六番状、一条目（十二月十六日付）。
(62)「三」三番状、七条目（正月二十二日付）。
(63)「三」六番状、二条目（二月十二日付）。
(64)「三」一一番状、二条目（三月六日付）。
(65)「三」六二番状、三条目（閏十一月二十二日付）。
(66)「三」二四番状、三条目（五月四日付）。
(67)「三」六八番、二条目（十二月二十六日記事）。
(68)「三」三五番状、四条目（七月六日付）。（大坂）銭屋清右衛門殿振出、（江戸）村田七右衛門渡り。七月十二日の日付がある。
(69)前注(4)拙稿を参照。なお、天保二年五月十一日に「御自分御引移後追々勝手向之儀、御実意ニ預り御世話候段、委細達聴候」として、小田原藩から同藩担当の中橋店手代である堀又次郎に対し五人扶持が下されている（「(中橋店)旧記録」）。
(70)「三」六八番状、一条目（十二月二十六日付）。
「三」（天保四年）三番状、三条目（天保四年正月十八日付）。

(71)「三」二九番状、欄外（五月二十九日付）。
(72)「三」三四番状、四条目（六月二十六日付）。
(73)同書（岩波書店、一九三三年）所収「本両替屋判形帳」天保三年三月改。中橋店の記事は、支配人全九郎以下、二六名を収載する。
(74)「三」三一番状、一条目（六月九日付）。
(75)「三」（天保四年）三番状、四条目（天保四年正月十八日付）。
(76)前注(1)および(4)拙稿を参照。中橋店の経営実態を示す史料は、天保七年、財政建て直しのため大坂本店より派遣された鷹藁源兵衛が調査、作成したさいの決算書類類が唯一、現存する史料である。
(77)前注(1)および(28)拙稿を参照。

5章　皮商人と福岡藩革座

高垣亜矢

はじめに

近世西日本では、各地のえた身分により生産された牛馬皮が、大坂渡辺村の皮問屋に集荷されていた。一方、地方での皮革の流通過程に着目すると、生産者から牛馬皮を集荷し売買する者、渡辺村から地方へと赴き牛馬皮を買い集める皮問屋の手代、在地で皮問屋や手代の集荷を助ける手先などがおり、皮革の流通に携わる者たちには多様な形態が見出せる。先稿では、これら在地で皮革の売買を行うえた身分の者を「皮商人」と把握し、近世後期における皮革需要の高まりにより、皮商人たちが地方で独自に取引を行い、皮問屋を中心とする流通構造が変容する様子を明らかにした(1)。

本章は、皮商人と福岡藩革座（辻村革座・柴藤革座）の関係を検討することで、本書のテーマである「権力と商人」に迫ることを目的としている。

まず、福岡藩革座について概略を述べておきたい。福岡藩で皮革の集荷組織「革座」がはじめて設置されたのは宝暦九（一七五九）年で、この時那珂郡辻村のかわた善九郎らが引き請けた辻村革座が成立している。革座を引き請けた者には、筑前国内から牛馬皮・蠟・角・爪などを一手に集荷する権利が認められた。辻村革座では、渡辺村の皮問屋出雲屋太右衛門（のちに息子の六右衛門）から集荷を行うための仕入銀を借用し、買い集めた皮革を出雲屋に売却することで借金を返済していた。だが、文化四（一八〇七）年に善九郎らは革座の引き請けを辞退することになる。その理由は、借り入れた仕入銀の返済が滞り、借金が累積したため、出雲屋が大坂町奉行所へ訴訟を起こしたからであった。そこで、文化六年、福岡藩は辻村革座が負った借金を返済する者に革座の引き請けを認めるとの触れを出す。これに応じた博多の町人柴藤増次が革座を引き請け、文化九年に柴藤革座が成立する。柴藤革座では、皮革を藩の専売制の商品（蔵物）として大坂町奉行所に届けた。また、出雲屋を問屋から外し、大坂道修町の町人海老屋善右衛門を売支配として、国内から集荷した皮革を福岡藩の大坂蔵屋敷へ送り、売支配の海老屋から渡辺村の皮問屋岸部屋吉郎右衛門（のちに住吉屋喜右衛門に変更）に売り捌くようにした。

つぎに、先行研究を整理しておくことにしよう。近世日本において、皮革はえた身分が生産・流通に携わる特殊な商品であった。だが、近世後期になると福岡藩のように皮革の専売制を実施し、えた身分以外の者を関与させる藩が現れる。えた身分以外の者が皮革の流通に関わることは異例の状況であり、それは身分制を解体する性質を持つものなのか否かが従来から議論されてきた。紀州藩田辺領を事例に検討を行ったのは、芝英一氏である。田辺領では、文政四（一八二一）年に「皮座株」が成立し、同十一年に廃止されたが、以後も町人から皮座設置の要求が繰り返し行われた。これに対し、かわたは渡辺村との「勝手売買」を主張して抵抗を続けた。以上のことから、芝氏は、身分制の原理を超えて「経済」の論理により新しい社会関係が形成されたが、身分制を基軸にした伝統的な封建的社会関係との間には社会的緊張があったと述べた(2)。また、有元正雄氏は、福岡藩・広島藩・津山藩において平人が専売制に関与した事実を指摘し、皮の「商品化」の進展により、えた身分の存立基盤が崩されつつあると指摘した(3)。一方、福岡藩を事例に研究を行ったのが塚田孝氏である。同氏は先述した大坂での売り捌きの変化を分析し、新たに革座の引き請けになった柴藤増次から蔵屋敷を通して売支配へと売却されるルートは、福岡藩のかわたから渡辺村へと牛馬皮が売却されるルートから利益を吸収する以上の実質的な機能を果たさず、基底にある斃牛馬処理制とそれに基づく牛馬皮の流通構造をゆるがさなかったとした。すなわち、藩権力や都市特権商人が皮革の流通に関わる新たな動向は、身分制的制約を廃棄し得る性質のものではなかったと論じている(4)。

先行研究では、経済社会の進展と身分制の変質・解体という問題に注目してきたため、えた身分以外の者が革座を引き請けたことにより、実際に展開していた流通構造にどのような影響がもたらされたのかについては実証的に明らかにされていない。この点を、牛馬皮の流通構造とそれに対する藩や革座による把握という視点から考察する必要がある。そして、塚田氏がすでに指摘している通り、福岡藩における牛馬皮の流通構造を総合的に分析するという課題も未だ残されている。のびしょうじ氏(5)、西村卓氏(6)が革座の視点から、上田武司氏(7)が大坂への海運・物流という観点からすでに考察を行っているが、皮革の流通構造は売買に関わるかわたの取引関係によって形作られるものであり、さらなる検討が求められる(8)。

そこで本章では、次の三点を検討したい。まず一点目に、福岡藩革座の引き請け過程を分析し、そもそもなぜ福岡藩は革座を設置したのか、また博多町人の柴藤増次に革座の引き請けを認めた理由について明らかにする。二点目に、辻村革座期に福岡藩で牛馬皮の売買を行っていた皮商人の実態と、辻村革座によるそれらの把握のあり方を検討する。その上で、柴藤革座の集荷の仕組を分析し、辻村革座期に形成されていた皮商人の取引関係を柴藤革座がどのように把握しようとしたのかを考察する。三点目に、辻村革座の破綻経緯、柴藤革座成立から文化十二年に革座が仕法を転換するまでの過程を分析し、辻村革座および柴藤革座が皮商人の取引に及ぼした影響を解明する。

1　革座設置の背景

本節では、辻村革座の引き請け過程から、福岡藩が革座を設置した意図を考察していきたい。ここでは「皮座御取建丼進退之次第書抜」(9)(以下「書抜」)という史料を取り上げる。これは、藩の記録所から革座引き請けの経緯を説明するよう求められたため、文政十(一八二七)年七月に柴藤増次が作成して提出したものの控えである。それによると、引き請けの経緯は以下の通りである。

宝暦八(一七五八)年の春、大坂土佐堀淡路屋七兵衛、大坂渡辺村の皮問屋大和屋弥四郎・三郎右衛門・善右衛門らが堀口村の七人のかわたを相手取り、皮荷物の仕入銀二〇七貫三四〇目の返済を求めて大坂町奉行所に出訴した。藩は、堀口村のかわたらが残した借金を返済する者に永年、革座の引き請けを認めるという触れを筑前国内に出した。だが、大金だったために名乗り出る者はいなかった。そこで革座を管轄する郡代は、堀口村の藤吉・文七、辻村の善九郎・甚九郎、金平村の又次郎ら五人に新たな仕法を立てるよう命じたが五人の者は断った。翌年の春に藩から再び強く申し付けたところ、辻村の善九郎・甚九郎、金平村の又次郎の三人が請け持ちを申し出た。そこで、「御国中皮座永々請持」と「殞牛馬荒皮・蠟・角・爪之類、一切三人江支配」が認められることになった。

借金整理のために三人が登坂したところ、さらに、堀口村・熊崎村のかわた二人が、渡辺村の皮問屋明石屋半兵衛・出雲屋太右衛門・備中屋七左衛門・池田屋五郎兵衛から銀一一貫九九〇目の借金をしていることが判明した。堀口村のかわた七人の借金と合わせて銀二一九貫目にも達していたため、大坂にいる馴染みの問屋三人から銀七二貫目を借りて返済した。そして、善九郎ら三人に革座免札と書付が渡され、藩内の皮革を集荷し、大坂の皮問屋へ売り渡すことで借金を整理することになった。大坂の問屋の惣代は出雲屋太右衛門であったが、他は不明である。

辻村革座の引き請け過程で注目されるのは、まず、革座成立以前に渡辺村の皮問屋と取引があった藩内のかわたが明らかになることである。皮問屋は、各地のかわたに仕入銀を前貸しすることで皮革を集荷していた。そのため、皮問屋に借金をしていた堀口村の七人のかわた、および堀口村のかわたと熊崎村のかわたが皮問屋と取引関係にあったと考えられる。革座が設置された経緯を明らかにするためにも、堀口村および熊崎村のかわたの性格と革座以前の活動について見ておく

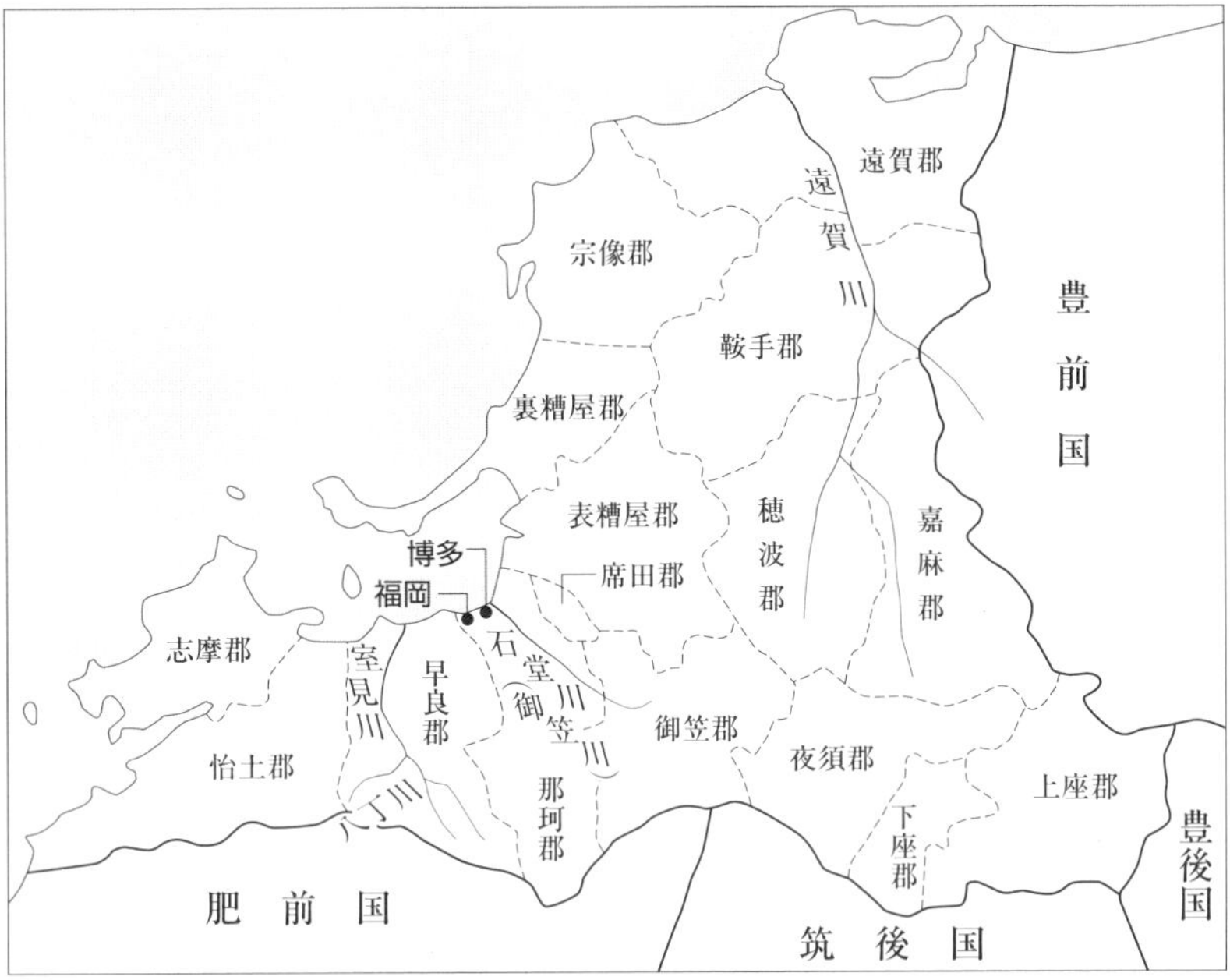

図1　筑前国の国域・郡域・河川（『福岡県史　通史編　福岡藩㈠』141頁をもとに作成。）

ことにしたい。

堀口村は、辻村・金平村とともに那珂郡堅粕村の枝郷であり、三カ村では皮細工や雪駄の生産などが盛んに行われていた。三カ村は石堂川（御笠川）を挟んで博多と隣接しており、古くから藩との関係が深かった（図1）。慶長七（一六〇二）年に藩から那珂郡の平右衛門ら五人が、馬革と室革合わせて三〇〇枚を上納するよう命じられており、これが三カ村の前身である堅粕村の「皮屋村」であったと推定されている[10]。堀口村の七人のかわたは別の史料では「皮商人」とも呼ばれており[11]、近世初頭からはじまる藩への皮革の上納や製品加工のために、三カ村には国内外から皮革を集荷するかわたが存在していたと考えられる。

そして、宝永三（一七〇六）年には、堀口村の善兵衛・茂七・甚七の三人が筑前国内からの牛馬皮買い取りを藩に願い出る。当時は、堀口村の弥七が「御国中牛馬之皮」を集荷し、定められた値段で藩に御用革を売り渡していた。だが善兵衛らは、御用革の値段はこれまで通り、国内のかわたからの買い取り値段を皮一枚につき銀一匁高くし、かつ他国から買い入れに訪れるかわたから銀一匁の口銭を取り、藩に運上銀三貫目を上納することで弥七と集荷を替わらせてほしいと希望した。[12] 藩は、古来から牛馬の皮に運上を賦課していた例があること、また、牛馬皮の買い取り値段が上がれば国内のかわたにとって利益になるという理由から願い出を認め、善兵衛らを「御国中牛馬之皮元〆」に任じた。[13] 善兵衛らの願い出では、御用革の値段を変更しないと述べられていたことも注目される。藩は運上銀の徴収、かわたの収入増とともに安定的な御用革の納入を求め「皮元〆」を設置したといえる。

その後の「皮元〆」の推移は不明であるが、宝暦八年に堀口村七人のかわたが皮問屋に負った借金は多額であり、堀口村の七人のかわたは国内から皮革を集荷する「皮元〆」と近似の存在と考えるのが妥当であろう。藩は三カ村で牛馬皮を集荷するかわたの一部を「皮元〆」として任命していたのではないかと推測する。

一方、熊崎村は筑前国西部に位置する早良郡内野村の枝郷である（図1）。当時、高品質の滑皮《なめしがわ》（牛馬皮を鞣した皮）を生産するためには、鞣しの高い技術とアルカリ性の水質を持つ緩急のある川という環境が必要であったため、生産できる場所は限られていた。熊崎村を通る八丁川（室見川）はその条件を満たしており、同村では柳川藩・久留米藩・熊本藩など周辺諸藩の御用革を鞣していた。[14] 村内には滑皮を生産する職人のほかにも、牛馬皮を周辺地域から集荷する「買子」と呼ばれるかわたがおり、「買子中」という仲間を形成していた。辻村革座成立の直後、宝暦十年二月に熊崎村の買子と辻村革座は牛馬皮の買い入れ場所について取りきめを行い、買子は筑後国・肥後国・豊後国から馬皮の集荷が認められた。[15] 革座が成立して間もない時期に買い入れ場所を定めていることからは、革座成立以前から買子の集荷場所が周辺地域にあったと考えられる。

ところで、藩が革座を設置した目的を探るためには、藩が辻村の善九郎らに革座を引き請けさせた理由を検討する必要がある。革座が成立する以前には国内の牛馬皮を集荷する「皮元〆」を設置しており、それとの関連性が注目される。

辻村革座の引き請け過程では、藩は革座を設置し、堀口村七人のかわたが皮問屋に負った借金を整理する姿勢を見せたがこれは異例のことである。大坂町奉行所の滞銀訴訟で藩内の者が訴えられた場合、藩は訴状の内容を通知し、役人を付き添わせ大坂へ出向くように促すが自ら借金の整理を行うことはない[16]。だが今回、藩は積極的に負債の整理をしようとした。ここからは当時、牛馬皮が実質的に藩の専売の商品として扱われ、大坂に売り渡されていたと考えることができるのではないだろうか。堀口村七人のかわたは「皮元〆」と近似の存在であり、国内から牛馬皮を一手に集荷することを藩から認められていた。そして、宝暦八年の訴訟で渡辺村の皮問屋らとともに仕入銀の返済を訴えていた大坂土佐堀の淡路屋七兵衛は、大坂の廻船問屋と推定される者である[17]。したがって、七人のかわたが国内から集荷した牛馬皮は、大坂の淡路屋の元へ送られ、淡路屋から七人の者が前貸しを受けた皮問屋へ運搬されていたと想定される。

それではなぜ、藩は新たに革座を設置することにしたのだろうか。「書抜」には堀口村の七人による返済が進まなかったため、「右仕法相立候者有之候ハヽ、永々革座御赦免可被仰付旨、御国中触流被仰付候」とある。したがって、革座を設置した直接的な目的が負債の処理にあったことは明らかである。藩は、牛馬皮を実質的に専売の商品として取り扱っていたために借金の責任を取る必要が生じたのだと考えられる。

そして注目されるのは、革座を引き請ける者を募る触れが筑前国内に広く出されていたことである。ここからは、借金を整理できる者ならば革座を引き請ける者はえた身分以外の者でもよいと藩が考えていたと判明する。これは「皮元〆」と革座の大きな違いである。宝永六年、町方から運上銀一三貫目の上納と引き替えに「皮元〆」に任じてほしいという願い出が藩に提出されていた[18]。藩での詮議が行われ、「先年より穢多とも御書出も有之、右之営より外ニ渡世も無之」という理由から、当時「皮元〆」であった堀口村の善兵衛ら四人が納めていた運上銀を三貫目から九貫目に値上げし、引き続き善兵衛らに「皮元〆」を任命することで決着した。「御書出」は、同三年に善兵衛らが「皮元〆」に任じられた際の文書を指すと推測される。したがって、宝永期には運上銀の多寡にかかわらず、えた身分の者に「皮元〆」を命じていたが、今回、借金返済のためにその方針を転換したことがわかる。

また、革座への変化としてもう一点挙げられるのは、「皮元〆」には国内からの牛馬皮集荷のみが認められていたが、革座には「殞牛馬荒皮・蠟・角・爪之類」の扱いも許されたことである。藩は、牛馬皮だけでなく皮革関連品も含めて、国内から一手に集荷する権利を付与することで、革座を引き請けた者にかわたらが負った多額の借金を処理させようとしていた。

だが、引き請けを望む者は現れなかった。そのため、借金の原因となった堀口村に所属する藤吉・文七をはじめとして、辻村の善九郎・甚九郎、金平村の又次郎など三カ村のかわたに半ば強引に革座の引き請けを命じ、借金を整理させるようにしたと考えられる。

2 辻村革座と牛馬皮の流通構造

本節では、福岡藩で牛馬皮を売買するかわたの実態と、それらを辻村革座がどのように把握していたのかを明らかにしていきたい。

辻村革座に集荷をするかわた

ここでは、辻村革座に牛馬皮を集荷するかわたについて検討することにしたい。その前提として、まずは辻村革座の全体像を確認しておきたい。

「文化七年午四月御役所向幷仕組方一件心得方雑書日記[19]」には、柴藤増次が革座を引き請けるにあたり、辻村革座の運営状況について調査した内容が含まれている。その中に、革座の引き請けが認められたため、宝暦九（一七五九）年十二月に辻村の善九郎と半市、金平村の善蔵が藩に提出したと推定される文書が残されている[20]。それによると、各郡で生産される牛馬皮と蠟すべてを革座が集荷し、革座が買い入れた値段で辻村・堀口村・金平村の細工人や熊崎村のかわたに売り渡すと述べられている。以前は牛馬皮を相対で売買していたが、辻村革座では規格や値段をある程度決めて売買するように変更した。後掲する〔史料1〕で見るように、実際に革座に買い取られていたのは牛馬皮と蠟であり、角・爪についてはどのように売買していたかは不明である。また、革座は牛馬骨の抜荷を摘発しており、牛馬骨についても扱う権利を付与されていた(21)。

革座の引き請けにあたり、藩からはどのような役が賦課されていたのであろうか。前節で取り上げた「書抜」では、御用革と「六分銀」の上納という二つの義務が課せられたことが明らかになる。御用革については、白皮（鹿皮の鞣し）や紫革・染革の上納、太鼓の張り替えなどを堀口村の細工人が務めることで相応の代銀が支払われた。また、六分銀は斃牛馬の数に応じてかわたから藩に上納される銀である。天明三（一七八三）年には、六分銀を三分銀に減額することが許可され、そのかわり革座引き請けの三人から銀一貫目を寸志銀として上納するように変更されている。藩が革座を半強制的に引き請けさせたにもかかわらず三人に運上銀の上納が命じられていたのは、堀口村のかわたらが借金を負い、藩に種々の損害をもたらしたことに対する補償と連帯責任という意味合いがあったのではないかと推測しておきたい。

これらを念頭に置き、革座への集荷について検討することにしよう。〔史料1〕は、「文化七年午四月御役所向幷仕組方一件心得方雑書日記」に収められた史料の一部である。文化七（一八一〇）年五月に松原次郎八から柴藤増次に提出されており、革座が藩内から皮革を買い取る際の値段や方法について書き上げられている。松原次郎八は、辻村革座の内部事情に通じる辻村または金平村のかわたと推測する。

〔史料1〕

御国中革売買直段附

一遠賀・鞍手両郡ヲモ皮《男牛皮》拾斤ニ付廿八匁、重皮《女牛皮》一枚ニ付卅壱匁、馬皮壱枚ニ付廿三匁、蠟拾斤ニ付八匁より拾匁迄

所々

右ハ中買賃・たちん共に壱枚ニ付五匁充外ニ加ル

一夜須・御笠両郡ヲモ拾斤ニ付三拾弐匁、重皮一枚ニ付卅三匁、馬皮壱枚ニ付廿六匁五分、蠟拾斤ニ付九匁

一表粕屋ヲモ拾斤ニ付三拾壱匁、重皮壱枚ニ付三拾壱匁、馬皮壱枚ニ付廿六匁、蠟拾斤ニ付拾匁

右ハ近辺之儀ニ付、殞牛馬有之節、銘々壱枚充指出候ニ付、日帰り之者日雇弐匁充相渡ス

一怡土・志摩両郡ヲモ拾斤ニ付三拾六匁、重皮壱枚ニ付四拾目、馬皮壱枚ニ付三拾匁、蠟拾斤ニ付拾壱匁

（中略）

嘉麻・穂波両郡并宗像郡、此三郡ハ遠賀・鞍手同様ニ御座候、上座・下座両郡は夜須・御笠同様ニ而中買賃相加江申候、

辻村革座への集荷という観点から〔史料1〕を分析すると、郡により三つの集荷形態があったことがわかる。それは、次のAからCに整理できる。

A　夜須郡・御笠郡・表糟屋郡

殞牛馬を解体したかわたが、各々一枚ずつ革座へ牛馬皮を売却する。日帰りで持参したときには、「日雇」と呼ばれる賃銀が二匁渡される。

B　上座郡・下座郡

殞牛馬を解体したかわたが各々一枚ずつ牛馬皮を持ち出し、革座に売却した際に「中買賃」が渡される。

C　遠賀郡・鞍手郡・嘉麻郡・穂波郡・宗像郡

かわたが馬などを使用して革座へ運搬し、牛馬皮を売却する際に「中買賃」と「たちん《（駄賃）》」を得る。

ここからは二つのことが指摘できる。第一に、辻村革座に牛馬皮を売却する者に二つの形態があったことである。殞牛

馬を解体し、牛馬皮を生産するかわたと、馬などを使い牛馬皮を運んで来るかわたである。馬を利用しているため、ある程度枚数がまとまり次第革座へ運搬したと想定されるが、その範囲は明らかにならない。だが、後述するようにかわたの村単位で運ばれてきたのではないだろうか。そして第二に、集荷に際し、革座から「中買賃」や「たちん《駄賃》」、「日雇」と呼ばれる賃銀が支払われていたことである。

これら二点についてさらに検討を行うため、安永四（一七七五）年の志摩郡泊村の事例を取り上げることにしたい。

〔史料2〕(22)

誤り申証文之事

一此度私義、了簡違仕候而、熊崎村へ皮抜売仕申候儀、革座元より申来候、右ニ附、七郎次ヲ相頼御断申請、御用捨被下置奉存候《（度脱カ）》、此已後私義は不及申、所家中之者共、皮類一切万一抜売仕候節ハ、何分之御吟味、私ニ御掛ケ可被成候、尤此已後為中買七郎次御定メ被下候上ハ、同人方へ皮一切不残売渡可申候、尤持牛馬落候節ハ、直段合少々充ハ御了簡可被下候、為後年誤リ書物、仍而如件、

志摩郡泊リ村
藤次郎
加三次
権次郎
善三
七右衛門

安永四年
未閏十二月廿三日

那珂郡辻革座
善九郎殿

右之通、藤次郎此度抜売仕候処、御了簡被下置奉存候、(度脱カ)万一此後同人不埒之儀仕候而ハ、私共両人ニ而、用捨仕間敷候、為其請合判形如件、

同年

月日

同村中買

七郎次

同

市九郎

那珂郡辻革座

善九郎殿

泊村のかわた藤次郎が熊崎村に皮を売り渡していたことが、辻村革座に露見した。その際、藤次郎らは七郎次を通して革座に謝罪をしている。藤次郎自身だけでなく村内の親類も含めて今後は一切抜け売りをしないこと、また、革座が七郎次を泊村の「中買」と定めたので七郎次に皮を売り渡すと誓約し、革座の許しを請うている。「尤此已後為中買七郎次御定メ」という記述は、逆にそれ以前には革座が任命した「中買」が同村に存在していなかったことを示しており、藤次郎らの抜荷を契機に革座の「中買」として七郎次と市九郎が任命されたことが明らかになる。またここでは、七郎次らが泊村の出身かは不明であるが「同村中買」と呼ばれており、村の単位で「中買」が定められたことも注目される。文化八年、柴藤増次が提出した仕法書（革座運営の計画書）では、辻村革座は村に前貸しを行っていたと述べられている(23)。これらの事実を合わせると、〔史料1〕で「馬を使って牛馬皮を運び、革座に売り渡しをしていた者たちが、かわたの村単位で集荷を行っていた」とした推定の傍証になり得ると考える。

以上の検討からは、斃牛馬の解体を経て牛馬皮を生産していた者と、かわたの村を単位に牛馬皮を集荷し、馬などを使い運んできた者が辻村革座に牛馬皮を売却していたことが明らかになった。また、辻村革座では基本的に革座の「中買」

を任命せず、牛馬皮を売り渡しに来る者に賃銀を支払い集荷をしていた。かわたによる売買は、抜荷の取り締まりという形で把握しようとしていた。

熊崎村の買子

さて、〔史料2〕で注目されるのは熊崎村の動向である。泊村の藤次郎らは熊崎村に皮を売り渡し、革座に訴えられていた。ここでは、熊崎村の買子について検討し、買子と辻村革座との関係を明らかにすることにしよう。

辻村革座が成立したときに、熊崎村の買子との間で牛馬皮の買い入れ場所を定めたことは、前節で述べた通りである。だが、革座の成立以降も買子による抜荷は頻発し、革座との間で裁判になった。天明四年、藩は筑前国内の早良郡全村・怡土郡三カ村・志摩郡一一カ村・御笠郡四五カ村を熊崎村単独の荒皮買い入れ場所、筑後国・肥前国・肥後国・豊後国の四カ国を革座と熊崎村とがそれぞれに荒皮を買い入れる権利を持つ場所として定め、牛馬皮を一枚集荷するごとに六〇文銭で一匁七分を熊崎村から革座に上納させることにした。[24] 藩は辻村革座に「殞牛馬荒皮・蠟・角・爪之類、一切三人江支配」を認め、革座も抜荷の取り締まりをしていたにもかかわらず、藩での裁判を通じて熊崎村の買子の買い入れ場所が公に認められたのである。その理由については明らかにならないが、藩は熊崎村に滑皮の円滑な上納を求めていたのではないだろうか。熊崎村で生産される滑皮は上質なものであり、福岡藩および周辺諸藩では同村のみが生産できた。そのため、熊崎村が原料である牛馬皮を入手できず、上納が滞る事態を避けなければならなかった。[25]

では、熊崎村の買子はどのように牛馬皮を集荷していたのだろうか。先稿ですでに検討を行っているため、ここでは要点をまとめておく。[26] 早良郡内には熊崎村が殞牛馬を取ることができる縄張りがあり、福岡藩内ではそれを「芝先」と呼んでいた。「芝先」の中は殞牛馬を取る権利が「場先キ」として分割されており、「場先キ」を受け持つかわたから買子へと牛馬皮が売り渡されていた。また、御笠郡の四五カ村は片野村の「芝先」であり、同村のかわたは生産した牛馬皮を熊崎村の買子に売り渡していた。安永六年、熊崎村のかわた二四人が辻村革座に借金を負ったため、御笠郡四五カ村から荒皮を買い入れる権利を辻村革座に質として渡した。だが、文化六年には請け戻した。さらに、熊崎村では御笠郡四五カ村を同村の「芝先」がある早良郡と同様に「荒皮直買之場」と呼んでいた。ここからは、熊崎村の買子が御笠郡四五カ村という買い入れ場所に対して強い縄張り意識を持っていたことが窺える。そして、筑前国外の四カ国からは、郡など村を越えた広い範囲を対象に牛馬皮を買い入れていたかわたに予め仕入銀を貸し付けて集荷を行っていた。また〔史料2〕からは、集荷が認められた場所以外でも取引を行っていたことが判明する。泊村の藤次郎は牛馬皮の生産者と推定されるが、熊崎村へ牛馬皮を売却したところを抜荷として摘発されている。このように、熊崎村の買子は買い入れ場所のかわたと多様な取引関係を築き、集荷を行っていたのである。

辻村革座の破綻

本項では、辻村革座が破綻する過程を分析し、革座が皮商人の取引に与えた影響について明らかにしていきたい。ここで再び「書抜」を取り上げる。同史料には、辻村革座が破綻する経緯について次のような記載がある。

天明八年（一七八八）―「所々抜売」があったため、善九郎らは革座を辞退し、大坂への借金返済の計画を立ててほしいと藩に願い出る。

寛政元年（一七八九）―問屋惣代の出雲屋太右衛門（六右衛門の父）が借金整理のために辻村を訪れる。

寛政三年（一七九一）―博多西町の与兵衛が革座の引き請けを願い出る。藩は、抜荷の取り締まりについて厳しく触れを出すことで、善九郎らに引き続き革座の引き請けを申し付ける。

享和二年（一八〇二）―問屋の出雲屋太右衛門が福岡藩の大坂蔵屋敷に滞銀返済を願い出たが、「御国革問屋同人江限リ請持居申候義、誠ニ難有次第と存付」訴訟を取りやめた。

辻村革座は抜荷を取り締まろうとしたが、かわたによる独自の売買（「抜荷」）[27]が横行していた。そのため、革座による集荷は円滑に進まず、出雲屋らに借金を負っていった様子が窺い知れる。それでは、どのような「抜荷」が行われていたのだろうか。

第一に、熊崎村の買子による「抜荷」である。これについては、前項で述べた。辻村革座以前から買い入れ場所を持ち、藩からも独自の集荷が認められていた買子たちの売買を把握することは非常に困難であった。

そして第二に、皮問屋の手代と藩内のかわたとの取引である。寛政期（一七八九～一八〇一）前後は、滑皮需要の高まりを背景に、西日本における牛馬皮の流通構造が変容する時期であった。手代たちは新たな牛馬皮の買い入れ場所を得るために、地方へ活発に赴きはじめていた[28]。福岡藩でも、寛政十一（一七九九）年に鞍手郡植木村のかわた善三と御笠郡下見村のかわた勘六が、渡辺村の皮問屋岸部屋太左衛門から滞銀訴訟を受けている。二人が岸部屋の手代から借用して村々のかわたへ貸し付けた銀は、一六貫五八〇匁に達していた。藩は訴訟の中で、「岸部屋手代共を猥ニ御国内江入込、専抜商売いたし御国法相妨候付」[29]銀は返済しないと大坂町奉行所へ申し出た。結局、藩の主張は認められ、善三・勘六は国外へ追放されることになった。だが当時、手代が地方で積極的に集荷を行っていた状況を念頭に置くと、岸部屋の一件は皮問屋の手代と福岡藩のかわたとの取引のごく一部にすぎない。革座は藩内に入り込んだ手代とかわたとの「抜荷」を取り締まることができず、再び借金を負うことになったと考えられるのである。

ところで、手代と取引をしていた鞍手郡植木村のかわた善三と御笠郡下見村のかわた勘六は、どのような性格を持つ者であったのだろうか。〔史料1〕に見た革座の売買値段銀三〇匁前後で牛馬皮を買い集めたと仮定すると、二人が貸し付けを受けた銀一六貫五八〇匁で約五五〇枚集荷ができる。文化六年、柴藤増次は藩内で一年間に二六五〇枚の牛馬皮が集荷できると見積もっているが[30]、その約五分の一に達している。革座より高い値段で集荷を行っていた可能性が高いことを考慮すると、実際は五五〇枚に充たないだろうが、相当の枚数であることに違いはない。これは、二人が郡など村を越えた広い範囲に銀を貸し付け集荷を行っていたことを示しているのではないだろうか。二人の貸し付けの対象になったのは、牛馬皮の生産者や村単位で集荷を行う者たちであったと想定される。

ところで、岸部屋太左衛門の訴訟は、辻村革座と出雲屋六右衛門との取引のあり方にも影響を及ぼした点で非常に注目される。次にこの点を検討していきたい。

文化四年、出雲屋六右衛門は大坂町奉行所に滞銀返済の訴訟を起こした。それが契機になり、辻村の善九郎らは革座を辞退し、博多町人柴藤増次が革座を引き請けることになる。福岡藩は柴藤に革座の引き請けを認める条件として、辻村革座が出雲屋六右衛門に負った借金を返済することを挙げた。返済する銀は八〇貫目であった。当初、柴藤は出雲屋を問屋とし、国内から集荷した皮革を出雲屋に売却することで銀を返済しようとしていたが、出雲屋は柴藤に対して一括で返済するよう求める。だが、柴藤は銀を用意することができなかったため、大坂の町人を銀主として出雲屋に借金を返済し、出雲屋の代わりに銀主を問屋に据える仕組を築こうとする。[31] そして文化七年六月、柴藤は銀主を探すために登坂することになる。

登坂に際し、柴藤は藩に伺書を提出する[32]。伺書では、今回銀主になる者を「御国中引請問屋」とするので、出雲屋から異議が出ないように藩から申し付けてほしいと述べられている。その理由は、実際には大坂町奉行所に届け出がなされていなかったにもかかわらず、出雲屋が自身は「御国中革座引請問屋」であり、福岡藩の蔵屋敷から大坂町奉行所に届け出があると申し立てていたからである。

ではなぜ、出雲屋は自身が「御国中革座引請問屋」であると主張したのであろうか。それについて出雲屋は「先年大坂岸部屋何某と申者共罷下リ、植木村勘六《（ママ）》と申者申合、抜皮取組、其後勘六銀子引負候ニ付及公訴候節、此方様より御答ニ相成候は、国方為登皮引請問屋ハ出雲屋六右衛門と申者ニ有之、国方革座請持之者有之候、然ルニ岸部屋儀国中江入込、抜皮商売取組候義不埒之次第ニ付、彼之者指引筋之儀ハ決而相構不申旨、公儀江言上ニ相成[33]」とする。つまり、岸部屋太左衛門の訴訟に関わる裁判の中で、藩が大坂町奉行所に対し、「出雲屋は藩から大坂へ送る皮革の引請問屋であり、藩内には革座もある。したがって、岸部屋が入り込み取引を行うのは不埒だ」と述べたことを根拠にしているのである。ここからは、岸部屋の訴訟がきっかけになり、出雲屋が「御国中引請問屋」としての地位を固めたことが明らかになる。

これまでの分析結果と合わせると、次のような経緯を描くことができる。辻村革座は、出雲屋太右衛門をはじめとする三人の皮問屋に集荷した皮革を売り渡し、革座以前の借金や借り入れた仕入銀の返済をしていた。だが、天明八年に借金が累積し、翌年、問屋の惣代として出雲屋が辻村を訪れて借金を整理する。このときから、辻村革座と取引する皮問屋が、事実上出雲屋一人になる体制が築かれていったのではないだろうか。

一方、当時は牛馬皮の流通構造が変容を迎えた時期であり、福岡藩にも手代が入り込み藩内のかわたに銀を貸し付けて集荷を行っていた。寛政十一年には、皮問屋の岸部屋太左衛門が、福岡藩のかわたに手代が貸し付けた銀の返済を求めて大坂町奉行所へ出訴する。藩は裁判の中で「国方為登皮引請問屋」は出雲屋であると主張し、他の皮問屋や手代との取引を否定することで以後の訴訟を防ごうとした。そして、出雲屋は「御国中革座引請問屋」として革座から一手に皮革を買い入れる地位を手に入れた。それは、享和二年に「御国革問屋同人江限リ請持居申候」という理由から出雲屋太右衛門が福岡藩の大坂蔵屋敷への訴訟を取りやめたことにも表れている。

ここからは、辻村革座と、定められた皮問屋との相対取引という形態が、皮商人による地方での独自の売買に対する皮問屋と藩の対応として生み出されたことが明らかになる。辻村革座は皮商人の取引を把握することはできず、むしろ逆に皮商人たちの取引に影響を受け、皮問屋との関係のあり方を変更するよう迫られたのである。

3　柴藤革座による皮革流通の把握とその影響

本項では、柴藤革座の引き請け過程の検討から、福岡藩が博多の町人柴藤増次に革座の引き請けを認めた理由を明らかにしていきたい。

柴藤革座の引き請け過程

文化四（一八〇七）年に辻村の善九郎らが革座を辞退すると、福岡藩は新たに革座を引き請ける者を探すため、文化六年七月に国内へ触れを出す。それに対し、博多浜小路町の町人柴藤増次と中石堂町平内・弥吉が引き請けを願い出た。ここで、辻村革座との違いが見られる。それは、藩が革座の引き請けを願う者たちに仕法書（革座運営の計画書）を提出させ、内容を精査したことである。その結果、文化七年五月、藩は柴藤に革座の引き請けを申し付けた。その後、文化七年、文化八年の二度にわたり柴藤は仕法書を提出する[34]。文化八年十月、柴藤は出雲屋への借金の返済を終えると、同年十二月に革座の免状を得るための請書を藩に差し出す。その内容が認められ、文化九年二月に革座を管轄する郡方役所から柴藤に免状が下された[35]。藩は辻村革座での失敗を経て、革座の運営を滞りなく行い、借金を確実に返済できる者に革座を引き請けさせようとしたのである。

ここからは、仕法書・請書の内容を分析することにしよう。これらを整理したものが表である。分析の前に三つの仕法書と請書の性格について述べたい。文化六年・文化七年・文化八年の仕法書をそれぞれA・B・C、請書をDとする。仕法書は計画書であるが、ほとんどの項目は後に実行されたことが確認できるため、藩は基本的にその内容を容認していたものと推測する。だが後述するように、柴藤革座は成立して間もない文化十二年に仕法を変更するため、実施が確認できない項目もある。そこで、実施が確認できた項目に関しては○印を、確認できない項目については△印を付ける。

表　柴藤革座における仕法書・請書の項目一覧

		A 文化6年仕法書	B 文化7年仕法書	C 文化8年仕法書	D 請書
福岡藩への義務	①御用革の納入		○		○
	②革座運上銀の上納		○		○
	③大坂への借金返済	○			○
	④辻村革座が郡代役所から借りた銀の返済				○
大坂との関係	⑤大坂町奉行所へ蔵物として届け出			○	○
	⑥大坂の売支配を海老屋善右衛門とする				○
	⑦大坂問屋や他国からの借金・前借りをしない		○		○
柴藤革座の仕組について					
革座引き請け	⑧革座の免許を願う			○	○
斃牛馬の届け出	⑨斃牛馬の数，特徴などを会所や郡代役所に届ける	○	○		
	⑩村々の「吟味役」は，斃牛馬の有無を控えて会所に提出する	△			
皮革の集荷について	⑪各村に中買を立て，皮革を買い集めて，月々会所に持ち出させる	△			
	⑫皮革を買い入れるたびに，革主に代金を支払う				○
	⑬皮革の代金をかわたの村に前払いしない			○	
	⑭「皮買集方之者」を立て，牛馬の有無，抜荷の改めなどをさせる		○		
会所の運営と皮革の売買	⑮会所の造営	○			
	⑯会所を「御用革会所」とする			○	
	⑰藩内の皮革をすべて会所に持ち出すように触れ出し			○	○
	⑱生皮は干し上げて会所に持ち出す			△	
	⑲皮革の買い取り値段は，大坂の問屋と熟談して決定する		△		
	⑳皮革の代金は，炭・蠟仕組と同じ切手で渡す			△	
職人へ皮革の売り渡し	㉑藩内の職人が抜荷をしないよう，触れ出し	○	○	○	
	㉒藩内の職人へ代金引き替えで円滑に売る	○	○	○	
抜荷	㉓「吟味役」などを設置し，抜荷を差し押さえる	○		○	○
	㉔旅出・旅売・旅荷の禁止について触れ出し			○	
	㉕抜皮を買い求めた者を咎める	○		○	
熊崎村	㉖熊崎村が皮革を集荷している早良郡一郡を革座の支配下に置く		○	○	
猟師との関係	㉗隣国から入荷した牛馬皮や猟師が持ち出した皮（鹿皮・羚皮・熊皮など）を革座の支配下に置く			○	
格式の付与	㉘大坂への借金返済が済むまで格式を付与			○	
	㉙大坂蔵屋敷から印鑑・提灯を頂戴			△	
	㉚町方から郡方への人別の移動			○	

出典　「革座一件」，および「筑前国革座記録」一・五・六より作成。

また表では、仕法書の項目に重複や差異があることが注目される。最後に提出されたCとA・Bを比較すると、第一に、抜荷を差し押さえる「吟味役」などの設置や職人の抜荷対策、熊崎村を支配下に置く項目がA・Bと重複していることに気づく。これは、A・Bで円滑に実施できなかった項目への対策を改めてCで願い出たものと考えられる。そして第二に、Cでは蔵物の届け出や革座の免状を得ること、会所への皮革集荷についての触れ出し、格式の付与などの項目が新たに追加されたことがわかる。C提出直前の文化八年十月、柴藤は出雲屋への借金を返済し、いよいよ革座の引き請けが正式に認められる段階に入っていた。そのために必要になった項目といえるだろう。すなわち、柴藤はその都度必要な計画を仕法書として藩に提出し、計画が実施できたもの、もしくは計画を却下されたものについては再び仕法書の項目に挙げない。だが、問題を解決できない場合には何度もその対策を藩に願い出る。そのため、仕法書の項目に重複と差異が生じたものと想定される[36]。一方、Dについては、藩から革座の免状が下されたことからも、すべての項目が藩から認められたとみなすことができる。

さて、仕法書・請書の項目は三つの内容に分類される。辻村革座からの変更点を含めて、それぞれについて整理することにしよう。

第一に、革座が藩から課せられる義務である。藩への義務は御用革の納入・革座運上銀の上納・借金の返済であった。御用革については、滞りなく上納し、非常用に備えて枚数を囲い置くことが計画されている(①)。革座運上銀とは、辻村革座で上納されてきた三歩銀と寸志銀一貫目が名称を変えたものであり、毎年十一月に銀二貫二〇〇目を藩に上納することになった(②)。借金の返済とは、大坂本町一丁目の町人伊丹屋四郎兵衛から借り受けた銀(③)、および辻村革座が郡代役所から借り入れた銀三〇貫目の返済を指す(④)。柴藤は出雲屋へ返済する銀八〇貫目を、売支配となる大坂道修町の町人海老屋善右衛門と連名で、文化八年三月に伊丹屋四郎兵衛から借用した[37]。

第二に、大坂の問屋との関係である。福岡藩では、柴藤革座から皮革を専売制の商品(蔵物)として大坂町奉行所に届けることになった(5)。また、大坂への売却ルートも変更される。出雲屋は問屋から外され、売支配には海老屋善右衛門が任命され、海老屋以外への売買が禁じられた(6)。海老屋に売り渡された皮革はさらに渡辺村へと売却され、ここでの利益が伊丹屋への借金返済に充てられることになった。文化八年八月の時点では、海老屋から皮問屋の岸部屋吉郎右衛門に売り渡されることが決まっていたが、翌年四月に皮革が売却されたのは皮問屋の住吉屋喜右衛門であった(38)。

大坂での売り捌きのルートが変更され、かつ皮革が蔵物として届けられたことは辻村革座との大きな違いであるが、この点については塚田孝氏がすでに詳細な検討を行っている(39)。それに学ぶと、蔵物として届けられた理由は福岡藩個別の事情と当時の社会状況が影響していたという。前節で、柴藤が銀主を探すために文化七年六月に登坂したと述べた。その後、同年十月に銀主と話が整ったため、銀八〇貫目を返済するために出雲屋に上坂を求める。だが、出雲屋は交渉に応じず行方不明になる。そのため、文化八年十月に銀が返済されるまで問屋としての関係を完全に断ち切ることができなかった。このまま皮革を売却すれば問題が生じかねない。そこで、藩は皮革を蔵物として扱うことで問題の発生を未然に防止した。また、福岡藩は対馬藩で行われていた皮革の専売制に刺激を受けており、当時の各種商品の藩専売制の進展動向に影響されていたとされる。

第三に、今後運営する革座の仕組である。表に戻って仕法書・請書の項目から見られる仕組の全体像を示しておく。まず、辻村革座との大きな違いとして挙げられるのは、「御用革会所」を設置したことである(15、16)。会所は、「那珂郡堅粕村抱辻村下」に建設された(40)。藩内から集荷した皮革を会所を通して、福岡・博多両市中の細工人および辻村・堀口村・金平村の細工人に代金と引き替えで売り渡そうとしていた(22)。そして、「吟味役」などを設置するとともに藩にも触れ出しを願い出て、会所を通さない売買を抜荷として取り締まろうとした(23~25)。柴藤革座は、藩内で行われる皮革の取引をすべて会所を通して行わせようとしていた。

柴藤革座の集荷の仕組

ここでは、辻村革座期に皮革を売買していたかわたを把握するため、柴藤革座がどのような集荷の仕組を築こうとしていたのかを検討する。注目されるのは、「中買」および「革買集方之者」の設置と熊崎村の買子を支配下に置くことを計画したことである。

まず、「中買」について見ていくことにしよう。文化六年の仕法書では、「中買」を立てることが願い出される。

〔史料3〕

一御郡中村々中買相立申候間、抜商売無之様、買集方無相違、其月々会所ニ持出候様被仰付被為下候義奉願候事

一御郡中村々殞牛馬有之候節、当村牛馬主何某、毛色何色幷女牛・男牛、当月何日ニ殞候而、其村掛り之皮多何村何と申候皮多請取候段、当月は当村ニ数何疋と相調子候上、其村庄屋より殞牛馬証拠、毎月廿九日限リ、御役所ニ指出仕候様、被仰付被為下候儀、奉願候事

一御郡中村々殞牛馬有之候節、其村掛リ之皮多共剝取、何村何某之牛馬毛色何色と委敷書記、当月は数何疋、当村何と申ス皮多剝取候段、其村皮多庄屋より会所ニ指出仕候様、被仰付被為下候儀、奉願候事

一御郡中殞牛馬証拠、毎月廿九日御役所ニ相揃候上、会所ニ御渡被為下候ハヽ、皮多庄屋より会所ニ指出候証拠と相調子置、中買共皮持出候節、右証拠ニ引合せ相改、請取候様可仕候、此段も宜奉願上候事

一条目では、革座が村々に「中買」を立てて、月ごとに会所へ牛馬皮を持ち出させようと計画している。他の史料と合わせて、会所までの集荷過程を再現してみたい。まず二条目では、殞牛馬の持ち主とその村の当番であるかわたの名前を届け出ることになっている。ここからは、各村々の殞牛馬が受け持ちのかわたに渡されることがわかる。その後、「中買」によって牛馬皮は買い取られる。請書には、「皮類買取候節、代銀ハ其度々早速革主江相渡可申候事」とあり、「中買」が牛馬皮を買い入れるたびに革主に代金が支払われた。ここで重要なことは、牛馬皮そのものだけでなく情報も合わせて会

所に集約しようとしたことである。殞牛馬が生じた際、牛馬の持ち主、牛馬の特徴や死んだ日時、その村を請け持つかわたの名前、その月の殞牛馬の数を調べ、庄屋から郡役所へ毎月二十九日に提出する（二条目）。一方で、かわたの村の庄屋から会所に殞牛馬の持ち主・特徴・数量、皮を剝ぎ取ったかわたの名前をまとめて提出させ（三条目）、提出された二系統の情報を会所でとりまとめる。それらの情報をつきあわせてから、「中買」が持ち出した牛馬皮を受け取る（一条目、四条目）。

それでは、会所で牛馬皮を買い取っていたのは誰なのであろうか。それについては明示されていないが、柴藤は会所が成立する以前には金平村の次郎八の元に集荷しようとしていた(41)。また、辻村・堀口村・金平村のかわたの中で好人物を選び、辻村の半兵衛を「手先」に任命し、会所で買い取る牛馬皮の目利きをさせようとしていた(42)。会所が辻村近辺に設置されたことからも、三カ村のかわたに会所の運営を担わせようとしていたと推測される。

次に、「革買集方之者」の設置について、文化七年の仕法書を提示する。

〔史料4〕

一御国中牛馬皮買集候儀は、皮多共居所惣御郡中六拾四ケ所之内、早良一郡六ケ所相除ケ、残ル五拾八ケ所、其場遠近・方角弁利宜敷場所相撰、壱人ニ而凡拾ケ所程宛リ之請持申付ケ、革買集方之者相立置、請持之場所無怠懈（ママ）殞牛馬有無相調子、革抜商売之儀吟味方等申付ケ、御国堺方角之所ハ、猶又旅出入之革類改方仕せ度奉存候、遠郡之儀ハ別而締リ方行届兼可申候次第も可有御座候哉と相考申上候間、先々座方之自力ニ而行届兼難渋仕候様御座候ハヽ、
御触示之儀可奉願上奉存上候事

かわたが住む六四カ所のうち、熊崎村の買子が集荷を行う早良郡一郡の六カ所を除いた五八カ所を対象に、方角や距離が適切な場所を選んで「革買集方之者」を立てる。「革買集方之者」には一人に一〇カ所程度請け持たせて、牛馬皮の有無や抜荷について調査を行わせようとした。また、国境では他国へ積み出す皮革の改めも担わせようとした。ここで特に

取り締まりがうまくいかないと予想されている「遠郡」とは、遠賀郡・鞍手郡である[43]。嘉麻郡・穂波郡を含めた筑前国東部四郡（東四郡）には、遠賀川とその支流が流れており、大坂へ直接荷物を運び出せるルートになっていた（図1）。そして、小倉藩・秋月藩も遠賀川を荷物の運搬に利用していた。そのため、他国に積み出される皮革の改めや触れ出しを願い出るなどして抜荷を防ぐ必要があった。

最後に、熊崎村の買子との関係である。辻村革座では、熊崎村の買子との間で荒皮の買い入れ場所を定めていた。文化七年の仕法書では、「早良郡中殞牛馬皮之儀は、同郡内野村熊崎之皮多共より別事ニ支配仕候様子」と述べられているように、熊崎村の買子が早良郡の牛馬皮を買い取る状況が続いていた。そのため、「革買集方之者」も早良郡を除いて配置しようとしていた。だが、文化八年の仕法書では「熊崎制皮・同郡（早良郡―筆者注）之儀、以来革座支配無相違様被仰付被為下候様」願い出る。熊崎村で生産される滑皮と同村の買子が早良郡で牛馬皮を買い入れる権利を、革座の支配下に置こうとしたのである。

これらの計画は、藩内で皮革の売買に携わるかわたを「中買」や「革買集方之者」に任命することで革座内部に取り込むこと、また、熊崎村独自の買い入れ場所や買子による集荷を否定して革座の支配下に置くことを目指していたことが明らかである。柴藤革座は、藩内で牛馬皮を集荷するかわたとそれらが売買する牛馬皮を管理下に置こうとしたのである。だが、その仕法は革座が成立して間もなく変更されることになる。

柴藤革座の仕法の転換

柴藤革座の仕法の破綻について、塚田孝氏は、大坂の売支配海老屋が伊丹屋へ返済するはずの銀二五貫目を使い果たし破産したため、革座の運営が軌道に乗らなかったことをすでに指摘している[44]。ここでは、藩内の動向から仕法が転換した背景を解明する。

仕法が変更された理由として、第一に「革買集方之者」による集荷の失敗が挙げられる。次の史料は、文化九年二月に柴藤増次が郡奉行村上又左衛門に提出した口上書である。[45]

〔史料5〕

乍恐奉願上口上之覚

一上座・下座・夜須三郡殞牛馬皮一切之諸類集方、辻村儀平と申もの、御郡中江去冬以来追々指越候得共、同人江売渡方一円速ニ無御座候ニ付、皮類集方難渋仕候、依右、三郡之儀ハ下座郡三奈木村皮多金七と申者江、右儀平より申合せ、集方速ニ仕度奉存候間、三奈木村金七所江皮類一切持寄せ候歟、又ハ儀平・金七両人之者より御郡中相廻リ買取申候ハヽ、右両人江速ニ相渡候様申付有之儀、三郡大庄屋元江被仰付被為下候様、乍恐奉願上候、以上、

柴藤革座は、上座・下座・夜須、三郡の牛馬皮の集荷を辻村の儀平に命じた。だが、三郡のかわたは儀平に売り渡さなかったため集荷がうまくいかなかった。そこで、儀平から依頼して下座郡三奈木村のかわた金七に集荷の手伝いをさせようとした。ここでは、「牛馬皮一切之諸類集方」と記されているが、三郡にはかわたの村が一五カ村あったことを考慮すると、[46]「革買集方之者」として儀平は派遣されていたと考えることができる。革座が任命した「革買集方之者」でも、他郡から来た者には牛馬皮を買い集めることが困難なため、三郡の一つである下座郡のかわた金七に集荷の手伝いを依頼したと推察される。革座が派遣した「革買集方之者」による集荷は順調に行われなかったのである。

そして、第二に「抜荷」の頻発である。辻村革座の頃と同様に、熊崎村の買子は革座の仕法には従わずに牛馬皮の売買を行い続けた。たとえば、文化九年五月に熊崎村の孫三が片野村の卯三郎らから牛馬皮を買い入れている。[47]また、文化十年に那珂郡雑餉隈でも、熊崎村の喜右衛門が肥後国高瀬川崎村のかわた和助から購入した馬皮一三五枚が差し押さえられた。[48]先述したように、御笠郡片野村および肥後国は熊崎村の買子の買い入れ場所であった。文化八年の仕法書では熊崎村を支配下に置くことが願い出されていたが、同村の買子は辻村革座期に認められていた買い入れ場所での取引を継続し

ていた。

また、東四郡など藩境地域では、「革買集方之者」による抜荷の取り締まりを強化していたにもかかわらず、藩領域を越えた取引が行われていた。文化九年一月、穂波郡潤野村清三郎と嘉麻郡綱分村与助が、他国へ売却するために牛皮一二枚を小倉藩領田川郡鳥尾まで運び、抜皮吟味役の穂波郡小正村市良次に荷物を差し押さえられている(49)。

このように、柴藤革座は藩内のかわたによる売買を把握することができず、結局、仕法を変更せざるを得ない状況に追い込まれていく。仕法が転換したのは、革座が成立して間もない文化十二年である。このとき熊崎村と東四郡に下請を設置する。下請とは、革座が持つ筑前国内から牛馬皮・蠟・角・爪・骨を一手に集荷する権利の一部を、下請銀の上納と引き替えに認めることである。つまり、藩内で皮革を集荷するかわたとそれらが売買する皮革を支配下に置くことを断念したことを意味する。柴藤革座が熊崎村と東四郡に下請を設置したのは、抜荷の取り締まりが困難な地域であったからと考えられる。

おわりに

最後に、本章での検討結果をまとめておきたい。

まず第一に、福岡藩が革座を設置した背景と博多町人の柴藤増次に革座の引き請けを認めた理由である。

宝暦八(一七五八)年に藩が革座の設置を決めた理由は、堀口村七人のかわたらが負った借金を整理させることにあった。藩が革座を設置して負債の処理に積極的に乗り出したのは、牛馬皮を実質的に藩の専売の商品として大坂へ売り渡していたからと考えられる。革座の設置を決めた当初、藩は借金が確実に返済されれば革座を引き請ける者の身分を問わない方針であったが、引き請けを望む者がいなかったため、辻村のかわた善九郎らに半ば強引に革座を引き請けさせた。

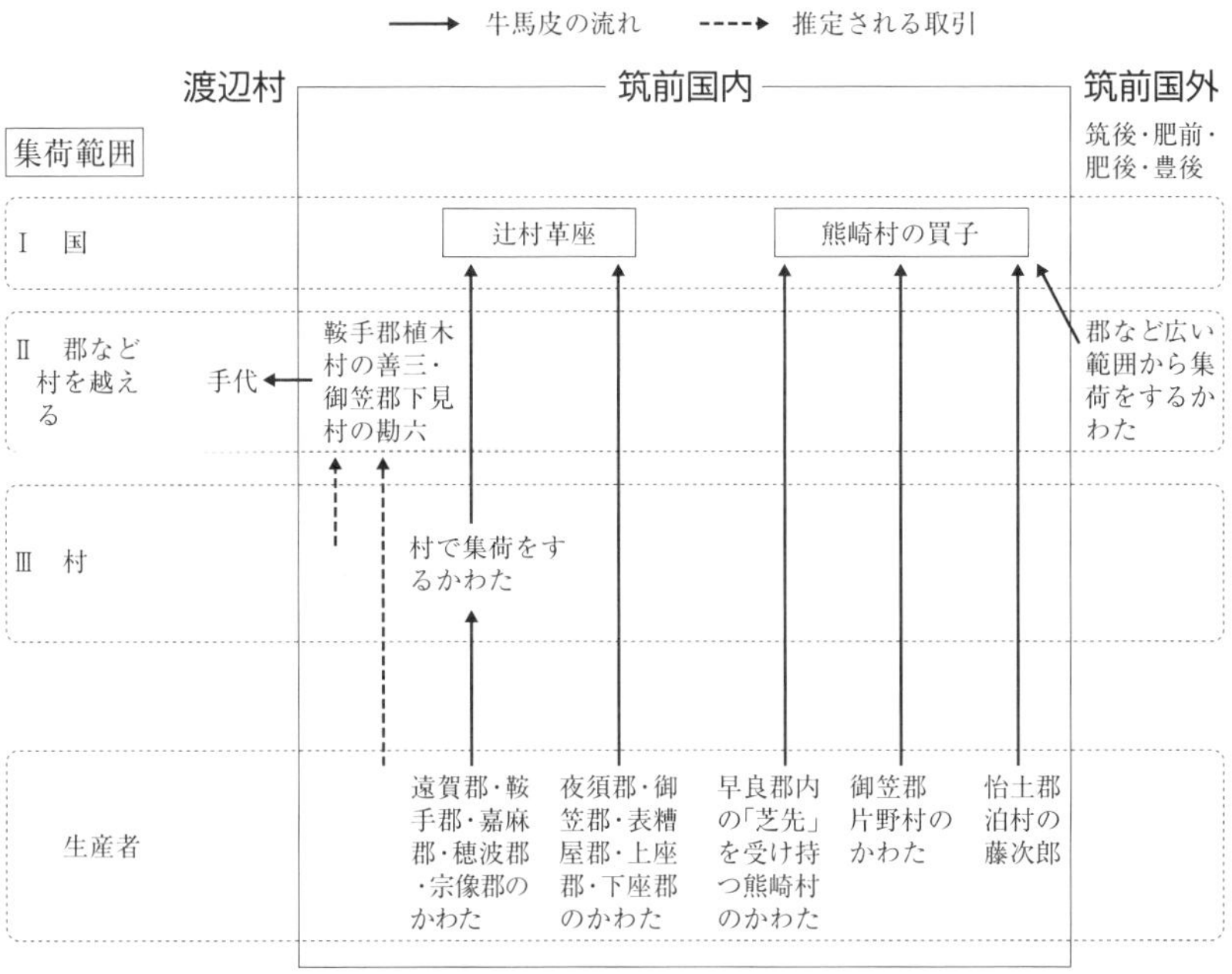

図2　辻村革座期の牛馬皮の流通構造と皮商人

また、文化七（一八一〇）年、博多町人の柴藤増次に革座の引き請けが認められたのは、同じく引き請けを希望した中石堂町の平内らより確実な集荷の仕組を築き、辻村革座が負った借金を整理できると藩に評価されたからであった。藩は、革座の引き請けを望む者に仕法書を提出させ、内容を競わせた。

第二に、辻村革座と柴藤革座との間で、皮商人の把握のあり方に違いは見られたのかという点である。

まず、辻村革座期に活動していた皮商人とそれらの取引関係から流通構造を描くと図2のようになる。これらを集荷範囲で区分すると、Ⅰ国レベル、Ⅱ郡など村を越えたレベル、Ⅲ村レベル、そして生産者レベルに整理できる。なお、生産者は皮商人に含めない。

皮商人の取引に対する把握は、辻村革座と柴藤革座の間で違いが見られる。辻村革座では、皮革を売り渡しに来るかわたを基本的に革座の内部には取り込んでいなかった。だが柴藤革座では、①斃牛馬を得たかわたや生産された牛馬皮に関する届け出を強化し、②村ごとに「中買」の設置を計画した。また、③辻村の儀平を上座郡・

下座郡・夜須郡の「革買集方之者」として新たに派遣し、④熊崎村の買子の買い入れ場所を否定した。そして、⑤辻村・堀口村・金平村のかわたに会所運営の中枢を担わせた。ここで図2と対照すると、①は生産者、②は村を範囲に集荷を行うかわた（Ⅲ）、③は郡など村を越える範囲で集荷を行うかわた（Ⅱ）、④は熊崎村の買子（Ⅰ）、⑤は辻村革座の元構成員であり、辻村・堀口村・金平村に所属し、国内外から広く牛馬皮を集荷するかわた（Ⅰ）の把握を目指した仕組であることが明らかである。つまり柴藤革座は、藩内で牛馬皮の売買に携わる皮商人や生産者を革座の支配下に置き、生産・流通過程に介入しようとしたのである。

そして第三に、えた身分である辻村の善九郎らから博多町人柴藤増次へと革座の引き請けが替わり、牛馬皮の流通構造に何らかの影響が見られたのかという点である。

辻村革座の破綻は、皮商人が革座を通さずに独自に売買を行う「抜荷」によりもたらされた。また、柴藤革座の仕法が転換した理由は、海老屋の破綻という偶発的な出来事も大きな位置を占めるが、革座が新しく派遣した「革買集方之者」による集荷の失敗や藩内のかわたによる「抜荷」を取り締まれなかったという事実を無視することはできない。「抜荷」が頻発する背景には、革座が抜荷を取り締まるのは藩内のみであるため、藩内外に広がる皮商人の取引関係を掌握できないという構造的な問題があったと見られる。したがって、革座を引き請ける者の身分の違いは、牛馬皮の流通構造のあり方に影響を及ぼす要素ではなかったといえるだろう。

そして、革座や藩、皮問屋には皮商人による独自の売買への対応が求められた。寛政十一（一七九九）年の皮問屋岸部屋太左衛門による滞銀訴訟を契機に、辻村革座と「御国中革座引請問屋」出雲屋六右衛門との相対取引が確立した。また、柴藤革座も革座成立間もない文化十二年に、抜荷の取り締まりが難しい熊崎村と東四郡に下請を設置する。だが、柴藤革座が下請を認めたことにより、皮商人が形成する流通構造に変化がもたらされる。熊崎村に設置された下請は、同村が筑前国内の早良郡・御笠郡・志摩郡・怡土郡の下請を願い出たことによりはじまった(50)。熊崎村の買子自らが、革座を通さず独自に集荷をする「抜荷」ではなく、革座から流通の権利を請け負う下請を選んだことからは、柴藤革座の仕法が牛馬皮の流通構造に影響を与えたことが明らかになる。今後は、下請の展開に着目し、皮革の流通構造が変容する過程を解明することが課題である。

（1）皮商人の捉え方については、拙稿「近世西日本における皮革流通と皮商人―手代・手先の活動をめぐって―」『史学雑誌』第一二一編第一〇号（二〇一二年）。
（2）芝英一「近世田辺領における皮革類流通・皮座株・口前所運上制について―摂津渡辺村との関係を中心にして―」『近世身分制と被差別の民―田辺領の場合―』（南部郷部落問題研究会、一九八九年）。
（3）有元正雄『近世被差別民史の東と西』（清文堂、二〇〇九年）一七一～一七三頁。
（4）塚田孝「アジアにおける良と賤―牛皮流通を手掛かりとして―」『近世身分制と周縁社会』（東京大学出版会、一九九七年）一一〇・一一二〇頁。
（5）のびしょうじ「福岡藩柴藤革座の鳥瞰構造（上）」『部落解放史ふくおか』六〇号（一九九〇年）、同「福岡藩柴藤革座の鳥瞰構造（下）」『部落解放史ふくおか』六二号（一九九一年）。
（6）西村卓「行刑と皮革生産」『福岡の部落解放史　上』（海鳥社、一九八九年）。
（7）上田武司「江戸後期における皮革の流通―『筑前国革座記録』を中心として―」『部落解放研究』二〇一号（二〇一四年）。
（8）杉森玲子氏が提起した「商人の活動によって人や社会との間に生み出される諸関係の集積に基づいて流通構造が形成される視角から商人や流通のあり方を解明する」という視点に学んでいる（『近世日本の商人と都市社会』〈東京大学出版会、二〇〇六年〉一〇頁）。
（9）九州大学附属図書館文系合同図書室所蔵。
（10）原口頴雄「特集　近世民衆史の泉」『部落解放史ふくおか』六四・六五号（一九九二年）一四～二〇頁。原口氏は、「室革」を「姫路の室津風の革」であり、牛馬皮を鞣した皮と想定している。
（11）「如水様御分共革取立方書　堀口村所持写共ニ」（九州大学附属図書館文系合同図書室所蔵）。

(12)「御用帳書抜郡町浦雑之部」宝永三年三月十三日条（「黒田家文書」福岡県立図書館所蔵）。

(13)「御用帳書抜郡町浦雑之部」宝永六年十一月十三日条（「黒田家文書」）。

(14)「革座一件」（九州大学附属図書館文系合同図書室所蔵）。

(15)「大坂革座取組銀談日記」（「檜垣文庫」九州大学附属図書館付設記録資料館所蔵）。

(16)たとえば時代は下るが、嘉永二（一八四九）年十一月、福岡藩大坂蔵屋敷の勘定方と推定される小寺庄三郎から国元にいる御用人へ送られた御用状には、①願人大坂順慶町二丁目丹波屋勝助から相手博多綱場町角屋亦治に対する「足袋幷太物類売掛出入」、②願人大坂南堀江町一丁目辰巳屋安兵衛から相手博多田中儀助に対する「預ケ銀出入」について記されている。これらはいずれも一回目の追訴であり、借金が片付かず、当事者間で裁判が継続していた様子が窺える。また、大坂町奉行所は、追訴が行われる度に福岡藩の役人が付き添い、角屋亦治や田中儀助に登坂するよう命じたが、二人が登坂しないため不埒であると述べていた。したがって、大坂での滞銀訴訟における藩の役割とは、訴訟で相手取られた者を役人付き添いの上、大坂へ送り届けることにあったと考えられる（「諸所　京・大阪《ママ》・佐嘉・隣国・日田・秋月」「黒田家文書」）。

(17)前注(7)上田論文。

(18)「御用帳書抜郡町浦雑之部」宝永六年十一月十三日条。

(19)「大坂革座取組銀談日記」（『史料集浪速部落の歴史』「浪速部落の歴史」編纂委員会、二〇〇五年）。福岡県人権研究所所蔵のマイクロフィルムの紙焼きによって校訂した。

(20)当初は、金平村の又次郎が請け持ちを申し出ていたが、実際に引き請けたのは善蔵であった。その経緯については不明である。

(21)「如水様御分共革取立方書　堀口村所持写共ニ」。寛政四（一七九二）年に三雲村の「かわた」による牛馬骨の抜荷を摘発している。

(22)「如水様御分共革取立方書　堀口村所持写共ニ」。

(23)「筑前国革座記録」五。

(24)「筑前国革座記録」八。六〇文銭とは、福岡藩で使用された領国計算貨幣である。銭さしに銭六〇文としたものを銭一匁と計算する（藤本隆士「近世福岡藩における銭貨流通」『近世匁銭の研究』〈吉川弘文館、二〇一四年〉）。

(25)文政七年から八年にかけて、柴藤革座では、熊崎村による荒皮の集荷や滑皮の生産を差し止め、革座が代わりに滑皮の生産を行うことを藩に願い出る。願い出は認められたが、結局、藩は再び熊崎村に滑皮を生産するよう命じた。それは、革座が生産した滑皮の品質が劣っていたためである。ここからは、藩が熊崎村の上質な滑皮を求めていたことが明らかになる(「筑前国革座記録」二八・二九・三〇)。

(26) 拙稿「近世西日本の皮革流通と地域―筑前国熊崎村を事例に―」『日本歴史』八〇六号(二〇一五年)、同「近世筑前国における皮革流通構造―熊崎村を中心に―」『東北亜文化研究』一〇(二〇〇六年)。

(27) 本章では、荷物を差し押さえる側からは抜荷、かわたによる独自の売買を「抜荷」と区別して表現する。

(28) 前注(1)拙稿。

(29)「郡町浦御用帳雑之部」寛政十一年九月二十五日条(「黒田家文書」)。

(30)「革座一件」。

(31) この経緯については、「筑前国革座記録」一・二に記されている。

(32)「筑前国革座記録」二。

(33) 同右。

(34) 文化六年の仕法書は「皮座御触之写幷御願書写仕法書」(九州大学附属図書館文系合同図書室所蔵)、文化七年の仕法書は「筑前国革座記録」一、文化八年の仕法書は「筑前国革座記録」五に所収。

(35)「筑前国革座記録」六。

(36) 文化七年の仕法書では、「右之仕法書御伺奉申上候儀は、全指当候執行ニ而、新ニ仕法相立、永久丈夫ニ後年ニ至リ少も指支無御座相続可仕、(中略)商売方手馴申上候上は、外ニ宜仕組筋も可有御座哉と奉存上候間、追而御願可奉申上候」と記されており、柴藤は当面実施する計画を仕法書として提出していたこと、また、新たに適切な仕組があった場合には改めて藩に願い出ようとしていたことが明らかになる。

(37)「大坂革座取組銀談日記」。

(38) 前注(4)塚田書、一一頁。

(39) 同右、一〇八〜一一三頁。

(40)「筑前国革座記録」八。

(41)「筑前国革座記録」六。
(42)同右。
(43)文化八年の仕法書では、「遠郡方角集方之儀は、遠賀・鞍手両郡辺ニ集場之仕法相立可申奉存候、集方指支候次第御座候ハヽ、相調子候」とあり、「遠郡」が遠賀郡・鞍手郡を指すことが明らかになる。
(44)前注(4)塚田書、一一八頁。
(45)「筑前国革座記録」六。
(46)「筑前国革座記録」五七にはかわたの村が書き上げられている。上座・下座・夜須の三郡に一五カ村のかわたの村があったとされるが、すべての村が斃牛馬の処理を行っていたとは限らない。したがって、実際には一〇カ村程度になるのではないかと推測される。ここから、儀平が「革買集方之者」として派遣されていたと想定する。
(47)「筑前国革座記録」六。
(48)「筑前国革座記録」八。
(49)「筑前国革座記録」六。
(50)「筑前国革座記録」一一。

6章　岸和田藩領における綿実の流通構造

島﨑未央

はじめに

本章では、十八世紀後期～十九世紀初頭に泉州岸和田藩領において展開した綿実の集荷競争を取り上げて、綿実取引と絞油業をめぐる幕府（大坂町奉行所）の広域支配と個別領主支配の関係とともに、その下で実際に展開した綿実の取引構造を明らかにする。

絞油原料としての綿実は、粒が小さく堅いため粉砕には水車が適しており、幕府の流通統制のなかでも「水車第一之品」といわれ、水車絞油屋への供給が奨励されていた。百姓の家々で収穫された実綿は繰綿と綿実に分別され、繰綿は木綿へと加工されるが、綿実は翌年の種として一定量貯えられ、余剰分は絞油屋へと売り渡された。繰綿の工程は百姓の家々でなされる場合と専業の繰屋で処理される場合があったため、繰屋にも一定量の綿実が蓄えられ、絞油屋に売却された[1]。また、百姓の家々から「根草」とともに綿実を買い取り、泉州のほか、灘など他地域へも手広く綿実を売りさばく「綿実寄屋」と呼ばれる商人が存在した。こうした綿実の流通過程の総体を、取引の場と担い手に即して具体的に明らかにすることは、油という生活必需品の生産―流通―消費の過程を知るうえでも重要な課題である[2]。本章ではこのうち、岸

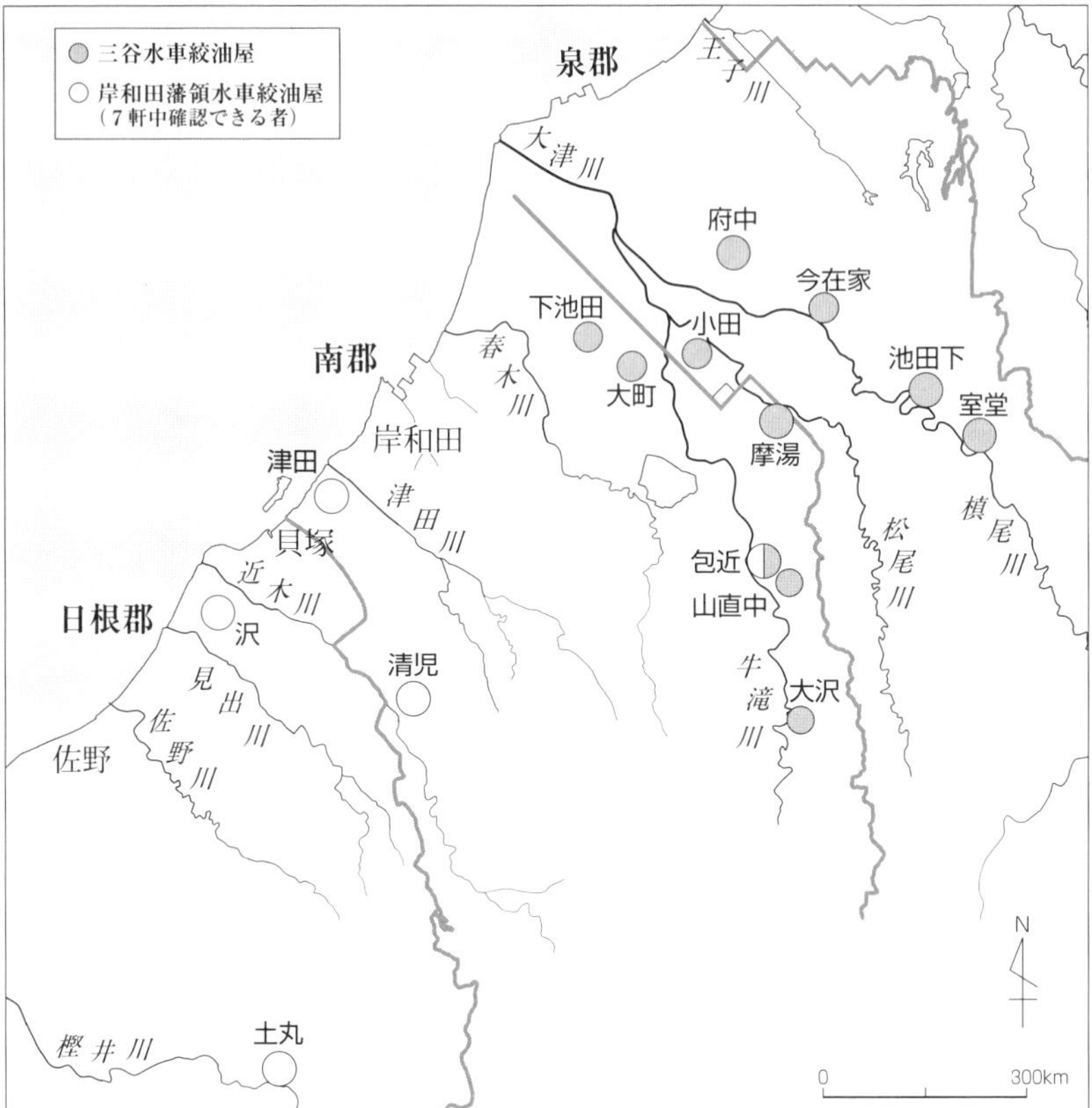

図１　和泉国の地形と安永期水車絞油屋の分布（三谷水車絞油屋については，安永７年９月の申し合わせ・願書に連印している者〈〔史料７〕・〔史料11〕，門林家文書・引出と－21－１－３〉，岸和田水車については，〔史料２〕に登場する者をおとした。）

和田藩領と貝塚寺内町に展開した「綿実寄屋」と、泉州水車絞油屋の取引関係が、明和七（一七七〇）年の油方仕法制定を経て、また岸和田藩の流通統制のもとで、どのような展開を遂げるのかを明らかにする。

泉州では、和泉山脈から大阪湾へと流れる川筋に水車を設置し、絞油業が営まれた。明和七年には幕府によって油方仕法が制定され、大坂三郷の絞油屋、油問屋、種物問屋に加え、摂津・河内・和泉の絞油屋が株仲間として公認され、大坂町奉行の所管となった。これは大坂の油市場を中核とする流通体制を整えた法令であり、泉州の絞油屋は大坂町奉行から水車と人力の業態別で株を付与され、大

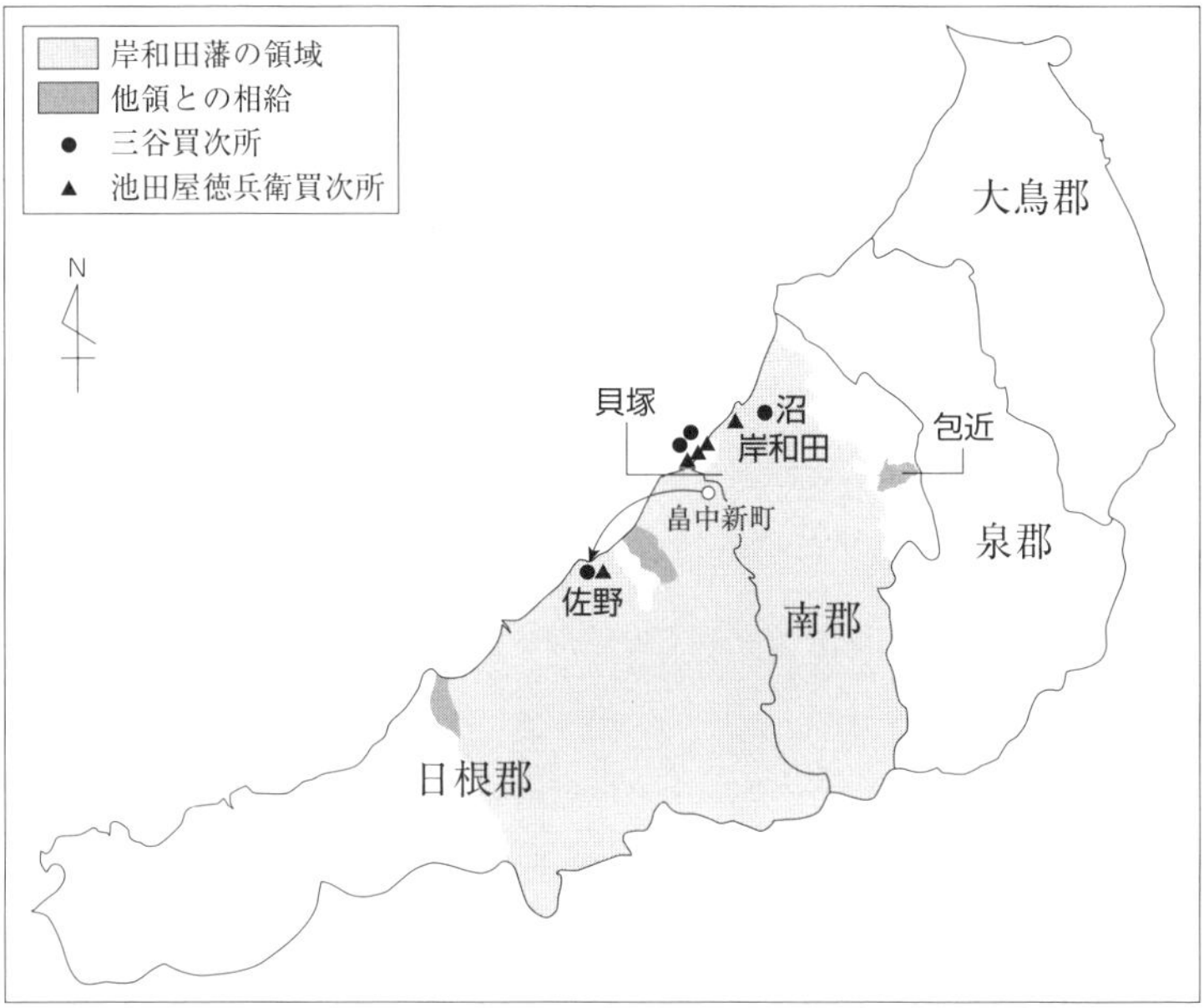

図2　18世紀末，岸和田藩の領域と買次所の分布（岩城卓二「譜代大名岡部氏と岸和田」図2〈大沢研一・仁木宏編『岸和田古城から城下町へ』，2008年8月〉，『岸和田市史』第3巻を元に作成。）

鳥・泉・南・日根の郡ごとの組を組織した。

図1は株仲間化から八年を経た安永七（一七七八）年段階における岸和田藩領の水車絞油屋と、泉郡・南郡の水車絞油屋の居村を示したものである。図2には、岸和田藩の領域と綿実寄屋の分布も示した。大津川へと合流する槙尾川（池田谷）・松尾川（松尾谷）・牛滝川（山直谷《やまだい》）の水車絞油屋は、当時三〇軒に及ぶと自称しており（訴状の連印者は一七名、後掲表2参照）、「谷」という地形的条件を単位に結集し、「三谷水車」として、岸和田藩領水車絞油屋に対抗した[3]。岸和田藩の水車絞油屋仲間の全貌は明らかでないが、当時の軒数は七軒といわれる。表1は確認できる年次で岸和田藩領の水車絞油屋を一覧したものである。本章で扱う集荷競争に登場する三軒は、津田川・近木川や樫井川沿いに位置していた（図1）。彼ら水車絞油屋は「御領分之綿実之義は一国過半ニ掛ケ合候[4]」といっているが、泉州国内で広域に及ぶ岸和田藩の綿実流通の動向は軽視できない問題であった。

大坂を拠点とする油の統制政策の展開を明らかにし

表1　岸和田藩領水車絞油屋

A明和5年9月			B明和7年		
1	三松	作次郎	1	清児	権右衛門
2	津田	徳兵衛	2	津田	徳兵衛
3	佐野	久右衛門	3	沢	宗八
4	土丸	忠右衛門	C文化4年		
5	上之郷	源兵衛	1	小瀬	庄次郎
6	沢	宗八	2	津田	嘉兵衛

出典　A：『泉佐野市史』史料編・日根南両郡水車惣代断書（明和5年9月13日）p. 652〜653／B：門林家文書・引出と―55／C：『泉佐野市史』史料編・水車油稼之者共願書（文化4年10月20日）p. 599〜600。

た津田秀夫氏は、明和七年以後、「大坂資本の在方支配と並行して、在方油商の組織化の動き」があるとして、岸和田藩領の綿実流通をめぐる諸動向にふれているが、あくまで概要の把握に留まっている[5]。これらの事例を明和七年以後の泉州在方に位置づけ、生産者である百姓、集荷の担い手、在方絞油屋らの利害関係のありようや、それらを公的に認可する幕府の油方仕法の論理と個別領主の流通統制の関係もふくめ、再構成する必要があると考える。幸い、池田谷の水車絞油屋・佐五平家に残った門林家文書には、「岡部美濃守様御領分　綿実買次所諸願写」と題する帳面[6]をはじめ、関連史料が多く残っている。この史料から、第1節では岸和田水車と三谷水車の集荷競争の展開を、明和七年以前から寛政三（一七九一）年までのスパンで概観し、第2節では岸和田藩が寛政二年に打ち出した独自の綿実流通統制の性格を検討する。第3節では、安永七年に三谷の綿実買次所（津田氏が「山直郷油屋仲間の買次所」と紹介したもの）が設置されるまでの経緯を検討する。最後に、幕府の種物流通統制との関係をからめて再整理する。

1　集荷競争の展開

ここでは三谷水車と岸和田水車の集荷競争の展開を概観する。次に引用する〔史料1〕は、差出・宛先を欠くが、内容から、岸和田藩領の根草屋兼綿実寄屋を営み、安永七（一七七八）年に三谷水車絞油屋の買次所となり、寛政二（一七九〇）年には岸和田藩国之集所になるという展開を辿る畠中新町の古金屋太郎兵衛が岸和田藩郷会所に提出したものと推定される[7]。

二条目の「廿二年以前寅年」とは明和七（一七七〇）年にあたるため、この願書は寛政三年に作成されている。前年八月の岸和田藩の触で古金屋は岸和田藩の「国之集所」になっており、佐野に出店を設け、岸和田水車にのみ綿実を売り渡すことを義務付けられているが⑺、この願書では、綿実寄屋としての自らの由緒を主張したうえで買次株の免許を求め、他領水車への買次の許可を願っている⑼。この願書の写しが門林家文書に残ったのは、佐五平が三谷水車の一員で、この願書作成を後押ししていたからと考えられる。

〔史料1〕（門林家文書・引出ち―21―1―2）

①一、先年綿実寄屋之義御代官所様ゟ御尋被遊候節、十二株と申上候処、御免被為　成下、為冥加壱株ゟ金百疋ツヽ、差
上相勤申候、其後大道安右衛門と申者壱株差加へ、十三株ニ而相勤候節は水車・寄屋相互ニ無申分売買仕来候、
②一、廿二年以前寅年（明和七年、筆者注）、御領分水車中ゟ池田谷・松尾谷・牛滝谷三谷之水車へ向、同御領分之義故願出もいかゝ候間、
其方ゟ大坂　御番所様へ願書差上呉候様申候得共、三谷水車中ゟは岡部様へ遠慮有之候故、此方ゟ願候義は難致旨
辞退仕候得共、三谷之水車之為ニも相成候故、願見エ呉候様と達而相頼故、無是悲　御番所様へ三谷水車ゟ願書差
上申候、
③一、寅年十二月廿六日、大坂御番所ゟ御領分寄屋共御召御座候而罷出候処、其方共綿実買込候様ニ相聞へ候、先年ゟ
油草買込候義は御差留被成候処心得違候間、向後根草商売へ綿実一粒も買寄候義相成不申段被為　仰付候、此義は
御領分水車ゟ三谷之水車へ相頼、大坂表へ相願候義故と奉存候、其砌は三谷之水車之為ニも相成候様御領分之水車
ゟ申成候得共、只今ニ而は三谷水車之差構ニ相成、甚以迷惑仕居申候由、常々申義ニ御座候、
④一、同国土丸村ニ水車一株所持仕候故、水車之株ニ而綿実買来申候、其後勝手不如意ニ付、右水車は佐野ひの屋喜兵
衛方へ譲り申候、
⑤一、安永七戌年、三谷買次所本家古金や□□□太郎兵衛、御領桶屋彦三郎、貝塚ニ而安松屋藤右衛門、内田屋利右衛

門右四人へ御免被為仰付候ニ付、本家之株ニ而綿実売買仕来候、
⑥一、寛政元酉年十月廿日、油掛り・御役人中ゟ御上意ニ而、三谷買次所御差留被成候故、同十一月朔日ゟ急度相止難儀仕候、
⑦一、当時は御国株として、佐野之内、御上意ニ而五株集所御免被為　仰付、綿実買集居申候、
⑧一、御領分水車と御他領水車と綿実之直段相違御座候而、買集候者共綿実寄兼甚難儀仕候ニ付、当春正月以書付、油掛り・庄屋中え差出シ申候、
⑨一、佐野五株之内ニ而も私義は百年以来ゟ此売買相続仕来候故、相止候義嘆ケ敷奉存候間、何とぞ去々年迄仕来り候通り五株之内買次壱株被為仰付候へは、御他領之水車御領分之水車幷ニ百姓方之為ニも可相成様と奉存候、

図3は、〔史料1〕・〔史料2〕を元に、集荷競争の展開過程と、綿実寄屋との取引関係の変化を整理したものである。なお、以下の項目A～Fは、図3左側に示した時期区分と対応している。

A綿実寄屋期

根草屋が綿実の集荷機構として初めて公認されたのは、「御代官」（幕領代官か）から綿実寄屋一二株が取り立てられたときである[8]（①）。彼らは公認の対価として一株につき金一〇〇疋を幕府に上納してきたといい、後に大道安右衛門が加わり一三株になるが、この頃の水車と寄屋は、問題なく取引をしていたと主張している。図示したように、この段階で公儀からの公認を得ていたのは寄屋のみであり、取引先である水車絞油屋はまだ公的な位置づけを得ていない。従って他国の水車絞油屋（灘など）とも手広く取引をしていたと考えられる。

B明和七年の仕法制定と岸和田水車買次所設置

しかし明和七年、摂津・河内・和泉に絞油株が免許され、種物の取り扱いは公認された絞油屋か大坂両種物問屋のみが認められるという油方仕法の統制が敷かれる。これが泉州在方にも及び、事態は一変する。油掛の株を所持せず綿実取引

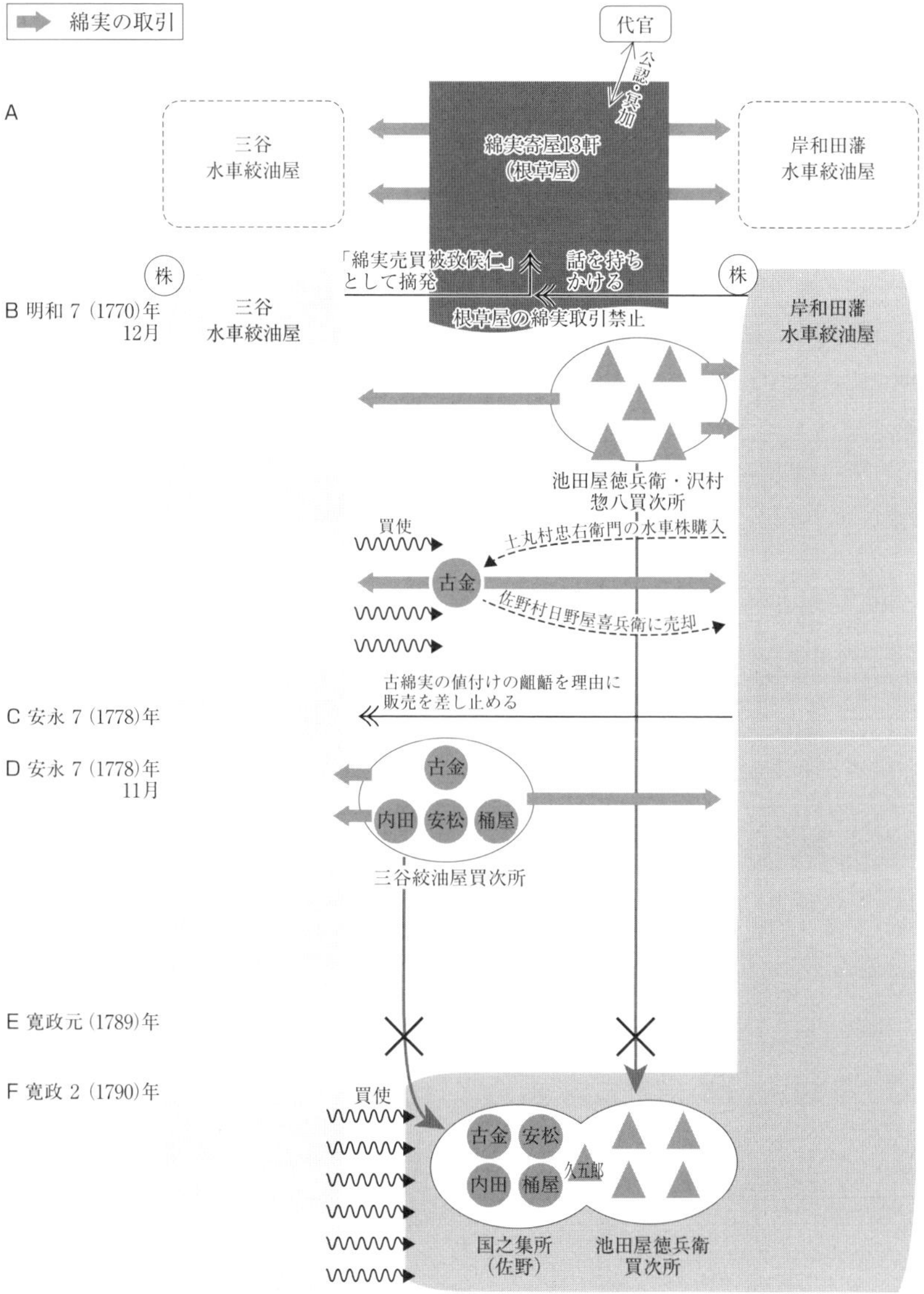

図3　水車絞油屋の集荷競争の展開と綿実寄屋

に携わる「無株人」として綿実寄屋を訴え、当地の綿実集荷を水車絞油屋が直接掌握しようという目論みが出てきたのである（②）。この計画は岸和田水車が持ち掛け、「領内のことを願い出るのも憚られる」と折り入って三谷水車に頼み、大坂町奉行へ訴えさせた。仕掛け人の岸和田水車にとって、作戦は成功したといえるだろう。綿実寄屋は大坂町奉行から綿実取引の禁止を申し渡され（③）、その直後に岸和田水車の「買次所」が岸和田・貝塚・佐野に公認された（後述）。これによって三カ所の綿実集荷が岸和田水車に有利な状況になり、「三谷水車之差構」になった（③）。このとき古金屋は岸和田水車の買次所にはならなかったため、土丸村の水車株を借り受けて綿実を取引していたが、問題があって佐野の日野屋へ譲っている（④）。

C安永七年、三谷買次所の設置願い

岸和田水車に出し抜かれる形になった三谷水車は、安永七年九月に買次所の取り立てを出願する（⑤）。このうち岸和田藩に提出した口上書の控えから、明和七年以後の経緯を詳しくみてみよう。

〔史料2〕（引出と—55）

乍憚口上書ニ而申上候

1 一、先年岡部美濃守様御領分之内、綿実売買被致候仁有之候処、私共ゟ大坂御町奉行様え御願申上候も、則御当所水車衆中之内、池田屋徳兵衛・沢村惣八・清児村権右衛門右三人之仁府中村まつこや治郎兵衛宅へ被参、此方ニも立合参会仕、右三人衆中被申候ニは、同領故此方ゟは御願不被申候故、他領ゟ御願呉られ候と之事故、私共ゟ御願申上候所ニ、右三人衆中被裏返、私共御願申上候義も御当所御殿様之御答如何可有之哉、恐入奉存候、此義は申上候義も有間敷義ニ御座候得共、是まて之答之程申訳ニ而奉申上候、又々灘問屋等之綿実買取りしやうこを取、御願も申上候様ニ被申候得共、一向此方ニ取あへ不申候、

2 一、当御領分水車池田屋徳兵衛・沢村惣八、右両人綿実買次所岸・貝塚・佐野え被拵、他領之水車油屋共甚手支ニ能

成候所、此方ゟ綿実之買使ヲ家々へ小買ニ遣し候所、去年綿実多ク御座候と被申、綿実分遣し候様ニ被申候ニ付、惣水車中立合参会仕、当御領分様え私共方ゟ綿実小買ニ参り候者共差止メ候様ニ被申候故、惣水車中相談之上相止メ罷在候所ニ、此度其方共之買取被申候綿実直段高直ニ買取候と被申候、此後は得遣し不申候と被申候故、甚難義仕候、く

3 一、当春ゟ岸・貝塚・佐野古綿実寄屋ニ買置候綿実有之候を、当御領分之水車中ゟ之直段古綿実五拾七匁、新綿実六拾匁、私共ゟ之立直段は古実ヲ六拾匁、新実ヲ六拾七匁と申候所、甚直段つき合不申と被申候、去年買取り候茂、直段立チ合違候と被申候、

4 一、此度御願申上候義ハ佐野・貝塚御領分之内、両所へ私共買次所二三軒御免被遊被下候様御願申上度候、右之儀御免も被遊被下候ハヽ、当御領分之百姓中ハ不及申ニ、私共方水車共渡世仕候間、何卒〳〵此義御願申上度候、

5 一、右之買次所二三軒程御免之義申上候は、直段せり合買ニ仕候へは、当御領分様之御百姓中之御勝手にも可相成哉と奉存候、私共水車も渡世仕候、外々之義ハ綿実買合仕候義は入込せり合買ニ御座候所、当御領分様之内は買合成かたく甚難義仕候故、右之二三軒之買次所御願申上度候、

6 一、私共五畿内買合御免儀は、大坂御奉行所様ニ而御免成シ被下候所ニ、同国之御当所之義は池田や・沢、右両人寄やヲ被拵、私共入込ニ買合成かたく候義も、先年被相頼御願申上候義は私共愚案ゆへ慎と存御願申上候処ヲ被裏返、只今以私共甚難義仕候、勿論御当所水車衆中ハ七軒、私共水車ハ三拾軒も御座候所、御領分之綿実之義は一国過半ニ掛ケ合候所、前書之通甚難義仕候、

7 一、猶又以後両種物之義ニ付、何事ニ不寄当御領分之義は御殿様之御賢慮次第可仕候間、何卒〳〵乍恐よろしく御賢慮被遊可被下候、已上、

一条目では、明和七年に三谷水車が大坂町奉行に出願するに至った経緯を岸和田藩（藩主、もしくは郷会所）に弁明して

いる。事の発端は、岸和田水車の池田屋徳兵衛らが府中村のまつこや治郎兵衛宅に訪れ、両谷水車油屋に対し「綿実売買被致候仁」について大坂町奉行へ訴えたいが、自分たちからは出訴しづらいので、他領から申し上げてくれないか、と頼み込んだことにあり、承諾してそのとおりにしたところ「被裏返」てしまった。「被裏返」とは、三谷水車の出願の結果、狙いどおり大坂町奉行から綿実寄屋の綿実取引が停止されたため、岸和田水車はその後釜として自らが差配する買次所の取り立てを藩に願い出たのではないか。かくして、池田屋徳兵衛と沢村惣八の綿実買次所が岸和田・佐野・貝塚に設置された（二条目、図2・図3の▲）。取引の基盤を持たない者が取り立てられるとは考えにくいので、既存の一三軒の寄屋のうち、三カ所の者を抱き込む形をとったと思われる。岸和田水車の買次所設置は大坂西町奉行所にも届けが出され、追認されている。(9) これに対抗して三カ所に買次所を取り立てたい三谷水車としては、岸和田水車にそそのかされて出願しただけで藩主の意向を蔑ろにするつもりはなかったと申し開きをする必要があったのである。

二・三条目では、岸和田水車の買次所が取り立てられたあと、安永七年に至って岸和田水車が他領からの買い付けを排除しようと動き出した様子が書かれている。三カ所から綿実を仕入れられなくなった他領の水車絞油屋は、個別に「買使」を雇って岸和田藩領の百姓の家々から買い付けていた。すると安永七年春、岸和田水車が昨年の綿実の在庫を分配しようと提案してきたため、「惣水車中」（泉州四郡規模か）で参会を開いたところ、岸和田水車は交換条件として買使の派遣停止を求めた。他領の水車絞油屋で相談し、岸和田藩領へ買使を派遣しないと取り決めた。この交渉により、岸和田藩領の綿実の販売をすべて岸和田水車が把握することになったが、さらに三カ所寄屋の在庫を値付けする段になり、三谷水車の言い値が高いことを理由に、今後綿実の売り渡しを停止すると言ってきた。岸和田水車は他領からの綿実の買い付けを閉め出すことに成功したといえるが、この一件をきっかけに、三谷水車は独自の綿実買次所の取り立てに動き出したのである。三谷水車買次所の設置過程は第3節で詳述することにし、〔史料1〕に戻ろう。

D三谷買次所の設置

安永七年十一月、三谷水車の買次所が設置された(10)。本家を自称する古金屋のほか、沼村の桶屋、貝塚の安松屋・内田屋の計四軒である（図2・図3の●）。古金屋は「佐野浦え出店仕、致世話呉候積り」で、居所の畠中新町ではなく佐野へ出店を構えた(11)。この四軒は本家古金屋の「株」で取引をしたとあり、他三軒は古金屋の出店的な位置づけだったのだろうか。なお、「株」の実態は不明である。

E買次所停止とその背景

寛政元年十月、岸和田藩の油掛の者と役人から三谷買次所停止の「上意」が告げられた（〔史料1〕―⑥）。翌月には三谷水車惣代が郷会所に口上書を提出し、「此已後御領分之内ニ而壱ケ所ニ而も荷作所・取次所・買次所之類出来候而御免被為　仰付候ハヽ、三谷水車之者も十二ケ年（安永七年、筆者注）以前ゟ御免之通被為　仰付候ハ、難有奉存候」と述べている。池田屋徳兵衛・惣八の買次所も一斉に停止させるていをとったようだが、これは三谷水車を納得させるための措置だったと考えられる。

なぜ岸和田藩は、買次所の一斉停止を断行したのだろうか。直接の前提は不明だが、同年四月に大坂町奉行から次のような触が出ていることと関係すると思われる。

〔史料3〕（引出へ―50―5）

一、此度御触被為　成候絞油不囲置、早々問屋へ出シ可申候、并ニ種物①之義は銘々絞高之外余慶ニ買入申間敷候、
一、御定法之通、両②種物は御印札ヲ以為買可申候、無札ニ而致買込候者有之候ハ、仲間中ゟ可相糺候、致不糺ニ候而ハ、自然と絞元高直可相成、諸方及難義ニ候、若③私欲ニ拘り致買込候者ヲ相囲、我御印札ヲ以為買候抔と為言談之紛敷義申候油屋ヲ、仲間中ゟ御訴被申上候而、御咎を請候共少も恨無之候、為其左ニ連印如此ニ候、以上、

寛政元年酉四月

これは絞油屋仲間が大坂町奉行に提出した請書である。油を貯め置かず問屋へ送るよう命じられたほか、種物は絞る分以上買わないこと（①）、両種物は印札を提示して買うことが定法で、無札で買い込む者がいれば絞油屋仲間が責任をもって摘発すること（②）、私欲に走り、無札で買い込む者を庇い「自分の印札で買わせた」と言い繕う油屋は仲間が責任をもって摘発するが、訴えられて罰を受けても異論はないこと（③）、を誓約している。この触書をうけて岸和田藩は、「買次所は無札で種物を買い込む者の範疇にある」と判断したのではないか。[12] ただし、それはあくまで三谷水車の買い付けを排除するための建前上のことで、翌年には、岸和田藩の綿実取引に関する触書が発布され、岸和田藩独自の流通統制が確立するのである。以下、節を改めて検討する。

2　岸和田藩独自の綿実流通統制

F岸和田藩の綿実流通統制

停止を余儀なくされた買次所は、翌年には岸和田藩が管轄する岸和田水車の集荷機関として再編された。〔史料4〕は寛政二（一七九〇）年八月の岸和田藩の触書である。津田氏も検討されているが、紹介も兼ねて全文を引用する。

〔史料4〕（引出と―55）

岡部美濃守様ゟ再御触之写

一、綿実取扱之儀は先達而も被為仰出候所、粗不埒成儀共相聞へ、沙汰之限りニ候、依之此度相改、急度被為仰出候、
一、綿[a]実之儀は、元来最寄之水車へ持参り、銘々ゟ直ニ売払候筈ハ先達御触流し之御定法ニ有之候所、勝手[①]悪敷（宜カ、筆者注）所へ水車方へ道法遠所之綿実ヲ一所ニ取集、御領分水車へ売払申事、尤水車最寄悪敷は国之集所歟池田屋徳兵衛仕業草買次所へ持参り売払候様被為仰出候、尤[②]小前へ集メニ参候者、御領分水車へ被下置候御印札并ニ水車中荷印札致持

参候者えハ勝手ニ遣シ可申事、其外無札或ハ紛敷札ニ而も致持参候者へ小前迚も遣シ候儀は堅不相成事、③其余他領ハ不申及、御領分之者たりとも綿実道売ケ敷儀は堅ク不相成事、b是迄心得違綿実買込、或ハ百姓之内ニ而も綿実囲置不筋之致取扱候者有之由相聞へ、沙汰之限りニ候間、向後不易致候者相聞へ候ハ、御沙汰ニ及、急度咎被為　仰付候段、被仰渡候間、村々役人は不及申、小前末々迄不埒成義無之様ニ急度相触候様　被為仰付候、

寛政弐庚戌八月

この触以前に綿実取引に関する触があったようだが、幕令か、藩独自の触か、いずれにしても対応するものは確認できない。今回の触はその趣旨を再確認する体裁をとり、元来、綿実の取引は百姓と水車絞油屋の直売買であるべきだと前置きしている（a）。これは油方仕法の規定に則った言い回しである。そのうえで、直売買ができないほど絞油屋と離れた場所に住んでいる者が問題になるが、以後綿実を百姓から一カ所に取り集め、岸和田水車に売り渡すという（①）。ここからが、油方仕法の「直買」規定を外れた藩独自の規定である。その受け皿となるのは「国之集所」と「池田屋徳兵衛仕業草買次所」である。前年に廃止されたはずの岸和田水車の買次所が復活しているほか、元三谷買次所の四軒は国之集所として再編され、元池田屋徳兵衛の買次所一軒が加わる形で佐野に五軒が置かれている（〔史料1〕―⑦）。

次に、これら集荷施設と領内水車から派遣される「小前へ集メニ参候者」の識別方法にふれている（②）。以後、綿実を百姓から買い取ることができるのは、印札と水車中荷印札（岸和田藩独自の札）を持参する者に限定した。他領から買い付けに来る小買商人を強く警戒しており、領内水車・集所・買次所とその買い集めの者以外への販売を、あるべき取引から逸脱した「道売」とみなし、堅く禁じている（③）。

ここで岸和田藩の意図を考えてみよう。綿実を買い込む者の存在や、百姓が綿実を囲い置くことを問題にしているように（b）、岸和田藩は領内百姓が高く綿実を売ろうとし、領外商人と結びつくことを抑え込もうとしている。その背後には、岸和田水車の利害があったと考えられる。岸和田藩―岸和田水車は、三谷を含む他領からの買い付けを排除するため

に買次所を停止し、藩の集荷機関として再編した。また、手先としての「買集の者」に印札を携帯させることで大坂町奉行の触と折り合いをつけ、水車中荷印札という独自の識別方法を付け加えることで領内の綿実をすべて領内水車へ供給する体制を整えた。こうした再編を行うために、前年四月の大坂町奉行の触を援用したと考えられるのである(13)。

この再編は、大坂町奉行の油方支配の文脈にはなんら抵触しなかったと考えられる。油方仕法における種物買い取りの国別規定で人力絞油屋・水車絞油屋はともに五畿内からの綿実の買い取りを認められていたが、油方仕法は「買合」になることを積極的に奨励するような性格のものではなかった。種物を円滑かつ安価に絞油屋に供給し、油の生産量を維持することが大局的な目的である以上、岸和田藩の流通統制は、問題が起こらない限り容認されたと考えられる(14)。

では、万全を期したかに思われる岸和田藩の統制は、はたして機能したのだろうか。翌年正月には、岸和田水車と他領水車の綿実の値付けに開きが生じ、「買集めの者」が綿実を集められなくなっていることから、岸和田藩の油掛・庄屋中へ書付を提出したという（〔史料1〕—⑧）。以下、その写しを引用する。

〔史料5〕（引出ち—21—3—8）

乍恐書付ヲ以御願奉申上候

御領分水車綿実買次根草屋者共ニ御座候

一、綿実買次之義被為　仰付、其上御領分水車と御他領水車と綿実直段相違致候儀有之候得は其段可申出旨被為　仰付奉承知罷有候、夫ニ付左ニ奉申上候、

一、去年八月新実買始之砌ゟ、御他領とは百貫目まへニて五匁余りも下直ニ御座候、乍併少々之高下は可有御座候義と奉存罷有候処[a]、九月十月ゟ次第ニ下直仕、極月ニ至り候得者八九匁方も直段齟齬仕候故甚不寄ニ相成、依之内々聞合申候処、御他領ゟ御印札を持参仕小前入込相集メ候者も有之候哉、多ク御他領へ買取申候ニ付、右躰直段高下有之候様ニ罷成候、早速此段其節御断等も可申上候筈ニ御座候得共、御納所之砌ニ御座候ゆへ御用向等も御差支可

有御座奉恐察、御断御歎奉申上候、[b]右躰ニてハ全御領分御百姓中之御不益ニも相成、其上私共綿実ニ相添り候て買請申候根草迄も外へ参り候様ニ罷成候ては、私共之渡世ニ差支、商売取続難出来、甚以歎ハ敷奉存候、既ニ御他領之水車は右之通り高直ニ買取候ても渡世被致候義ニ御座候、[c]如斯成行候而ハ誠ニ以御領分水車斗之益ニも相成可申儀と奉存候、[d]其上御他領ゟ高直ニ付ケ候得は得売不申由申候処、御他領ゟ申候は、綿実之義は五畿内買合之場所ニ有之候処、右躰得売不申と被申候段、如何之義ニ候哉、別て種物筋之義ハ御定通も有之候義ニ候得は、御窺をも可申上候抔と申候者も御座候て、申訳ニ当惑仕候、乍併御領分御百姓中之益ニ相成候て、私共互ニ渡世ニも差支不申義ニ候得は、彼是申出御苦労ニ不奉成候得共、前文ニ奉申上候通車益斗ニ相成申候道理合ニも奉存候ニ付、不顧恐御歎キ奉申上候、何卒此御義は厚ク御憐愍ヲ以御領分一統何連之渡世ニも差支不申候て、永ク厚ク相続仕候様御慈悲之上、御賢慮被　成下候様御歎キ奉申上候、以上、

寛政三辛亥正月

古金屋太郎兵衛　印
桶屋彦三郎　印
安松屋藤右衛門　印
内田屋利右衛門　印
久五郎　無印

油掛年行司
御庄屋中

右久五郎義ハ池田屋徳兵衛買次所ニて御座候故、御願申上候義不承知之趣申罷居候ゆへ連印相覗《（ママ）》キ申候、以上、

これは「御領分水車綿実買次根草屋」が提出したもので、末尾には古金屋以下元三谷買次所の四名と久五郎の名前がみえる。久五郎は池田屋徳兵衛の買次所も兼ねており、願書の意図に同意しなかった。この五軒が佐野に設けられたという

「国之集所」である。

一条目には、国之集所は岸和田水車に綿実を買い次ぐ一方で、岸和田水車と他領水車の付け値に開きがあれば届け出るよう命じられたとある。かつて四軒が三谷の買次所だったことから、綿実相場の調査と報告を義務付けられたのだろう。

二条目では、すでに寛政二年の八月頃から綿実の付け値の乖離が徐々に進行してきており、綿実の集荷が困難になっていたという。その原因を調べてみたところ、寛政二年の触書が出されたあとも他領からの印札を持参した買い付けは続いており、百姓は高く値立てをしてくれる他領の者へ綿実を売り渡してしまうため、さらに値段の乖離が進んでいるというのである（a）。岸和田藩は万難を排して寛政二年に触書を出したはずだが、新体制が敷かれた当初から、他領の買い付けが流入してくるのを食い止められなかったのである。このままでは領内百姓の不利益になり、根草屋としても綿実とともに根草が領外に流出してしまい難渋しているが（b）、現状では綿実を安く買い叩いている岸和田水車のみが有利な状況だという（c）。他領の水車絞油屋に対し、高く値付けをされては販売できない旨を伝えると、綿実は「五畿内買合」とする仕法に反するため、藩に問い合わせてくれとまでいわれてしまい、当惑しているという（d）。

こうした窮状を述べたうえで、百姓の益と根草屋渡世のため、「御賢慮」を願っている。これは暗に、他領への買次を再開すれば、買使による無秩序な綿実の流出は収まり、根草渡世と百姓のためになると主張しているのだろう。

岸和田藩は寛政二年の触書で、三谷買次所を停止し、他領の買使を締め出し、道売を根絶することで領内の綿実の流通を統制しようとした。しかし却って買使の流入を助長する結果になり、綿実の手広取引を希求する百姓との結びつきを阻止できなかったのである。

小　括

以上、第1節では古金屋の願書をもとに、明和七（一七七〇）年以前からの岸和田藩領の綿実取引の展開をみ、第2節では寛政二（一七九〇）年に岸和田藩が打ち出した独自の綿実流通統制の性格を検討した。

図3に示したように、津田氏が紹介された二つの事例――D三谷買次所の設置、F岸和田藩の独自の流通統制――の背景には、綿実寄屋と水車絞油屋の取引関係、明和七年令が惹起した岸和田水車と三谷水車の競合、藩と結びついた岸和田水車の集荷独占の動向、生産者百姓の手広取引の希求とそれに結びつく買使（＝無株人）や他領絞油屋、といった、さまざまな利害関係があったのである。

さらに、第1節・第2節でみてきたことから敷衍して、次の二点について考えたい。

第一に、明和七年令が地域にもたらしたインパクトについてである。明和七年以前には、岸和田・貝塚・佐野など海沿いの町場に分布する根草屋が、領内百姓から持ち込まれる綿実を集荷していた。彼らは幕領代官から「綿実寄屋」として公認された由緒を持ち、集荷した綿実は泉州の水車絞油屋や、灘の問屋などに手広く売却していた。しかし、明和七年に油方仕法の枠組みが敷かれたことで、状況は転換する。百姓からの綿実の買い取りを唯一公認された存在となった水車絞油屋は、これまで依拠してきた寄屋を「不正に綿実を買い寄せる無株人」として摘発し、自身が綿実の仕入れを掌握しようとする。しかし、いざ寄屋の綿実取引が停止されると、岸和田水車が一部を買次所として編成する。一方で再編から漏れた寄屋は、水車株を買得して綿実取引の継続を試みるほかなかったのである。

このことから、明和七年の株仲間化と油方仕法の制定によって、綿実取引が認められる文脈が大きく転換したといえよう。これをうけて既存の綿実寄屋は、水車絞油屋の買次所として下位編成されるか、自ら絞油株を買得してしか綿実を取引できなくなった。しかし、恒常的に綿実を集荷する経営基盤を持つ買次所は絞油屋にとって不可欠であり、三谷絞油屋も安永七年には独自の買次所の取立てに動き出す。津田氏が指摘した「在方における油商の組織化」とは、油方仕法に依拠して綿実寄屋が解体・排除されたあと、改めて絞油屋の買次所として下位編成されていく過程の一局面だったのである。

明和七年令が地域における取引構造に公認・非公認の分化をもたらし、公認された存在による再編成を惹起するという点は、以前筆者が検討した、絞油屋の種物の集荷を代行する「無株人」をめぐる諸動向とも共通している(15)。

第二に、岸和田藩の流通統制をどう評価するかである。寛政元年四月、大坂町奉行から種物の買い込み（特に無札での買い込み）を禁じる触が出されていた。この触は、安永三（一七七四）年に制度化された種物直買の印札をめぐる仲間法整備と連動していた。岸和田藩領内の買次所の一斉停止はこの流れを受けてのものと考えられるが、油方仕法を順守するというよりは、むしろ他領からの買い付けを閉め出すための口実としてこれを利用したのではなかろうか。

岸和田藩は、買次所を国之集所と池田屋徳兵衛仕業草買次所に再編し、綿実の買集人には印札と荷印札の携帯を義務付け、油方仕法と一応の折り合いをつけつつ、領内の綿実を領内の水車に供給する体制を整えた。しかし、他領からの買使の流入を助長する結果になり、買使と百姓の取引は阻止できなかった。

明和七年以降の岸和田水車の動向から、岸和田水車が藩領内の綿実の独占を狙っていたことは確実である。藩と藩領水車の利害関係や、その後、この流通体制がどう展開していくかということも含め、検討課題は多く残っている。ひとつの可能性として、当時、岸和田藩の財政が窮乏を極めており、藩独自の荷印札の発行も含めた藩領水車の保護政策は、なんらかの対価を伴った可能性があることを指摘しておきたい。しかしその場合にも、藩が菜種や油の流通に関与した形跡はなく、あくまで大坂町奉行の油方支配に抵触しない範囲での流通統制であったことも押さえておきたい。

3　三谷買次所の設置をめぐる動向

願書にみる絞油屋の結合と領主支配

ここではまず、三谷買次所の取り立てに関わる四点の願書を用い、出願対象に応じて使い分けられるロジックに注目する。併せて、表2で一覧した三谷水車絞油屋の構成員の動向にも注意したい。

表2　安永7年9月，買次所設置を出願した三谷水車絞油屋

A 源兵衛を惣代に立てること				B 大坂町奉行への出願			C 岸和田藩領年行司・庄屋への出願		
郡		村　名		所　領	村　名		所　領	村　名	
（南郡）	1	下池田	源兵衛	一橋家	池田下	佐五平	一橋家	池田下	佐五平
	2	大町	宅右衛門		池田下	長右衛門		池田下	長右衛門
	3	大町	市左衛門		池田下	惣平		池田下	惣平
	4	包近	権左衛門		池田下	金十郎		府中	平兵衛
	5	包近	平治		府中	平兵衛		池田下	金十郎
	6	（山直）中	清左衛門		今在家	吉郎兵衛		小田	十作
	7	（山直）中	忠右衛門		小田	十作	関宿藩	室堂	林右衛門
	8	大沢	太兵衛	清水家	大沢	太兵衛	土浦藩	（山直）中	清左衛門
（泉郡）	9	室堂	林右衛門	関宿藩	室堂	林右衛門		（山直）中	忠右衛門
	10	池田下	佐五平	常陸笠間藩	大町	宅右衛門		包近	権左衛門
	11	池田下	長右衛門		大町	市左衛門		摩湯	儀作
	12	池田下	惣平	岸和田藩	包近	平治	青木楠五郎代官所	大町	宅右衛門
	13	池田下	金十郎	土浦藩	（山直）中	清左衛門		大町	市左衛門
	14	今在家	吉郎兵衛		摩湯	儀作		下池田	源兵衛
	15	府中	平兵衛		（山直）中	忠右衛門	清水家	大沢	太兵衛
	16	小田	重作		包近	権左衛門	岸和田藩	包近	平治
	17	摩湯	儀作	代官所	下池田	源兵衛			

出典　門林家文書。A：引出と―55／B：引出ち―21―1―4／C：引出ち―21―1―3。

①岸和田藩への願書

まず、三谷絞油屋が岸和田藩郷会所に提出した、〔史料2〕に再度注目する。

一条目では、明和七（一七七〇）年に綿実寄屋について大坂町奉行に出訴した経緯を説明しており、三谷買次所の設置を実現するには藩主に弁明する必要があったことを示している。

二、三条目では、買次所設置を出願する前提として、岸和田水車が他領からの買い付けを排除しようと画策した動きについて述べている。三谷水車は綿実の買使を派遣していたが、岸和田水車から綿実を分配するという交換条件を持ち掛けられて停止したこと、その後、三谷側の値付けが高いことを理由に、買い付けを断られたことを述べている。

四、五、六条目では、岸和田・貝塚への買次所設置を願っている。五条目で「直段せり合買ニ仕候へは、当御領分様之御百姓中之御勝手にも可相成哉と奉存候」とせり合買が実現すれば領内百姓のためになるといい、六条目では「私共五畿内買合御免儀は、大坂御奉行所様ニ而

御免成シ被下候」と、五畿内での買合は、大坂町奉行によって認められたことだと述べている。これらは、直接生産者の利害と、油方仕法の規定を援用したものである。しかし実際には、「せり合買」は種物・油の価格高騰に繋がる行為として、大坂の町触などでは厳禁されている。ここでは、あくまで藩主・藩役人や郷会所詰めの庄屋らに効果的に働くと考え、こうした論理を持ち出したのだろう。

最後に七条目では、今後岸和田藩領の両種物取引について、藩主の意向に従うと誓約している。これは明和七年の出訴をふまえてのことであろう。

この願書からは、当然のことではあるが、買次所設置を希望する場に岸和田藩領が含まれる以上、岸和田藩の承認を得ることが必須条件だったことが窺える。三谷水車は直接生産者の利益に結びつけるとともに、油方仕法の規定を援用しているが、ここで持ち出される「せり合買」は、本来は油方仕法のなかで、油値段の高騰に繋がりかねないとして禁じられた行為であった。

②大坂町奉行への願書

次に、①の願書とほぼ同時に、下池田村の源兵衛を惣代として大坂町奉行宛で作成した願書をみてみよう。

〔史料6〕（引出ち―21―1―4）

乍恐御届奉申上候

泉州泉郡一橋様御領知池田下村　佐五平

（以下一四軒略、表2・B欄を参照）

一、私共儀は水車綿実絞り油屋共ニ而御座候、岸和田・貝塚・佐野村右三ケ所之綿実小前壱斤弐斤子共買置候ヲ、私共方ゟ日々ふごニ而荷取罷在候処、右場所えは道法弐三里も御座候而遠方故、荷取参り候而も右子共村々え買取ニ参候而、宿ニ居不申折柄も御座候故、荷ニ参候者共一宿致、又はからふごニ而罷帰候儀度々ニ而、絞草ニ行当り、

勿論諸失費多ク相懸り難儀仕候、右三ケ所ニ私共懇意之者を相頼、朝夕集メ貰置申度候間、右奉申上候通り御聞届被成下候様奉願候、尤先達而　岡部美濃之守様御領分沢村亀次郎・津田村徳兵衛右両人御届被申上候而、御聞済被為遊候通之儀ニ御座候、乍恐御聞済被成下候ハヽ、一統難有奉存候、以上、

安永七年戌九月　　青木楠五郎殿御代官所泉州南郡下池田村　水車油屋惣代源兵衛　㊞

御奉行様

この願書を作成する以前に、源兵衛を惣代ときめる仲間の一札を作成している[16]。そこでは「綿実之儀に付、大坂御町奉行様え拙者共御願可申上候処、其許惣代ニ而御願被下候様御願申候」といい、有利に運ぶために、幕領の者を惣代に立てたことが推測される。

願書では、現状の岸和田藩領の綿実取引が不便であることを述べている。現地の「子共」に綿実の買い集めを委託し購入できるわずか一、二斤を、「荷ニ参候者」を派遣して二、三里を畚で運送するという。「荷ニ参候者」が買使にあたるのか、人足なのかは不明である。この方法では「子共」とのすれ違いもあり、宿代など諸失費が嵩んでしまうという。その結果、油の高値に繋がりかねないと述べたいのだろう。そのうえで、明和七年に認められた池田屋らの買次所同様にと前例を想起させる形で買次所の取立てを願っている。ここでは岸和田藩宛の①とは違い、岸和田水車との軋轢には一切言及していないこと、また当然ながら、せり合買・五畿内買合といった主張は用いていないことが注目される。

③岸和田藩年行司・惣代庄屋への願書[17]

これは再度、三谷水車から岸和田藩の年行司（絞油屋か）・惣代庄屋に宛てたものだが、内容は①の二、三条目（古綿実配分の提案と交換条件で買使を停止したこと）と重複するため、省略する。そこでは、②で登場した「荷ニ参候者」を「かつぎ」とも呼んでいる。

④岸和田藩領・包近村平治の願書[18]

最後に、包近村の平治から岸和田藩の年行司・惣代庄屋に宛てた願書をみる。内容は②と同様である。これには、「油屋仲間ゟ私共ニも同心ニ而候ハ同紙ニ書入候と被申候得共、御地頭故別紙ニ差上候」という断り書きがみえる。包近村は、岸和田藩と土浦藩土屋家領との相給で、平治は岸和田藩領に属していた（表2）。藩主との関係上、三谷水車が提出した③には連印せず、単独で願書を作成した。③は岸和田水車との軋轢に言及しているため、不便さを訴えるだけの②の内容を選んだのである。裏返せば、平治は岸和田水車の枠組みに包摂されうる存在でありながら、同時に牛滝川沿いの包近村は山直谷を結集単位とする油屋仲間に属していたといえる。このことから、領主の支配領域や、大坂町奉行から把握される郡単位の組をこえて、谷を単位とした絞油屋の結集が存在したことがわかる。水車の稼働に関わる水利の問題、種物の仕入れ、油の出荷といった経営上の問題で、地理的条件に規定されて自生的に形成されたものであろう。

三谷買次所をめぐる支配秩序

戦略的な出願が功を奏し、十一月には買次所の取り立てが認められる。次に引用するのは、槙尾谷（池田谷）・牛滝谷（山直谷）水車から岸和田藩の年行司・庄屋に宛てた取り決めの下書きである。

〔史料7〕（引出ち—21—3—10）

一、私共儀は牛滝谷・槙尾谷両谷之内水車油稼之者共ニて御座候所、私共商売絞草綿実買集之儀甚難義仕、渡世差支候ニ付、此度岸和田様御領分之内ニて沼村・さの村幷ニ寺内貝塚内ニ而絞草綿実買次世話人三・四軒相願申度ニ付御願申上候処、御聞届ケ被下忝奉存候、然ル上は百姓中不勝手ニ相成候儀一切仕間鋪候、

一、御領分水車方へ少々も差支不申候様可仕候、勿論絞草差支之節ハ、買次所ニ買集候絞り草たりとも時々之相場ヲ引合、御差図ヲ以分ケ遣し、相互ニかせぎ方手支不申候様可仕候、

一、右買次世話人之儀ニ付、万一御番所様（大坂町奉行、筆者注）懸り合之義出来候共、私共引受各々様へ少しも御難義懸ケ申間敷候、

一、畠中新町太郎兵衛・沼村領桶屋彦三郎右両人之者之儀、右村々え一札差出し御聞届ケ被下候筈ニ御座候、

一、寺内貝塚藤右衛門・利右衛門右両人御領知違候得共、右買次世話人之義ニ付、万一得心違之儀御座候ハヽ、各々様ゟ御取□方可被下候事、

一、私共へ頂戴仕候綿実買次御免之札、右銘々渡し置候事、

右之趣ヲ以御承知被下候ハヽ、向々御番所様之義ハ私共御断可奉申上候、為後日如斯ニ御座候、

安永七戌年十一月

惣代下池田村　源兵衛

岸和田御領分年行司

庄屋中

一条目では槙尾谷・牛滝谷の水車絞油屋しか登場しないが、先にみた①～④の願書には松尾谷の者も含まれたため、実質は三谷の買次所である。

六条目に、三谷水車が岸和田藩から「綿実買次御免之札」を受け取り、買次所の四軒へ渡すとあり、岸和田藩は独自の買次札を発行していたことがわかる。二条目には、岸和田水車に支障がないよう配慮し、その差図に従って綿実を分配することなどを約束している。

三条目では買次世話人について、大坂町奉行が管轄する油掛の局面で問題が生じた場合には、三谷水車が責任を負うとある。世話人の在所との調整は、藩領内の村々には世話人から一札を差し入れ（四条目）、藩領ではない貝塚の二軒については、「各々様ゟ御取□方可被下候事」と、岸和田藩の差配に准ずることを誓約している（五条目）。

このうち、畠中村の役人宛の一札が残っている。これは、津田氏が引用したものでもある。

〔史料8〕（要家文書・ね―G―52―2）

一札

一、此度山直郷油屋仲間ゟ絞り草買次被相頼御願被下、向後綿実買次所仕候、依之　御番所様ゟ御触之通急度相守可申候御事、

一、右買次所ニ付百姓中之惣而差支ケ間敷儀一切仕間敷候御事、

一、右買次世話人之儀ニ付、何等異事掛り合之儀出来候共、三ケ谷油屋仲間引請ニ而御座候得は、各様は不及申、町内え少も御世話掛ケ申間敷候、為後日一札如件、

安永七年戌十一月廿八日

畠中村新町　古金屋太郎兵衛 ㊞

証人佐野浦　古金屋太兵衛 ㊞

畠中村　御役人衆中

この一札は、古金屋太郎兵衛が差し入れたものである。証人の古金屋太兵衛は佐野浦の人物であり、屋号が一致することから、佐野へ置いたという出店である可能性が高い。

一条目では、山直郷油屋仲間からの依頼で綿実の買次所を務めるとあり、大坂町奉行からの触を厳守することを約束している。津田氏はここから「山直郷油屋仲間の買次所」と理解したのだろうが、三条目には、買次世話人である太郎兵衛について問題があれば、「三ケ谷油屋仲間」が責任を持ち、村役人・町内には迷惑はかけないとある。ここには、同領地である山直郷の油屋仲間から依頼を受けたという体裁をとることで居所の了解を取り付けるが、実際には三谷の買次所を務めるという関係性が表れている。また二条目では、綿実の集荷を担う以上、居村百姓に不都合な取引はしないことを約束している。大坂町奉行から公認された水車絞油屋の手先となるが、綿実を不当に安く買い取るなどはさせないという、生産者の側からの牽制を受けてのことだろう。

このように、岸和田藩（郷会所）から三谷水車に対し買次所の設置が認められ、買次札の下付があり、絞油屋の買次所

として編成されるにあたり、買次所と生産者百姓との間で利害調整がなされたうえで、最終的に「向々御番所様之義ハ私共御断可奉申上候」と、三谷水車から大坂町奉行へ届け出、追認を得るという手続きがとられた。三谷水車が差配する買次所はこうして設置にこぎ着けたが、その実態としては、岸和田藩の規制を一定程度受けざるを得ないものだったといえよう。

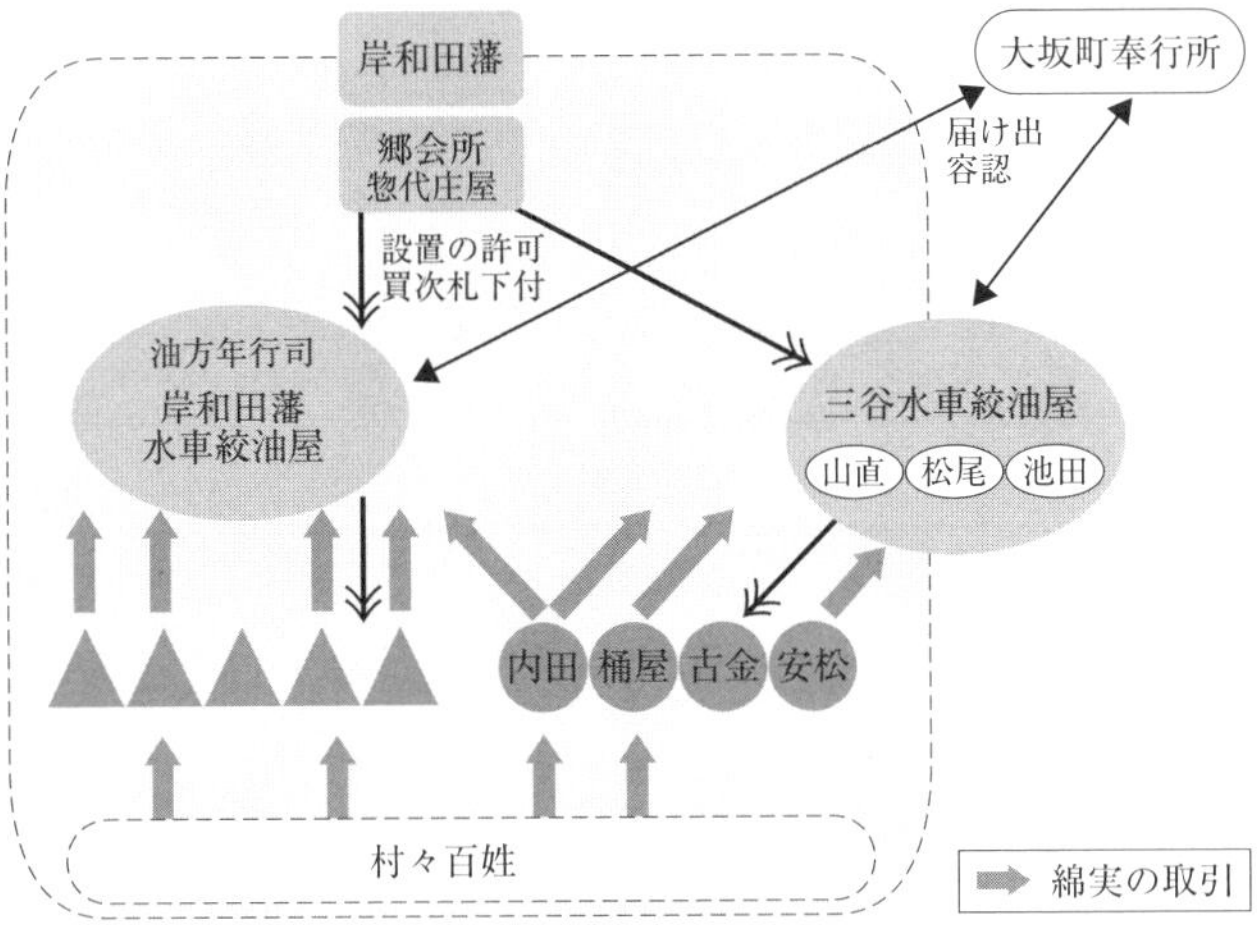

図４　安永７年，岸和田藩政下における買次所の概念図

小　括

以上、三谷水車の買次所が設置されるまでの経緯から、出願対象によって使い分けられるロジックの性格に注目した。また、三谷買次所をめぐる支配・権限の諸関係を図４に示した。買次所の設置にあたって、三谷水車は〈岸和田藩―郷会所―岸和田水車〉の意向に全面的に従うことを誓約させられ、また買次所は領内百姓に対し正路な取引を行うことを約束するなど、三谷水車の買次所は岸和田藩の秩序構造に完全に組み込まれる形で成立した。また、寛政二年以前に岸和田藩が「買次札」を発行していたことも注目される。

こうした実態を大坂町奉行所がどこまで把握していたかは不明だが、すべての利害調整がついたうえで三谷水車が届け出をし、許可を受けるという手続きをとっている。先例として岸和田水車の買次所が認められていたからでもあるだろうが、大坂町奉行所は岸和田藩領内の利害調整には一切関与せず、絞油屋を介して間接的に認可を与えるという位置づけに過ぎなかったのである。それは無論、買次所の業務が油方仕法の規定に抵触しないことを前提とした容認であることを、再度確認しておく。

おわりに

以上、岸和田藩領における綿実の取引構造が明和七（一七七〇）年の油方仕法制定と、寛政期の岸和田藩の流通統制をうけて変容する過程を追い、安永七（一七七八）年に設置された三谷買次所をめぐる権利構造を確認した。細かい要点は本論に譲るが、ここでは、本章の成果と今後の展望を述べておきたい。

成果の第一点目は、岸和田藩領と泉州泉郡・南郡を領域とする綿実の流通構造を、部分的ではありながらも、明和七年令との関係も含めて復元できたことである。

岸和田藩領の綿実は、「根草」とともに海沿いの町場に分布する「寄屋」に集荷されたほか、家々を回り買い付ける「子共」＝小買商人に売却され、絞油屋の手に渡った。また本章では扱わなかったが、繰屋に集まる綿実の在庫も、そのうちの一定量を占めていた。

根草屋は、明和以前の段階で綿実寄屋の営業を幕領代官から認められ、岸和田藩政下でもその位置づけは容認されていた。しかし、明和七年の油方仕法制定により、「公認」の論理が転換すると、絞油屋は綿実寄屋を「無株人」として流通過程から排除し、自らの「買次所」として下位編成を行った。また、安永三年に絞油屋の身分鑑札として発行された御印札を貸与する形で、買い付けを委託する行為が定着する。

このようにして、絞油屋と生産者百姓を媒介する諸存在は、油方仕法の文脈で唯一公認された絞油屋に編成されることによってのみ、取引への関与が認められることになった。このことは、大坂町奉行の種物流通統制が絞油屋仲間に依拠して行われたことの証左でもある。こうした現象は、明和七年に絞油株が設定された摂河泉において、普遍的に立ち現れたはずである。

しかしその一方で、油方仕法に則り、絞油屋仲間に依拠した大坂町奉行の流通統制は、既存の「公認」の秩序をまったく無視しては行使し得なかったことも、また事実である。この点は、摂河泉における大坂町奉行の油方支配と個別領主支配の関係性を、「幕府の灯油統制を受け、個別領主がこれに対して立前としては何らの命令権も株の免許権ももっていない」と評価し、岸和田藩のみをその例外とした津田氏の評価に再考を促すものでもある。[19]「公認」の対象となる局面は何か（水車の設置・稼働か。菜種、綿実、油の取引か）、それに規定されて絞油屋が取り結ぶ諸関係はどうなっているのか、明和七年令による捉え返しを経て、既存の関係がどのように再編されるのか、を精緻に明らかにし、比較類型化することによってこそ、広域支配と個別領主支配の関係性を評価することが可能になるのである。

同じ泉州の一橋領知を比較対象としても、次のような特徴が指摘できる。[20]一橋領知の水車絞油屋は、延享四（一七四七）年の支配替えの際、水車の設置・稼働を認められた見返りに、益銀上納を義務付けられた。こうした関係を前提に、明和七年の株仲間化にあたっては、株は大坂町奉行から下付されるが、運上は一橋家に納めるという「株―運上体制」を実現した。しかし一橋家が保障するものは、あくまで井路の設置と用水期を避けての水車の稼働であり、運上は絞油屋経営の実態があるかを問わず賦課されたうえに、油や種物の取引関係において特権を付与するものではなかった。事実、文政十（一八二七）年に一橋領知での「菜種売捌方差支歎訴一件」（領内百姓らが菜種の不当な安値での買い取りと小売油の高値を取り上げ、領内絞油屋の詮議を領主一橋家に求めた訴願）が収束したのち、領内絞油屋と百姓は領内菜種の買い置きと油の直小売を願うが、一橋家はこれを退けている。[21]このことは、一橋家が御三卿であり、幕府の統制政策に親和的な立場にあったことにも関係するだろう。

一方、岸和田藩の場合には、水車の設置・稼働に対する藩の関与はみられなかったため、明和七年の岸和田藩領水車絞油屋の株仲間化に伴う運上賦課は、大坂町奉行のもとに一元化されていた。しかし、既存の綿実寄屋が幕領代官―藩との関係で公認された存在であったこと、岸和田水車が領主支配の枠組みに依拠して買次所の設置を実現しようとしたことで、綿実流通の局面に個別領主支配の論理が強い影響力をもって現れた。大坂町奉行が買次所設置をめぐる諸動向に対し、容認の姿勢を保った背景には、油方仕法の規定に抵触しない範囲であることを大前提としながらも、既存の支配秩序に配慮せざるを得ない側面があったのだろう。また、寛政期の綿実流通統制とは無関係であろうが、文化期に岸和田藩は、「諸色高直ニ付為値下幷不正物御糺」を名目に、領内の油屋仲間、菜種屋仲間、根草屋仲間を含む商人仲間と領外商人に「印札」を下付し、月々の運上上納を義務付けている[22]。特に菜種屋仲間は藩から「問屋」とも呼ばれており、領内百姓に対しては、銀子調達のために菜種の質入れを奨励している。菜種の質入れは、油相場の高騰を招くとして大坂の町触では禁止されていたが[23]、岸和田藩は領内百姓の再生産を円滑にする目的で、幕府の油方支配とは異なる、独自の対応をとったのである。この政策がその後定着するのかは不明だが、その意図するところはあくまで物価の引下げを名目とした領内・領外商人への吸着であり、油や種物の産物化の方向性はみられない。しかし、藩から印札を下付され、「問屋」や商人仲間としての名目を与えられることが、藩領内の商人に独自の論理と自己認識を与え、領内外における絞油屋との種物取引に影を落とした可能性は高い。天保四（一八三三）年に泉州四郡絞油屋仲間から摘発された無株人のうち、岸和田、佐野、脇浜といった藩領の町場の者が半数を占めた背景には、岸和田藩の経済政策による影響もあったのではなかろうか[24]。この点も、今後解明すべき課題である。

ほかにも、取引に関わる諸存在の経営の多様性・多面性とともに、個別領主による経済政策の展開をもふまえて、岸和田藩領における種物流通を総体的にとらえることが課題である。例えば、綿実寄屋の古金屋太郎兵衛は、畠中新町に居所を構え、綿実寄屋（買次所）としての経営は佐野の出店に担わせていた。彼は文化八（一八一一）年の時点で古手買としても岸和田藩から把握されている[25]。古金屋は根草屋・古手商売の集荷網を利用して、佐野の出店で綿実寄屋を営む存在だったのだろう。また、天保四年に灘目油屋の印札を預かり、菜種取引を行ったことで摘発された無株人・松屋与惣兵衛は、文化十四年には岸和田藩領の「綿屋仲間」の取引を監督する「わた掛り」に選ばれている。与惣兵衛自身が綿（実綿か）を取引する商人かはわからないが、この「掛り」は岸和田藩領の「町・郷重立ち候者」から選出されたという。このように多様な側面を持つ商人が、その商経営の一環として種物取引に関与した事実を考えると、綿実寄屋や繰屋、百姓の家々を回る買使、といった経路のほかに、より複雑で多様化・広域化した取引の展開が想定される。こうした諸存在を拾い上げ、類型的に把握していくことが求められよう。

（1）泉州泉郡池田下村（現和泉市池田下町）で水車絞油屋を営んだ門林佐五平家の文書（門林啓三氏所蔵史料、以下、門林家文書）には、万治元（一六五八）年に泉郡水車絞油屋が参会で取り決めた綿実の相場書が残っている（引出と―13）。「繰屋上物」と「寄実」で項目が立てられていることから、大きくは、繰屋に溜まった綿実と買い寄せられた綿実の別で相場が立てられたことがわかる。

（2）和泉国における綿作を取り上げ、地主制の展開や、地域の水利用益と村落秩序に規定された生産構造を明らかにした研究や（中村哲「近世先進地域の農業構造―和泉国南郡春木村の場合―」『京都大学人文科学研究所調査報告』第二一号〈一九八五年〉、斉藤紘子「近世泉州泉郡平野部における水利と生産―池上村の稲・綿輪作を素材として―」『市大日本史』第一三号〈二〇一〇年〉など）、木綿とその関連商品の流通構造を堺や岸和田との関係で分析した研究蓄積（岡田光代『和泉における綿業と堺商人』『大阪府立大学経済研究叢書』七八冊〈一九九三年〉、塚田孝・町田哲・島﨑未央「村落社会の変容―木綿と油の生産・流通を通じてみる―」『和泉市の歴史』第三巻、第三部四章〈二〇一一年〉など）は多くみられる。これに綿実の流通・消費過程をも組み込んだ分析を行うことが課題であるが、後日を期したい。

（3）泉州泉郡・南郡の谷沿いでは、堺へと油を出荷する「池田組・山直組」という谷を単位とする組が存在したほか、池田谷の奥に位置する下宮村の油屋が「山根油屋年行司」を自称するなど、地理的条件を枠組みとした絞油屋の結集がみられ、油の出荷や種物の取引の局面で利害を主張することがたびたびあった。三谷や両谷の枠組みも、同様の性格を持っているといえよう。

（4）後掲〔史料2〕。門林家文書・引出と―55。

(5) 津田秀夫「「明和の仕法」の成立と大坂油市場の構造」同著『封建経済政策の展開と市場構造』第三章（御茶の水書房、一九六一・七七年）。

(6) 門林家文書・引出と―55。

(7) 郷会所とは岸和田城内の「御勘定所」に設置された集会所であり、領内の地方・町方への取次機関であるとともに、領内庄屋が参会しさまざまな合議を行う場である（藤本清二郎「岸和田藩の郷会所について」『地方史研究』二八一号〈一九九九年〉）。

(8) 「御代官」との表現から幕領代官を指すと考えられるが、畠中村は近世を通じて岸和田藩領であり、根草屋の公認に幕領代官が関与した経緯は不明である。

(9) 寛政三年十月には、三谷水車絞油屋（油屋惣代佐五平と泉郡行司下石津村平十郎）が池田屋徳兵衛を相手取り、大坂西町奉行所から徳兵衛に免許された名目が「買次所」であったか「荷造所」であったかの確認を願い出ている（門林家文書・引出ち―21）。このことから、明和七年に認められた池田屋らの買次所は、大坂町奉行からの追認を得ていたことが判明する。

(10) 津田秀夫氏はこの買次所の設置を、在方絞油屋が「油商を組織化する動き」の一例として紹介している。氏が依拠した史料の紹介も含め、詳細な検討は第3節で行う。

(11) 要家文書（貝塚市郷土資料室寄託）・ね―J―39―1。

(12) もっとも、岸和田水車の買次所は大坂西町奉行の容認を得ており、三谷買次所もそれに準ずる位置づけを得ていた。四月の絞油屋への触とは別に、大坂町奉行から別途岸和田藩に働きかけがあった可能性もあるが、史料的な裏付けは得られていない。推測の域は出ないものの、大坂町奉行の油方支配との関係では岸和田水車・三谷水車の買次所に問題はなかったのだが、岸和田藩が藩領独自の鑑札を発行し綿実の流通統制を行うことで、①岸和田水車の領内綿実の独占、②独自の鑑札発行による冥加金の搾取、を意図した可能性があるのではないか。当該期の岸和田藩財政は、佐野の豪商・食野家に多額の借銀を抱えていたほか（寛政元年に返済計画を立てた時点で銀四〇〇〇貫）、郷借を繰り返すなど危機的状況に陥っていたという（『熊取町史』本文編〈熊取町、二〇〇〇年〉）。この点の評価については後日を期したい。

(13) 津田氏は前注(5)論文で、藩から印札を渡された綿実集人が提出した一札を解釈する際、「私共落《(ママ)》印札ニ而相集候綿実道売辻買、或は油・干鰯之高下を見込隠囲候か、又は御領分水車之外、他所へ綿実遣し候義、一切不相成候様被仰付、承知仕候」との文言から、岸和田藩は「油及びその加工原料品の集荷の問題の処理を幕府法とは抵触せずして、しかも独自の規制をおこなった」と評価する。しかし、綿実集人が印札を用いて取引をするのは綿実のみであり、氏が油に関する統制も岸和田藩が独自に行ったと理解した根拠であろう傍線部は、「油・干鰯相場の高下を睨んで買い集めた綿実を囲い置くこと」はしないと誓約した部分である。岸和田藩の独自の流通統制はあくまで綿実に限定されたものであり、油の流通統制には乗り出さなかったからこそ、幕府法に抵触しない範囲での独自の規制が実現し得たことを指摘したい。

(14) 岸和田藩の統制政策が加工商品の油にまで及んでいれば事情は異なっただろうが、このとき岸和田藩が領主用油の生産や油の産物化にまで乗り出した形跡はみられない。

(15) 拙稿「近世和泉における種物の流通構造―絞油屋仲間と「素人」の関係分析を中心に―」『部落問題研究』二〇五（二〇一三年）。

(16) 門林家文書・引出と―55。

(17) 門林家文書・引出ち―21―1―3。

(18) 門林家文書・引出と―55。

(19) 津田秀夫「天保三年の油方仕法改正の意義と大坂油市場の変化」前注(5)『封建経済政策の展開と市場構造』第八章。

(20) 拙稿「近世和泉における水車絞油屋の経営と地域社会―池田下村を中心に―」『歴史科学』二二〇・二二一合併号（二〇一五年）を参照。

(21) 菜種売捌方差支歎訴一件については、前注(15)拙稿を参照ねがいたい。なお、塚田孝・町田哲・島﨑未央「村落社会の変容―木綿と油の生産・流通を通じてみる―」（和泉市史編さん委員会編『和泉市の歴史三　池田谷の歴史と開発』〈二〇一一年〉）でも言及している。

(22) 『岸和田市史』第三巻（岸和田市、二〇〇〇年）二八六頁、『貝塚市史』第三巻（大阪府貝塚市役所、一九五八年）二三五～二三八頁。

(23) 『大阪市史』三（一九一一～一五年、現在は清文堂出版より刊行）四七六頁。

(24) 前注(15)拙稿。

(25) 前注(22)『貝塚市史』第三巻。

7章　江戸町会所の運営と勘定所御用達の役割

若山太良

はじめに

本章の目的は、寛政三（一七九一）年十二月に新設された江戸町会所がどのように運営されたのか、またその中で勘定所御用達（以下、御用達とする）をはじめとする町人たちがどのような役割を果たしたのかを検討しようとするものである。

この江戸町会所に関する研究は主に、その機能と成果をめぐって行われてきた。例えば津田秀夫氏は貧民救済という機能は名目的なもので、実質は米価調節機関として機能したと述べており[1]、また竹内誠氏は江戸金融市場統制のための機関としての意義をより重視している[2]。江戸町会所の施策内容、特に会所金貸付を最初に検討したのは伊東志津子氏で[3]、会所金貸付についてその制度的変遷を、寛政期から天保期にいたるまで丹念にたどったものであるが、吉田伸之氏が指摘したように、「貸付対象の分析や、窮民救済との関連の考察」までにはいたっていなかった。その後吉田氏は町会所に関連した論文を二つ発表しており、一九七三年に発表した「江戸町会所の性格と機能について」[4]は、町会所の発足から幕末にいたる七五年間を対象に、会所活動の全体像を初めて紹介したものである。一九七七年に発表された第二の論文「江戸町会所貸付について」[5]は、「町会所一件書留」を主たる検討材料としつつ、「家質証文控」、「御府内備考」等を駆使し、会所金貸付の実態を定量的かつ具体的に明らかにするとともに、会所金貸付が「御救」としての機能を果たしていたことを実証したものといえる。

会所活動のもう一つの柱といえる囲穀に関しては、山田直匡氏が寛政改革との関連で囲籾仕法について論じており[6]、比較的最近の研究としては安藤優一郎氏が町会所による玄米の購入を取り上げ、町会所が「常平倉」の側面を持っていたことを論じているが[7]、いずれも対象が寛政期に限定されており、囲穀の全体像を論じたものとはいえない。

さて幕府は、町会所を「公儀御役所与申ニハ無之」[8]と述べていたが、右のような先行研究においては、幕府役人が重要な決定を行っていたことや、町会所を幕府の政策に利用・活用したとして、江戸町会所は実質的に「幕府の役所」とするものが多く、町会所に関与した町人（御用達や座人等）の役割にまで目を向けた研究とはなっていなかった。

一方、全国各地に点在する近世の町会所を調査検討した菅原憲二氏は、町会所の存在形態として四つの類型を提示し、さらにその発展系列を示した上で、江戸町会所は第二の類型、すなわち「一定範囲の行政を担う町会所で、役人とともに有力町人が詰める会所」にあたると述べている[9]。江戸町会所の設立経緯や人的構成、さらに所在場所等からこのように措定したものと思われるが、菅原氏はその後の展開として、江戸も含むいわゆる城下町において上から形成された町会所の運営は、有力町人に依存しており、やがて彼ら有力町人を批判する新たな町人層の登場によって批判にさらされ、主導権をめぐって対立を生じるとの見通しを述べている。江戸町会所を「幕府の役所」とするか、あるいは「町会所の一つ」として捉えるかは、江戸町会所の意義や積金の性格をどう見るかという、町会所を考える上で原点ともいえる課題の一つであり、そのためには運営実態の具体的な解明が欠かせないと考えている。

以上のような認識から本章では、江戸町会所がどのように構成され、どのような理念・考え方で運営されたのか、さらに町会所運営にあたった役人は他の幕府組織とどのように連携し、また会所に詰めた町人たち、とりわけ御用達は何を期待され、どのような役割を果たしたのか等を、時期的な変遷を含めて明らかにし、町会所の新たな一面を提示できればと考えている。検討にあたっては現在国立国会図書館に所蔵されている「町会所一件書留」（以下「町会所一件」とする）にある史料を基本的な素材とし、寛政三年末《まつ》の発足から天保期までの約五〇年間を、当面の対象期間として検討を行うこととしたい。

1 町会所の組織・人的構成および業務内容

「町会所一件」所載文書によると、町会所の活動は老中の支配下にあり、発足当初は両町奉行と勘定奉行一名の計三名が担当し、その後文化二（一八〇五）年正月に勘定吟味役一名が加わり[10]、合計四名が町会所活動の指揮・監督および担当役人・町人の任免・賞罰を担当した（以下、上記三奉行と勘定吟味役を一括して「奉行衆」とする）。文化二年に勘定吟味役が新たに担当を任命された時の指示は、「町々囲穀之儀何茂一同取扱」となっていたが、勘定吟味役の活動はそれに限られていた訳ではなく、両町奉行・勘定奉行を含め全員が、町会所活動の全般について意見を述べることができた。

町会所はその設立にあたり向柳原を拠点と定め、会所建物と籾蔵一二棟を建設した。会所においては多数の幕府役人・関係町人が執務していたが、その部屋の配置は図1のようになっていて、南側には幕府役人の部屋があり、北側および西側には町人が執務する部屋が配置されていた。

幕府役人としては、勘定所からは当初勘定組頭一名と、勘定・支配勘定が各一名派遣されており、両町奉行所からそれぞれ与力二名、同心二名の計八名が派遣されていた。前述の通り、文化二年正月から勘定吟味役が新たに町会所の運営に関与することになったので、担当としても勘定吟味改役一名が加わることになった。これら役人のうち同心は、「下役」と呼ばれ、会所を拠点にしつつ各蔵地を巡回することが主たる任務であったと思われる。その他の役人は一括して「御詰合衆」と呼ばれ、町会所活動全体の「指導・監督」にあたったと思われる。これら幕府役人は出身役所の人事ローテーシ

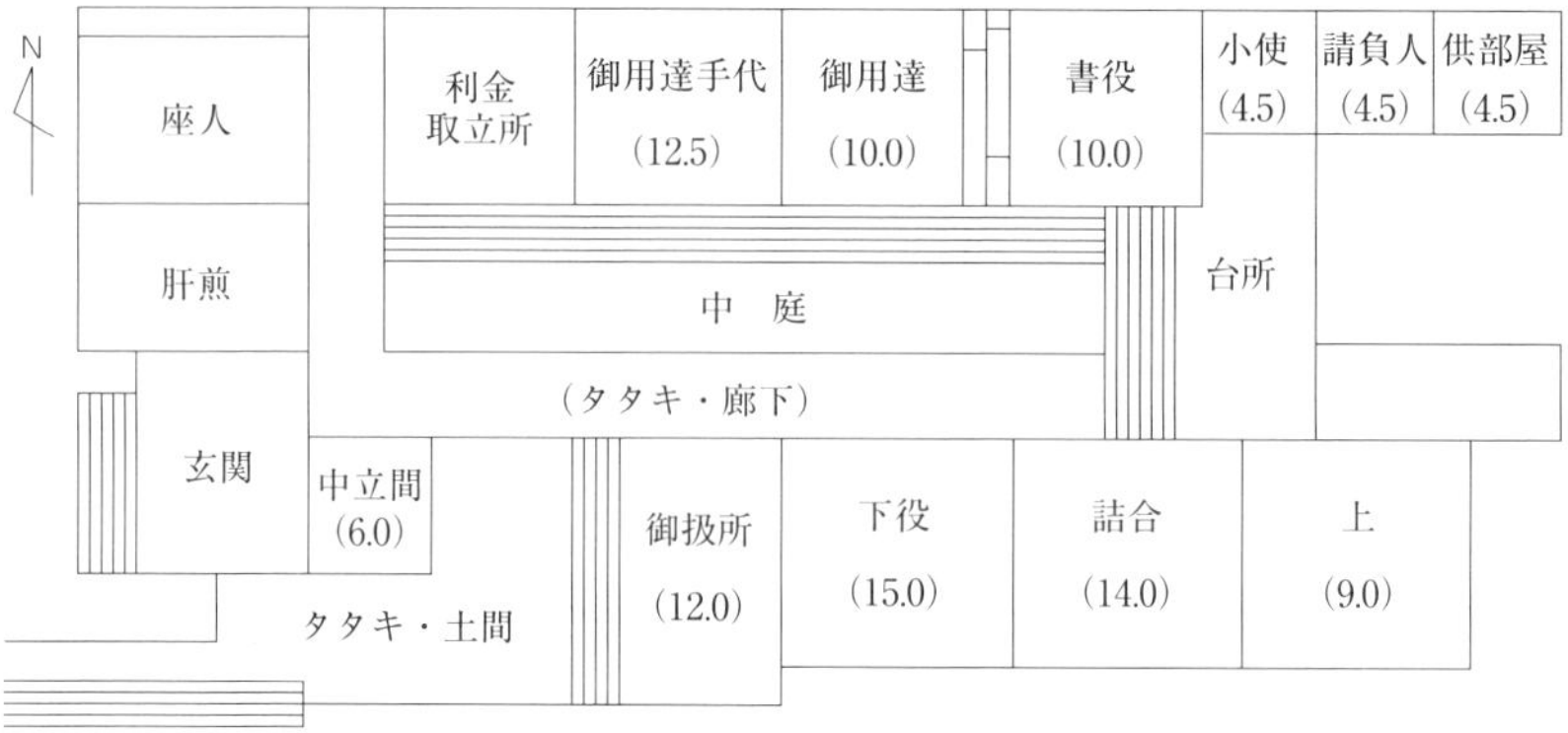

(　) 内の数字は部屋の広さ（単位：畳）

図1　柳原町会所配置図（文政6年6月現在。「町会所一件」82—p50～p51より。）

ヨンに組み入れられており、一定期間勤務すると元の役所に戻るのが慣例となっていた。

一方、日々の会所運営と事務処理に関しては、様々な形で町人が動員されていた。まず中心となったのは、一〇名の勘定所御用達である。この御用達は寛政改革において登用された江戸の富裕商人で、うち七名は天明八（一七八八）年に任命され、残り三名は寛政元（一七八九）年に任命されていた[11]。彼らは寛政四（一七九二）年正月に下勘定所に呼び出され、勘定奉行から「米蔵相建籾買入幷積金貸付方等之儀、其方ども懸りニ申渡間、右御用一式引受世話可致候」と申し渡され、町会所運営のいわば責任者に任ぜられた[12]。具体的な職務内容やその構成メンバーの変動は後述するが、御用達本人は自らの手代（以下、用達手代とする）を伴って、毎日交代で誰かが必ず町会所に出勤することになっていて、会所に集まる資金および米・籾の受払管理・保管を担当していた。

御用達および用達手代とともに実務処理を担ったのは座人である。この座人は「米蔵幷役所預り人」と位置づけられ[13]、任期は原則一年で、手当として年間一五両が支給された[14]。彼らは「江戸市中に居住する地主で、筆算に優れかつ信頼に足る人物」として名主が推薦した者の中から選ばれた。彼らは自らの商売を続けつつ座人として会所業務を行うことが想定されており、会所には隔日で勤務することになっていた。

町会所の活動原資は町々から集められる積金であり、御救の対象も町々に居住する窮民を想定していたので、町々と町会所を繋ぐパイプ役が必要となる。当時江戸市中には約二六〇名の名主がおり、町年寄の支配の下で町政全般を担当していたが、町会所の発足に伴い名主の役割はさらに重要になると考えられ、名主の代表として町会所に詰めたのが、六名の肝煎名主である。彼らは原則一年勤務となっていたが、座人と同じく、再任されることが多かった。以上に加え、常詰手代、書役、門番、小使等が、雇われ人として会所業務に従事していた。

上記の町会所を構成する人員は、業務の増大をうけて、時代が下るにつれて増加傾向にあった。次の表1は各区分の人員の推移を示しているが、特に座人と書役および門番の増加が顕著である。座人と書役の増加は会所金貸付の増加によるものと考えられ、番人の増加は籾蔵の増設によるものと思われる。(15)

表1　町会所構成人員の推移

	区分	寛政5年	文政5年	天保5年
詰合役人	勘定組頭	1	1	1
	勘定・支配勘定	2	2	2
	勘定吟味改役		1	1
	与力	4	4	4
	同心	4	6	6
	(小　計)	11	14	14
会所預り町人	御用達	10	5	10
	肝煎名主	6	7	10
	座人	5	10	13
	定詰手代	1	3	4
	書役		4	6
	門番	1	6	11
	小使	2	2	3
	(小　計)	25	37	57
合　計		36	51	71

注　上記以外に御用達手代が複数名勤めていたが勤務状況は不明なので，上記には入っていない。

出典　「町会所一件」4－p185～p186，8－p215～p225，81－p27～p49，106－p206～p214。

町会所においては、囲穀・御救・会所金貸付の三つが主たる業務であったが、囲穀は計画策定と米・籾の受払管理が町会所の主たる業務で、籾蔵の建設や米・籾の買い付け・搬入は、入札によって選ばれた業者が担当した。御救については、大災害や飢饉といった非常事態が発生した時には、町会所勤務者全員が参加して対処することになるが、平時においては定式救済が主で、それほど多くの時間を取られるものではなかった。

したがって日常業務としては御府内の町々が毎月納める積金の収納と、町会所金の貸付・回収に関する業務の二つが、大半を占めることになる。この二つの業務は月々以下のような日程で処理されていた。

・積金―毎月十一日～十五日の間に、各名主が約一五〇〇町の一カ月分の積金を持参することになっていたので[16]、この間金銭の収納と納入状況の管理が必要となる。屋敷地の変動に加え、当時頻発した火災に類焼した町々は半年間積金を免除される規定になっていたので、収納額は月々変動した。

・新規貸付―会所金貸付の手順としては、まず当該屋敷地の地主が奥印を押した願書を、家守が会所に持参することから始まる。毎月九日までに申し込みをして[17]、受理された場合には、その翌月に用達手代と座人が二人一組になって現地を見分し、貸付対象となる土地・建物の状態、さらに店子の有無等を確認し、貸付額を算定することになっていた。貸出金額には枠があり、いつ貸出が実行されるかは時々の状況によるが、貸出が決まると、地主・家守・町役人一同が会所に呼び出され、勘定所御用達宛の家質証文を作成し、沽券状は名主に預ける手続きとなっていた。

・既存貸付の元利金回収―貸付金の返済については、月々家守が一日から五日の間に会所に持参することになっていて、それを用達手代が受け取り、通帳に押印をするという手順になっていた。貸付口数は文政期には七〇〇〇口に達しており[18]、貸付の大半は毎月返済することになっていたので、当該期日の町会所は返済に来た家守で大混雑したと思われる。さらに貸付の増加とともに未納・遅納が増え、文政三（一八二〇）年の史料には月々返金不納の分が毎月およそ三〇〇口余もあったと記されている[19]。未納・遅納の場合は一件ずつ当該の屋敷の家守を呼び出し、返済を督促する必要があり、さらに担当者は忙しくなる。

2　町会所における業務処理の特徴

町会所は複数の部門から派遣された役人によって構成されるという、それまでの幕府にはあまりない形で発足したことから、それに対応した意思決定の仕組が必要となる。例えばどのように意見を集約し、どのように組織としての了解を得ていたのだろうか。この点について、まず文化五（一八〇八）年に作成された〔史料1〕を検討したい。この〔史料1〕は、町会所が囲米を買い入れる際に作成した伺で、表紙と本文、および三つの付札から構成されているが、後の付札二つ（懸り再評ヒレ付と肥前守殿再御付札）は省略している。

〔史料1〕[20]

肥前守殿御附札

①「（朱書）文化五辰年八月廿四日、肥前守殿御付札有之下ル、同日御答評議鰭付御廻し差出、同九月朔日御廻シ相済」

町会所囲米買入之儀ニ付申上候書付

②印土佐守（小田切　北町奉行）
印肥前守（根岸　南町奉行）
印主膳正（柳生　勘定奉行）
平九郎（梶野　勘定吟味役）

③御勘定方
吟味方
町方与力

町会所囲穀之儀籾拾四万石之外、玄米三千石程者、臨時御救渡幷町会所居付之者とも扶持米渡方為手当備置候積御座候処、（中略）残米千石余而已ニ有之、一躰之囲米高ニ者弐千石程も不足ニ御座候（中略）此節御勘定所御用達石橋弥兵衛義大坂表ゟ買下し米之儀存寄申立、右存寄之通取計候積被仰渡、当時右手配仕罷在候由、此節彼地米直段之儀者、金壱両ニ付米壱石替程ニも当り候由、御当地米直段より格別下直之趣ニも御座候間、（中略）江戸表迄之運賃金を以差加候而も、百俵ニ付三拾八九両程ニ相当り、当時之江戸相場五拾両程与見合候得者、百俵ニ付凡拾両程者大坂より相廻し候方益ニ相当り、凡三千石程ニ而者凡八百両程之益ニ相成候積、仮令江戸表相場少々下直ニ相成候迚も、御当地ニ而町会所囲米買入候而者直ニ市中相場江相響キ、高直ニ可相成候間、孰レ弥兵衛江被仰渡三千石程も買入置候方可然哉与奉存候、依之此段申上候、以上

懸り再評ヒレ付

辰（文化五年）八月

肥前守殿御付札

「書面御両所様御小印も相済候間承知印いたし候、然共存附候事不申も如何ニ付、左ニ相認候、御囲米高三千石（中略）大坂廻し之儀、百俵ニ付三拾八九両程ニ相当り、右見合之差引者五拾両之目当ニ有之、当時五拾両与申者、未新石廻り方初り之儀ニ候得者、右目当丈夫与申（ママ）難申哉、籾有高拾四万石有之、（中略）差懸り急御救等有之候ハ、（中略）籾摺を以急御救之手当ニ被成置候ハヽ、いまた相場治定無之節御買上有之候より者宜様ニ存候、其上江戸内ニ而御買上無之大坂表ニ而御買上いたし候而も、籾蔵江買納ニ成候上者、人気江者やはり響可申様ニも存候、強而之存寄ニ者無之候へ者、心付候事故愚存相認候

辰八月　　肥前守」

まず本文の内容および経緯は次の通りである。囲穀の一部として玄米三〇〇〇石を備蓄することになっており、現状の在庫量から考えて早急に買い入れする必要があると考えていたところ、御用達の石橋弥兵衛が、大坂で米を買い入れ江戸に廻送すると、江戸で購入するより八〇〇両ほど安く買えると提案してきた。これを奉行衆に伺ったところ、北町奉行の小田切土佐守直年と勘定奉行の柳生主膳正久通は提案に賛同し、「小印」を押したが、南町奉行の根岸肥前守鎮衛は、「小印」を押したものの、同時に付札に意見を書いて町会所掛に戻してきた。根岸は石橋の提案した裁定取引が価格変動リスクを十分踏まえているかを懸念し、「相場治定無之節」に買い上げるのは如何なものかと危惧していた。

この根岸の意見に対し、町会所掛は、即日意見を「懸り再評ヒレ付」にまとめ、再度三奉行に承認を求めた。根岸は町会所掛が「見極めている」というなら異存はないという「再付札」を付け、他の奉行とともに「小印」を押して掛に戻した。その結果三奉行の承認が取れたと判断して、町会所掛は石橋の提案を実施した。この史料から下記のような伺処理の

ルールが読み取れる。

・この文書は町会所掛を構成する御勘定方・吟味方・町方与力の三者（③）によって作成され、両町奉行・勘定奉行および勘定吟味役（②）に差し出された。

・表紙を見ると両町奉行と勘定奉行が「小印」を押しているが、肥前守の付札によると、この「小印」はすなわち「承認印」と理解される。

・表紙の朱書部分（①）から、この文書は文化五年八月二十四日に町会所掛に戻ってきたが、肥前守の付札が付いていた。町会所掛は即日「掛」としての見解をまとめ、それを「懸り再評ヒレ付」に書いて貼付した上で、再度三奉行と勘定吟味役（以下、奉行衆とする）に上申した。九月一日には「懸り再評ヒレ付」に三奉行の「小印」が押され、さらに根岸の「再御付札」が付いて、文書が町会所掛に返送されてきた。これでこの提案は承認されたと考えられる。

さて〔史料1〕は文化五年に作成されたものであるが、文政五（一八二二）年以降、「伺」の表紙の記載方式が次の〔史料2〕のように変わってくる。

〔史料2〕(21)

「（朱書）文政五午年六月廿六日御廻し済、勘左衛門ゟ請取」

目黒町出水ニ付御救渡之儀相伺候書付

印主計頭（榊原　北町奉行）
印和泉守（筒井　南町奉行）
印淡路守（村垣　勘定奉行）
印忠四郎（館野　勘定吟味役）

印大井勘左衛門（勘定組頭）
長尾一郎　印（御勘定）
後藤一兵衛印（吟味方改役並）
丸橋六郎兵衛印（支配勘定）
谷村猪十郎印（北町与力）

（南町与力）由比弥八郎印

文化五年時点では作成者が、「御勘定方・吟味方・町方与力」となっていたが、この〔史料2〕では、担当する役人の個人名が列挙され、さらに各々に小印が押されている。このような町会所掛役人の名前を列挙する記載が初めて登場するのは文政二（一八一九）年であり[22]、文政五年以降はほぼ全ての文書がこの形式を取るようになる。すなわち文政期になると町会所掛の担当者がどの部門の出身者で構成されているかという表示から、誰が町会所掛を構成しているかを表示するように変わったことになり、それがどのような意味を持つのか、なぜこの時期（文政初年）に変わったのかは興味のあるところであり、今後検討する必要があると考えている[23]。

さて以上から町会所掛の役人は、一旦町会所に配属されると出身役所の代表という立場は忘れて、町会所掛の一員としての意識・立場で行動するようになっていたと思われ、個別案件について事前に出身の役所と意見のすり合わせをするなり、場合によってはとりあえず奉行の耳に情報を伝えておくというようなこともしなかったと思われる[24]。しかし奉行衆は町会所掛役人の直属上司であり、自らの役所から町会所に派遣した部下については実質的な人事権を持っていたと思われるので、前述のような仕事の進め方で問題はなかったのだろうか。さらに町会所の活動をめぐる、奉行衆と町会所掛役人との関係はどのようなものだったのか。またどこまでの権限が町会所掛役人に与えられ、奉行衆はどのように町会所の活動を指揮・監督したのか。この点を次に検討したい。

以下では「町会所一件」に収録された案件を複数の角度から分析し、奉行衆と町会所掛役人の関係を考えてみたい。「町会所一件」の中から、〔史料1〕・〔史料2〕が記載されている、文化六（一八〇九）年（三二の案件が記載されている）と文政五年（同じく四一件の記載がある）の二カ年を例として取り上げることとしたい。

まず案件が対象とする分野を六つ（積金・御救・貸金・囲穀・管理・人事賞罰）に分類した。この中の「管理」とは町会所の組織・計画・財政等に関するものを指している。次に各案件が奉行衆の判断を仰ぐものなのかそれとも他の宛先に向けられたものなのかを分類した。さらに奉行衆の判断を仰ぐ案件についてはその趣旨を三つ(届・伺届・可否伺)に分類した。奉行衆に宛てて出される文書の書止文言は二種類あり、一つは「奉申上候」となっており、他は「奉伺候」となっている。前者は奉行衆に案件の内容を報告するあるいは届けるという趣旨と考えられ、これを「届」という区分に分類した。他方後者は「伺」とはいうものの、実際には過去にいくつも例があり、奉行衆の了解が必要であるが、おそらく前例から考えて内容を「不可」とする可能性が極めて低いものが含まれる(例えば人事や褒賞に関するもの)。このような性格の伺を「伺届」とした。一方、案件の可否をまさに奉行衆に伺う内容のものもあり、これを「可否伺」とした。この「可否伺」に対して、奉行の判断として許可されたものを「可」それ以外を「不可」とした。

以上を前提に、文化六年の三一件を分類したものが表2であり、文政五年の四一件を分類したものが表3である。

表4は、表2と表3の案件内容を集計し、分野別の割合をまとめたものである。人事賞罰が三五%を占めており、次いで貸金(三二%)、囲穀(一四%)となっており、この三つで全体の八割を占めている。積金と御救は合わせても一割に満たない内容となっている。

表5は案件の宛先を集計したもので、全案件の四分の三は町会所掛役人から奉行衆に宛てて出されたものである。一方、その他の一七件のうち五件は町会所役人から御用達(および他の担当町人)に向けて出された指示を記したものとなっている。その他は貸付に関して他部門との連絡・調整を内容とするものが多い。

さて町会所役人が奉行に案件を上げる場合、その趣旨・意図はどのようなものなのか。これをまとめたものが表6で、「届」と「伺届」という、専ら報告しておくだけの内容か、あるいはほぼ間違いなく了解を得られる内容のものが全体の四分の三を占めており、文字通り案件の可否を伺う「可否伺」は四分の一強にとどまっている。さらにこの「可否伺」に関しても、表7にあるように、一五件のうち奉行衆が「否」としたものは一件のみであり、以上をまとめて考えると奉行衆は町会所役人の提案あるいは決定を信頼し、ほとんどの場合、提案内容をそのまま承認していたといえる。

②宛　先		③奉行衆への伺の趣旨			④奉 行 判 断			コメント
奉行衆	その他	届	伺届	可否伺	可	不可	付札有	
○				○	○		○	
○			○					
○		○						
○		○						
○			○					
○		○						
○		○						
○		○						
○		○						
○				○	○		○	
○			○					
○			○					
○				○	○			
○			○					
○			○					
	町会所掛							見合のため
○			○					
○		○						
○		○						
○				○	○		○	
	御用達							指示伝達
	寄合							見合のため
○		○						
○		○						
	御用達							指示伝達
	御用達							指示伝達
○		○						
○				○	○		○	
○		○						
○		○						
○		○						
26	5	14	7	5	5	0	4	
計31件		計26件			計５件		計４件	

表2　文化6年(「町会所一件書留」文政六年上下)収録文書の分析

no.	丁数	概　　要	①対象となる分野					
			積金	御救	貸金	囲穀	管理	人事賞罰
上1	45	囲米の買入一大坂より				○		
2	11	座人の任命						○
3	4	御用達松井庄三郎押込						○
4	2	座人死亡						○
5	10	積金減額願	○					
6	3	座人世話役への褒美						○
7	6	御用達鹿嶋清兵衛旅行願					○	
8	1	米方御用達の任命						○
9	2	松井庄三郎復帰届						○
10	12	籾蔵における籾の詰方等				○		
11	5	囲米の詰替について				○		
12	2	囲籾の吹返し				○		
13	8	迷子入用の負担					○	
14	6	籾蔵修覆とその費用				○		
15	8	籾蔵台木取替				○		
16	7	積金の有無問合せ	○					
17	11	御用達以下への褒美						○
18	1	御用達見習の死亡						○
19	2	石橋弥兵衛米方専念願						○
下1	33	貸付金臨時増額について			○			
2	16	上記に付き御用達へ指示			○			
3	3	貸付に付き奉行間文通			○			
4	2	名主出奔後の貸付金処理			○			
5	13	同上			○			
6	1	居置貸付の上限額変更			○			
7	1	貸付願書受取方の変更			○			
8	2	貸付金中途返済			○			
9	10	居置→成崩変更優遇案			○			
10	6	外役所からの問合せ			○			
11	13	借主出奔後の取立方			○			
12	3	上り地面の長屋普請			○			
		合計件数　31件	2	0	12	6	2	9
			計31件					

②宛先		③奉行衆への伺の趣旨			④奉行衆判断			コメント
奉行衆	その他	届	伺届	可否伺	可	不可	付札有	
○			○					
	勘定奉行							見合のため
○		○						
	御用達							指示伝達
○				○	○			但し老中判断で不許可
○				○	○			
○				○	○			
○		○						
○		○						
○		○						
○			○					
○				○	○			
○			○					
○			○					
	町会所掛							勘定奉行からの連絡
○		○						
○		○						
○			○					
○				○	○			
○			○					
	町会所掛							奉行衆からの問合せ
○				○	○		○	内容一部修正後許可
	町会所掛							
○				○	○			
○		○						
○			○					
	御用達							指示伝達
○			○					
	町会所掛							町奉行所からの連絡
○				○	○			
○		○						
○			○					
○			○					
	町会所掛							御用達からの要望
○				○	○		○	
	寺社奉行							見合のため
○				○		○	○	預りの趣旨違い不許可
	御持筒頭							見合のため
○			○					
	小普請組							見合のため
	寺社奉行							見合のため
29	12	8	11	10	9	1	3	
計41件		計29件			計10件		計３件	

表3　文政5年(「町会所一件書留」文政五年上下)収録文書の分析

no.	丁数	案件の概要	①対象となる分野					
			積金	御救	貸金	囲穀	管理	人事賞罰
上1	5	座人の任命						○
2	7	会所溜金納入通知					○	
3	2	腰掛新規補理の報告					○	
4	1	別段溜金の処理					○	
5	5	御用達御免に付き褒美						○
6	5	御用達代替わり						○
7	2	囲米更痛につき払下				○		
8	6	預り中の沽券状紛失					○	
9	2	御用達改名						○
10	1	座人死亡届						○
11	3	掃き寄籾の払い				○		
12	5	囲米1000石買入				○		
13	3	目黒川出水御救渡		○				
14	3	御用達手代へ褒美						○
15	1	米方用達御免						○
16	1	肝煎名主御免						○
17	3	類焼後の積金免除	○					
18	5	会所溜金金蔵納					○	
19	14	深川出水，臨時御救		○				
20	5	肝煎名主任命						○
21	6	御下ヶ金利金上納					○	
22	3	手代新規召抱え						○
23	1	米方用達任命						○
24	10	囲米買入				○		
25	4	御用達後見延長願						○
26	4	会所溜金金蔵納					○	
27	1	用達座人に手当支給						○
28	9	用達座人等褒美支給						○
29	1	与力貸附金の返済			○			
30	30	臨時御褒美支給						○
31	2	会所書物助の者手当						○
下1	3	流地願			○			
2	14	町会所付地面売払			○			
3	2	地所持主身元糺し方			○			
4	20	貸付手続きの見直し			○			
5	4	寺社門前地貸付掛合			○			
6	18	名主預り地長屋取建			○			
8	5	未納にて預り地へ			○			
9	6	預り地の長屋普請			○			
10	2	預り地願に付掛合			○			
11	3	門前地貸付に付き掛合			○			
合計件数　41件			1	2	11	4	7	16
			計41件					

表4　案件の分野別割合

		積金	御救	貸金	囲穀	管理	人事賞罰	計
文化6年	件数	2	0	12	6	2	9	31
	%	6.5	―	38.7	19.4	6.5	28.9	100
文政5年	件数	1	2	11	4	7	16	41
	%	2.4	4.9	26.8	9.8	17.1	39.0	100
合　計	件数	3	2	23	10	9	25	72
	%	4.2	2.8	31.9	13.9	12.5	34.7	100

表5　宛先

		奉行衆	その他	計	その他の内訳
文化6年	件数	26	5	31	御用達に3件，町会所掛に1件，他部門に1件
	%	83.9	16.1	100	
文政5年	件数	29	12	41	御用達に2件，町会所掛に5件，他部門に5件
	%	70.7	29.3	100	
合　計	件数	55	17	72	
	%	76.4	23.6	100	

表6　奉行衆への伺の趣旨

		届	伺届	可否伺	計
文化6年	件数	14	7	5	26
	%	53.9	26.9	19.2	100
文政5年	件数	8	11	10	29
	%	27.6	37.9	34.5	100
合　計	件数	22	18	15	55
	%	40.0	32.7	27.3	100

表7　奉行衆の判断

		可	不可	計	内付札
文化6年	件数	5	―	5	5
	%	100		100	
文政5年	件数	9	1	10	3
	%	90.0	10.0	100	
合　計	件数	14	1	15	8
	%	93.3	6.7	100	

以上、本節をまとめると、町会所はその組織のあり方自体が前例の無いものであり、担当の奉行衆にとっても、また町会所掛役人達にとっても初めての経験であったが、本節前半で紹介したような業務処理の仕組を確立するとともに、重要な文書は近くに設けた書物蔵に保存し[25]、担当する役人が替っても過去の実例を簡単に参照できる体制を作るなどの努力の結果、町会所掛は町会所を運営する能力と体制を整え、奉行衆からも十分な信頼を得ていたものと思われる。重要な案件についても多くの場合、事前に奉行衆の意向を打診することもなく、伺を奉行衆に回していたと思われるが、文化六年・

文政五年の例を見ると、ほとんど全ての案件に奉行衆は許可・承認を与えており、会所の運営は実質的に掛役人に任されていたと考えられる。

本節では文政期前半までの時期における業務運営のあり方を検討してきたが、次節以降では町会所の主要業務といえる会所金貸付と囲籾がどのように運営され、天保期の危機状況にどのように対応したのかを見ていきたい。

3　会所金貸付と囲籾の動向

本節では町会所金貸付（以下、貸付とする）と囲穀という二つの主要業務を対象に、その業務内容と変遷を明らかにした上で、町会所は天保期の危機に対応する十分な準備ができていたのかどうか、もし十分ではなかったとするとどこに問題があったのかを見ていきたい。

貸付は吉田伸之氏の第二論文のテーマであり、基本的な問題は既に解明されていると思われるが、まずは吉田氏の研究に沿って、貸付の仕組とその変遷を整理しておきたい。

吉田氏は、貸付には五つの類型があったと述べているが、その中で金額的に大きな割合を占めた二つの貸付、すなわち町人が所持する沽券地を担保として行われる「沽券地貸付」と、御家人層を対象とする「拝領町屋敷地代店賃上り高引当貸付」の二つを中心に検討を行っている。両者とも平均の貸付額は五〇両前後、表面金利三％（実質金利五・九％）の小口貸付で、場末小地主に対する少額融資として有効に機能したと述べている。年次的動向としては、町会所は当初から利子収入の増加に期待して積極的に貸付を行い、特に化政期に貸付総額が急上昇している。吉田氏は特に言及はしていないが、貸付件数はこの時期にピークを迎え、同時に未納・遅納の問題も顕在化し始めていた。それもあって天保期にはむしろ貸付を制限する方針を出したものの、実際には町方困窮の中で貸付を増加せざるを得ず、天保期後半は貸付総額が増加傾向を見せるが、債務者の破綻も多発し、天保十四（一八四三）年には全面的な債務者救済を実施せざるを得なくなった。この無利息二〇年賦返済という債務者救済の代償として、町会所は財政規模を縮小せざるを得なくなり、社倉としての機能の減退を招いたと述べている。

右については基本的には異論はないが、以下の二点について本章の考え方を明らかにしておきたい。一点目は貸付の位置づけに関するもので、吉田氏は第二論文の冒頭で「政策的基調」として、町会所金貸付は御救としての低利金融であり、かつ社倉の補助的機能という二つの側面を持っていたと述べている。前者に関して吉田氏は、その根拠として町会所発足前、あるいは発足直後に記された史料を引用しているが[26]、実際に貸付が始まってからは、その位置づけが微妙に変わってきたと思われる。発足の四年後、寛政八（一七九六）年三月に記された次の〔史料3〕を検討してみたい。

〔史料3〕[27]

「（朱書）辰（寛政八年）三月十二日、（太田 老中）備中守殿江御直ニ主膳正上ル」

町会所取計方之儀ニ付申上候書付

柳生主膳正

向柳原町会所ニおゐて積金幷貸附金其外窮民御救、且囲穀等取計ひ方手続、書面を以申上候様被仰聞候ニ付、取調左ニ申上候（中略）

一、町会所積金之内貸付方之儀ハ、籾蔵新規建方幷修覆入用其外会所雑用等之分、積金之内一ヶ年限り定式払切ニ相成候分有之（中略）払切ニ相成候分ハ全く積金之内相減候儀ニ付、右積金不減ため（中略）家質之分ハ年五歩、成崩之分者平均三歩之利金を以貸附置、払切ニ相成候分右利金ヲ以仕埋候積ニ付、夫たけは年々貸出、其余米籾買入幷会所在金ニ備置申候、依而御救貸と申筋ニも無之候（以下略）

これは老中太田備中守資愛の下問に応えて、柳生主膳正が町会所の活動全般について書面で報告したものの一部である。

表8　勘定帳における貸付利金と経費総額との比較　（単位：両）

	貸付金額	利金額　a	利率	経費総額　b	差額(a－b)
寛政9年	不明	1,047	—	不明	—
文化4年	115,574	4,902	4.24%	1,915	2,987
文化8年	158,428	7,537	4.76%	6,071	1,466
天保7年	247,126	11,541	4.67%	10,385	1,156

注　利金額には御用達が独自に運用する「御下ヶ金」の利金は含まれていない。また経費は，「払」から御救渡，籾買入代金，（新規）貸付金を差し引いて算定した。

この中で柳生は、貸付の目的は、町会所の運営には経費が必要となるが、それによって積金が減ることがないように、貸付利金によって必要経費を賄うことであり、「御救貸」ではないと述べている。この「御救貸」が何を意味するのかは定かではないが、貸付利金が得られない貸付、あるいは返済が見込めない貸付は行わないという趣旨と思われる。この柳生の見解によれば、貸付は一定の利益を生むことが前提で、しかもその金額は町会所の年間経費を上回ることという、具体的な目標まで設定されていた。

右の柳生の見解が実際の数字に反映されているか否かを確認するため、現存する四年分の「町会所勘定帳」(28)から貸付金額・年間の貸付利金額および経費総額を抜き出して比較したものが表8である。ちなみに経費総額は全体の支出から、御救渡の米・銭代金、米籾買入代および新規貸付金額を除いたものである。

表8で明らかなように、各年とも貸付による利金額は経費総額を上回っており、柳生の見解に沿った内容となっている。但し天保七（一八三六）年は天保の危機が最も深刻になった時期であり、この数字をそのまま信頼してよいのかどうかの疑問が残るが、これについては後ほど再度検討することとしたい。

さらに二つ目の論点として、町会所は会所金を貸し付ける対象について何らかの政策的意図を持っていたのか否か、具体的には場末小地主を優先的に取り扱ったのかどうかという点であるが、そのような意図を持っていたとは思えない。なぜなら願書を受理し貸付を実行するのは申し込み順であり、特に貸付先地主の特性によって貸付に優先順位をつけた形跡はない。天保後期には場末小地主への貸付が大半を占めるようになるが、その理由は会所金貸付という仕組を運営していく過程で、次第に貸付が場末小地主を含む返済困難者に集中していった結果であり、次のようなメカニズムが働いていたと考えられる。

町会所は貸付を「業」として行った訳ではないが、多額の貸付を長期間続け、貸付による収益を期待していたという意味では、当時江戸最大の金融機関のような存在であったといえるが、町会所は特異な運用方針を持っていた。その第一は、寛政八年三月に「町会所定懸」が作成した書付で、同心への会所金貸付に関して両町奉行に次のように伝えている。すなわち「万々一違変等有之候得者町方積金之義者棄捐ニ不相成候間[29]」と述べていて、貸付金は何が起ころうとも棄捐にはならないとしている。町々から集められた「七歩積金」が貸付原資であり、貸し倒れが許されないお金であるという意味が込められていたと思われるが、これはその後も貸付の原則として受け継がれた。第二の重要な決定は文化八（一八一一）年三月に下された[30]。五カ年成崩で貸付を受けていた町屋敷が類焼に遭った場合は、貸し家再建のために貸付金額を五割まで増額することを認め、さらに返済期間を一〇カ年に延長することも認めた。火災は大小を問わず頻発したので、貸付を受けていた町屋敷が被災するとその度に、上記の規定により当該地主への貸付金額は増加することになる。町会所貸付は棄捐にならないという第一の原則と相まって、貸し手である町会所は際限なく追い貸しを続けることになった。

町会所は前述の通り、貸付の利金によって経費を賄うことが期待されており、「町会所勘定帳」を見る限りその目標を天保七年という困難な時にも達成している。返済金の未納・遅納は文政期初年には顕在化しており、さらに天保期は飢饉やそれに続く米価高騰で地主は十分な家賃収入が確保できない状況が続いていたと思われるが、それにもかかわらずどうして天保七年にも一万両を越える利足収入を計上できたのか。現存する「町会所一件」の文書からは町会所がどのような考え方で「町会所勘定帳」を作成したのか不明な部分が多く断定はできないが、次のような処理で表面上の利益を計上していたのではなかろうか。

天保八（一八三七）年十二月二十二日、町会所は両町奉行所同心計二八名（南町同心七名、北町同心二一名）の会所金貸付

について、次のような追加貸付を行った[31]。彼らは当時合わせて六一二二両の貸付残高があったが、貸長屋の普請金が必要として追加の貸付を願い出た。協議の結果彼ら二八人は新たに八七二二両を借り、その中から既存の貸付金残高を全額返済し、現金二六〇〇両を手にすることができた。彼らはそれをもとに貸長屋の普請・修覆を行ったと思われるが、町会所はこれによって滞納していた利息および元本の全額を回収することができた。同様の仕組で天保十（一八三九）年四月には南町奉行所同心八七名が貸替を願い、合計一万七二八一両を返済し、新規に二万九一両を借り受け、差額の二八一〇両を手にした[32]。同様な処理は天保十二（一八四二）年七月にさらに大きな規模で実施されたと思われる[33]。この処理によってその時は滞納が一挙に解消するが、そのためには新規に増額融資する資金を捻出する必要があり、他の貸出先からの返金をこの種の貸付に優先的に振り向けたものと思われる。天保七年の「勘定帳」はこのような処理で見栄えよく作成できたが[34]、追加貸付の資金がなくなった時点で行き詰まることは目に見えており、結局天保十四年の破綻処理に委ねざるを得なくなったものと思われる。

以上、町会所における貸金処理の仕方・考え方を見てきたが、そこで明らかになったことは、「積金本来の目的以外の活動によって、積金を毀損することがないように」という大原則が存在しており、それが実務遂行に大きな影響を与えていたと思われる。例えば町会所の運営経費は貸付金を運用して得た利金で全額賄うということであり、貸付については貸付金が回収不能になり損金が出ても、その損失を積金で穴埋めすることはないということである。さらには町会所の運営に携わる役人・町人の手当・褒美などについても、積金から支出することを認めていたのは二六〇人余の名主に支給する年間五〇〇両の手当のみで[35]、その他の役人・町人の手当・褒美については、幕府からの「御下ヶ金」を御用達が運用し、そこで得た利金でもって全て賄うことになっていた[36]。天保七年は災害に見舞われた厳しい年であったが、上記のような原則に縛られた町会所は、実態をそのまま開示できず、「勘定帳」の上では、見栄えのよい数字を計上せざるを得なかったと思われる。

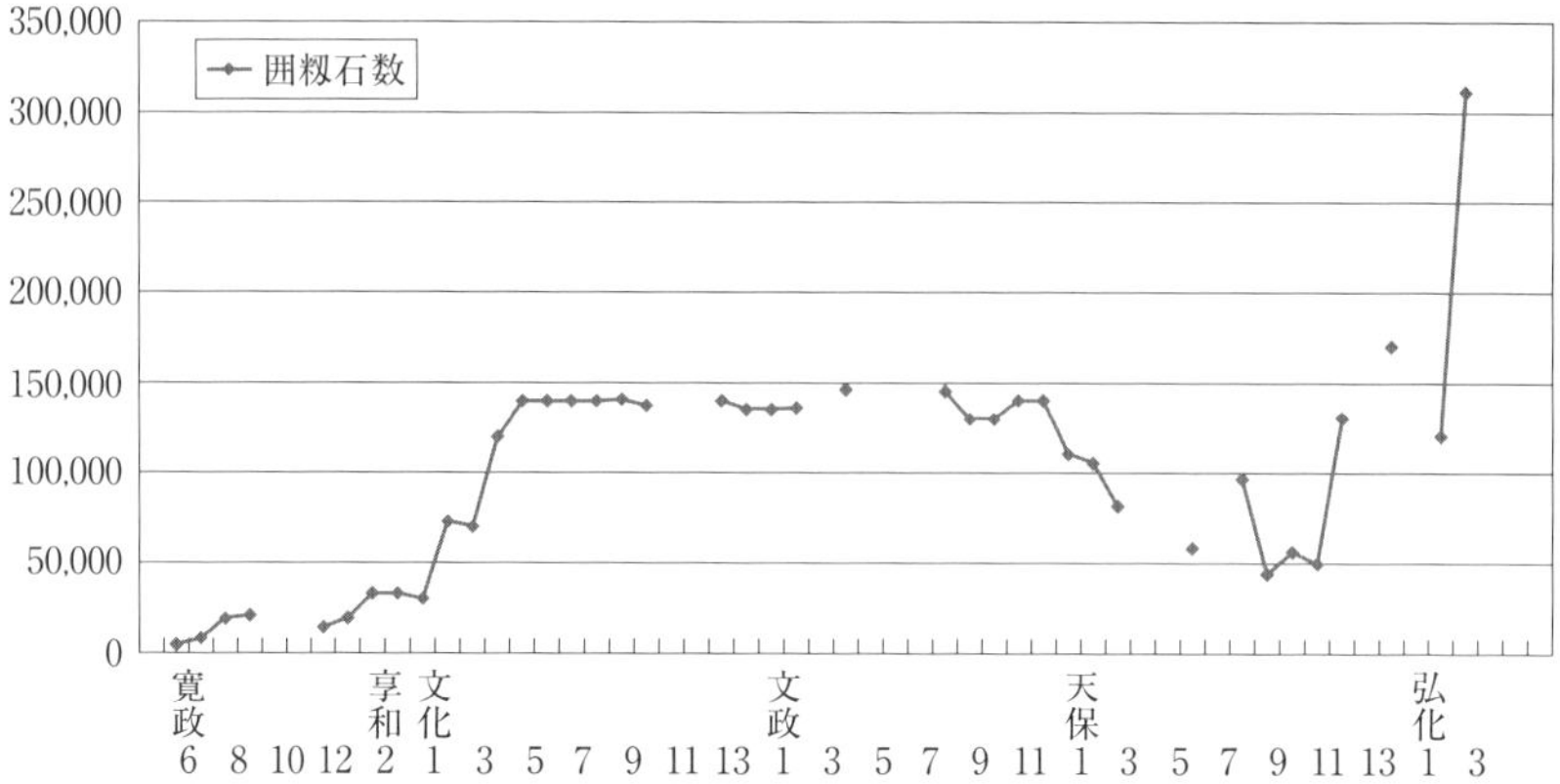

図2　囲籾石数の推移

次に、貸付と並ぶ町会所業務のもう一つの柱である囲籾の動向を見てみたい。囲籾はどのように展開したのか。またなぜ会所金に十分な余裕がある時にそちらに資金を向け、囲籾量を積み増ししておかなかったのか、その理由や背景を考えてみたい。

図2は、寛政期から天保期にいたる囲籾高の推移を示したものである。一見して明らかなように、文化五年までは囲籾量が急速に増加し、特に文化二年から五年にかけての伸びが著しい。その後一四万石のレベルで平準化し、文政十一（一八二八）年までそれが続いていた。文政末年から天保期にかけて囲籾量は乱高下し、天保八年には四万石強と最低量を記録している。天保末年からは急回復を見せ、弘化二（一八四五）年には三〇万七〇〇〇石にまで増加した。

右のような囲籾量の変動は、災害・飢饉等に起因する「御救渡」の有無に影響を受け、特に天保七年から八年にかけては、数度にわたり大規模な「御救渡」を実施したので囲籾量は急減した。一方平時における変動は、囲籾の目標をどの水準に設定するかによって基本的には規定される。またその目標に沿って実際に購入できるか否かも変動要素となる。籾の場合は米のように市場がある訳ではなかったので、買いたいと思っても常に必要量が確保できるとはかぎらず、いつ、どこから、どれくらい買い入れるのか、また大量に購入した場合には米相場への影響も考慮に入れる必要があり、その都度難しい判断を迫られた。

さて町会所はどのように目標を設定していたのか。節目となった時期とその時々の設定理由を時系列で紹介すると次の通りとなる。

・寛政七（一七九五）年十一月—米換算で六万七五〇〇石、但し内訳は米と籾が半々（すなわち米三万三七五〇石、籾六万七五〇〇石）とすることを目標とした(37)。

算定の根拠はよく知られているように、江戸町々の惣人別をおよそ五〇万人（内訳は男二五万人、女と幼年のもの二五万人）とし、男一人に一日米五合、女と幼年のものには一人に一日米四合、を三〇日間支給する。さらに五〇万人のうち半分は「身元相応」として除くと、「実々取続兼候もの」には六〇日分の手当となる。これは天明四（一七八四）年と同七（一七八七）年の「救米渡」の数量を参考にして算定したとしている。

・文化二年五月—籾一四万石、玄米三〇〇〇石(38)

算定根拠は寛政七年と同じであるが、米をどの程度囲い置くかについて試行錯誤した結果、米は定式救済と町会所勤務者への扶持米支給に必要な分に限ることとして、臨時御救渡に必要とされる分は全て籾で備蓄することとした。当時の籾囲高は七万石だったので、二年かけて残りの七万石を購入し、文化五年に一四万石の囲高を実現した。

・天保三（一八三二）年八月—籾三〇万石(39)

奉行衆から老中水野出羽守忠成に上げた伺には、従来の囲籾高の前提では「纔ニ三十日程之御救石高ニ而者いかにも手薄」かつ「追々人別相増候」と理由が記され、囲籾量を三〇万石とすることを提案している。前年の天保二（一八三一）年一月に、「米価高直」という名目で白米約一万一〇〇〇石（籾換算で約二万四〇〇〇石）を支給したことが影響したと思われるが、天保の飢饉はこの後さらに深刻化したので、実際には籾を確保できず、天保年間にこの目標は達成できなかった。

・弘化元（一八四四）年—籾五〇万石(40)

弘化二年に奉行衆が老中阿部伊勢守正弘に上げた伺によると、弘化元年に五〇万石の目標を設け、その理由として「一体大都会之備籾三拾万石位ニ而者手厚与申ニ者無之候間、百万石も備置度候得共金繰ニも響候間」当面五〇万石としたと述べている。参考までに弘化二年の囲籾高は三一万石となり、ようやく天保三年の目標を達成することができた。

右のうち、天保三年と弘化元年に目標値を大幅に上方修正した理由は明らかで、天保二年から天保八年にかけて風邪の流行、大火災、そして飢饉の進行による米価の高騰といった非常事態が続き、御救米・御救銭を大量に放出することになったことが影響している。特に天保七年から八年にかけては危機的状況が続き、町会所の囲籾量は七月時点で四万石まで減少した。その後天保七年十一月にまた四〇万人を対象に臨時救済を行ったので、町会所の囲籾は払底の危機に瀕していた。幕府は幕府御蔵を開き、天保八年三月と六月の二回、合わせて四万俵の米を支給して(41)最悪の事態を回避することができた。結果論ではあるが、なぜもっと早い時期に、もっと多くの籾を確保しておかなかったのか。特に文化期から文政期は資金的には十分な余裕があったのに、どうして一四万石に固執したのだろうか。この間の町会所掛役人と奉行衆とのやり取りを見てみよう。

最初の例は享和二（一八〇二）年七月の出来事で、町会所役人は過去に経験したことがないので念のためと思い、「於町会所急御救渡取計方心得之義ニ付相伺候書付」を奉行衆に提出した(42)。当時の囲穀高は米四万九五〇〇石、籾三万三〇〇〇石となっており、合計すると当面の目標を達成していたが、これで十分なのかと奉行衆に問いかけた。これに対して奉行衆は付札に次のような意見を書いている。「兼而御用達共非常之節者出金可致旨申立置候趣ニ御座候間、本文初度渡方いたし候ハヽ、弐度目渡方之儀者御用達共江引受候様被仰渡、兼而申立候分限ニ応し歩通を以銘々出金為致、不残銭ニ相直し、惣人別江割渡候ハヽ、一ト凌ニ可相成候」。いざとなれば勘定所御用達に資金を出させ、それを銭に替えて配れば当面は凌ぐことができるだろう。したがって今以上の積み増しは必要ないと答えている。右の事例で否定的見解を出した奉行衆の一人である柳生主膳正は、天明の飢饉を経験し、町会所の設立にも深く関与し、囲穀の必要性は十分に認識していたはずであるが、なぜかその後も囲籾の積み増しには消極的であった。

文化十二（一八一五）年七月、掛役人は「町会所囲穀高之義ニ付御内慮相伺候書付」を作成し、囲籾量を一四万石から一八万石に見直すことを提案した(43)。彼らは享和二年に「風邪流行」という理由で御救銭を渡した時、二八万八〇〇〇人が対象となった実績があったので、見直しが必要ではないかと考えた。江戸市中の町人五〇万人のうち半分は「身元宜もの」というのが従来の囲籾一四万石の根拠となっていたが、この享和二年の例から考えると、「身元宜もの」は三分の一にとどまるとするのが、より実態に沿っているのではないか。前提をこのように見直すと必要量は一八万石となるが、当面は蔵数が足りないので、まずは一六万石を目標に籾の買い入れを行いたいと考えた。これに対する柳生の回答は次のようなものであった。

〔史料4〕(44)

主膳正殿御付札

書面之趣者深切なる存寄ニ而尤之義ニ者候得共、凶年ニ至候節者籾蔵之御備斗ニも無之、江戸大坂御蔵ニも御囲籾も有之、其外御料所之分ニ而囲籾有之、且寛政之度被仰出万石以上之分、領分ニも壱万石ニ付五拾石宛之囲米も有之候間、天明六午年之ことき凶年有之候とも、其節と同日之論ニ者有之間敷、籾囲之儀年々欠減・鼠喰・蔵々修覆等之入用も多く相懸候間、金ニ而囲置、凶年ニ而籾蔵之囲籾不足之節者公儀御囲米之内御払、右籾蔵之金を以買請相願候方、費も少く可有之候間、先ツ当時者此節之囲高ニ而居置、猶此上有金格別多く相成候ハヽ、猶其節之評議可然哉とも被存候、猶御良考有之度候

（文化十二年）乙亥七月　主膳正

主膳正は、天明六（一七八六）年の時とは違い、現在は各所に備蓄している米があるので、もし凶荒・飢饉が起こった

ら、蓄えた資金で公儀籾蔵の米を買えばよいと考えており、何かと費用がかさむ囲籾を増やす必要はないと述べている。他の奉行・吟味役も「主膳正殿附札之通、御同意」との意見を持っており、この提案も採用されなかった。その後は「町会所一件」で見る限り見直しの提案はなされておらず、そのまま天保期を迎えることになったと思われる。

以上、文政期から天保期にかけての時期における、貸付と囲籾の運営状況の概略を見てきたが、掛役人・奉行衆ともにその関心は主に貸付に向けられており、囲籾に関しては比較的関心が薄かったように思われる。〔史料4〕で柳生が述べていたように、米の備蓄は以前とは比べものにならないほど充実しており、また文政期には「御金蔵仮納金」という名目の町会所の余裕資金が三二万両（文政五年）もあったので、十分な備えができていると認識していたようである。

4　天保期の危機対応と御用達の役割

文化期および文政期には、文化三（一八〇六）年の大火（丙寅の大火）や、文政四（一八二一）年の風邪流行、さらに出水等、災害は発生したが、右に述べたように、この間町会所は掛役人も奉行衆も、囲籾については特に検討らしい検討を行わないまま、貸付や御金蔵仮納金の動向に専ら関心を向けていたように思われる。このような状況に敢えて問題提起をしたのが御用達で、文政十二（一八二九）年三月に次の〔史料5〕を掛役人に差し出した。提出した日付は「三月」となっており、同年三月二十一日に発生した江戸の大火（己丑の大火）の前なのか後なのかは判然としないが、文面からすると発生前に提出されたものと思われる。

〔史料5〕(45)

一、町会所御用筋、近年御貸付数千口ニ相成候ニ付取扱方甚心配、其上帳面等之取調方、右口数故容易出来不申、元利取立も滞ニ相成候口々相増（中略）御用向相嵩居、等閑躰ニ相成誠心痛仕候、元来私共町会所取扱方被仰付候ハ、

難有仕合ニ者奉存候得共、ヶ様ニ年々御用向相嵩申候而者、誠ニ当惑至極ニ奉存候（中略）積金年数ニ相成、最初之御趣意も自然与相緩ミ、町方融通にも相拘り候様子ニ候之間、私共一同心痛至極仕候（中略）兼而御咄之様ニ申上置候通、是迄仮納ニ相成居候金子御下ヶ被成下、積金高江割戻し、右之内を五六万両も為冥加上納為致、会所居金ニいたし、右利足を以年々市中之為冥加金相納、割戻ニ相成候金子、其町々ニ而貸付ニ致し、其利潤を以積金為相納候得ハ、会所積金も永続仕、市中も右御下ヶ金ニ而人気引立、一同難有感服可仕与奉存候得共、右御下ヶ金之儀如何可有御座哉、若不相成儀ニも御座候ハヽ、以来七歩積金之儀者御免ニ相成候様仕度奉存候（中略）町人共金子町会所江溜り次第御金蔵江相納申候而者、起立之御趣意年数相立候ニ付私共一同忘却仕候様ニ相当り、却而私共一同不奉公之筋ニ相成可申哉与是又入恐奉存候（中略）其外御囲籾米も、先年与ハ追々御繁栄ニ被為成に付、当時広大之市中人数ニ競申候而者石高も乍恐少数ニも有之候様奉存候、万一此上不作等御座候而者、出来秋迄も御救米行届候様仕度、左候得ハ猶更安心難有可奉存候、非常を相考候得ハ実以不安心ニ奉存候間、御評義奉願上候

（文政十二年）丑三月　御用達共

御詰合様

まず近年は貸付が数千口に増え、それにしたがい滞納も増えているので、会所での業務量が増加していると述べた上で、積金が始まって以降相当の年数が経ち、趣旨が曖昧になり、町々での取立が難しくなっていることを指摘し、対策として当時三〇万両を越える金額となっていた御金蔵仮納金を町々に返却し、その上で五、六万両を改めて拠出させて会所で運用すれば、積金はその利子で賄えることになる。もしそれができないなら七歩積金は廃止してはどうか。積金が少しでも溜まるとすぐさま御蔵に納めているようでは、私たち御用達が当初の趣旨を忘れ、本来の勤めを果たしていないことになり、恐れ多いことと考えます。ついては町会所が発足した時の趣旨にしたがい、万一不作が続いても差し支えがないような十分な備えをお願いしたいと述べている。

この提案を見た町会所掛役人は、すぐさま御用達の願書を奉行衆に回すとともに、次のような内容の評議結果を「鰭付」として提示した。すなわち、御用達の提案は大変な内容を含んでおり、何らかの対応が必要であると考えるが、三二万両の仮納金を一度に払い下げる（その一部を運用して積金に充てる）ことは不可能である。一方、囲穀は十分な量が確保できているとはいいがたいので、これについては囲い増しを行いたいと述べている。

この時の御用達の提言には、言い回しは丁寧であるが、三二万両の御金蔵仮納金の払い下げや、それが難しい場合には七歩積金の廃止を願うなど、驚くべき内容を含んでいるのみならず、町会所設立の趣意を思い起こせば、市中非常の備えが行き届くようにするのが御用達の役目であり、それこそが御奉公であると公言し憚るところのないことが注目される。これに驚いた町会所掛役人がすぐさま奉行衆に報告したのは当然である。しかしこれに対して奉行衆がどのような回答をしたのかは不明である。

御用達は天保五（一八三四）年正月にも次のような提言をまとめ、掛役人に提出した(46)。町会所は過去四〇年間で九〇万両の積金収入を得たが、専ら貸付に使ったので、囲籾の手当が不十分となっている。これについては「当時之御備籾ニ而ハ御手落之儀ニ付、是迄も度々申上候得共」とあり、以前から度々その問題を指摘してきたと述べた上で、今後「如何様之不作之時節有之間敷事も難計」いので、「凡囲穀百万石程買入備置度奉存候」と、一〇〇万石を目標に囲籾を充実させたいと提案している。一〇〇万石の備えがあれば、不作への対策のみならず米相場を平準化させる効果も期待できると述べている。新規貸付を月二〇〇〇両に押さえれば、年間六、七万両の余裕ができるので、それを籾買い入れに使いたいと提言している。

これを受けて、町会所掛は奉行衆に次のような伺を提出した。

〔史料6(47)〕

（朱書）「天保五午年二月廿一日御廻し済伺之通可取計旨同日御用達三谷三九郎江申渡」

町会所金貸付減方之儀ニ付御用達共申立候趣相伺候書付

印主計頭（榊原　北町奉行）
印伊賀守（筒井　南町奉行）
印出雲守（土方　勘定奉行）
印忠四郎（館野　勘定吟味役）

印竹内平之丞（勘定組頭）
河口市郎右衛門印（勘定）
（外七名略）

町会所積金之内貸付方之儀相減し、右之余金を以籾追々買入申度旨幷同所貸付之儀近来不納も多御座候間、旁以向後貸付之儀相減申度段御用達共申立候趣、先達而申上候処、伺之通被仰渡候、依之右減し方之儀猶亦御用達共江為取調候処、別紙之通申聞、右廉々相当之儀与奉存候（中略）此段相伺申候以上

午二月

奉行衆は御用達の提案を受け入れ、今後は貸付金額を減らし、その減額分で籾を買い入れることを了承した。しかし既に飢饉は各地に深刻な影響を与えており、江戸でも前年には二度にわたり「御救渡」を実施するなど、各地で米不足が顕在化しており、とても囲籾を積み増しできる状況にはなかったので、手遅れの感は否めなかった。

さて先行研究では全く言及されていないが、天保六（一八三五）年九月に町会所改革が実施されたと思われる。この改革は実施されたのは間違いないが、「町会所一件」にはその意図や内容を明記した文書は残されていない。しかし断片的な記述がいくつかあり、それら周辺の史料から推定される改革の内容は次の通りである。

・天保六年九月をもって、町会所役人全員、座人全員、肝煎名主全員が更迭され、上記職務には全て新人が配置された。(48)
更迭された中には文政二年から担当していた北町奉行所与力谷村猪十郎や、文化八年から座人を勤め、文化十三（一八一六）年からは座人世話役になった駒込片町の伝兵衛、肝煎名主としては文化十一（一八一四）年から継続して勤務していた神田佐久間町名主清五郎など、長年にわたる職務経験を持ったものがいたが、全員更迭された。但し御用達

一〇名には変動がなかった。

・翌天保七年二月には、「仕法改正之儀骨折相勤候ニ付」として、奉行衆および新規に任命された役人に拝領物・御褒美が下された[49]。

・天保八年七月付で、町会所掛が奉行に差し出した「町会所囲穀之儀ニ付評議仕候趣申上候書付」には、「一昨未年（天保六年）中、町会所改革之節、向後囲穀第一ニ相心得、年々豊凶ニ不拘買入方仕候積評議之上仕法相立、関東筋其外上方筋ニ而籾又者玄米等買入候得共」とあり[50]、囲穀に政策の重点を移し、囲穀高を早急に増加させることが改革の目的であったと述べている。

この改革が行われた天保六年は、天保四（一八三三）年から天保五年にかけての米価高騰が一段落し、天保五年二月に発生した大火の後始末もほぼ終わった時期であるが、依然予断を許さない状況にあり、今後さらに不測の事態が起こりうることを想定すると、事態は一町会所の手に負える問題ではなく、幕府全体としての対処が必要であるという認識が広まっていたと推測される。そのような中で右に述べたような町会所改革が実施されたということは、町会所の活動についても平時とは違った、非常事態に見合った体制が必要とされた結果ではないだろうか。果たして危機はその後さらに深刻化し、町会所の囲籾は天保七年の二度にわたる臨時御救渡で払底し、天保八年初めには浅草の幕府米蔵の米を使った御救渡が実施された。また天保七年十月には行倒人を収容するため火災以外では初めて「御救小屋」が設けられ、しかもその「御救小屋」は一年間継続運用された。右に引用した以外にはこの関係の史料は残されておらず、この時の町会所改革の具体的な内容や、それをうけての町会所がどのような危機対応を行ったのかなどを明らかにできないのは残念である。

既に本章の所々で御用達の役割や活動の内容を紹介してきたが、ここで改めて御用達が町会所の活動に果たした役割をまとめておきたい。第一の役割は、幕府からの「御下ケ金」（当初一万両、その後二万五〇〇〇両に増額）を各自が運用し、年五歩相当の利金を捻出することにあった。これにより町会所は積金に手をつけることなく、運営に携わる多数の役人・

町人の手当および褒美を賄うことができた。第二には、町会所の実務全般を取り仕切ることであり、貸金一件毎の管理から全体の資金繰り、金・穀の全ての受け払い、さらに勘定帳はじめ諸帳簿の作成まで行っていたので、町会所の内情は役人以上に熟知する立場にいたと思われる。内情がわかるが故に、町会所の動向には危機感を持っており、様々な提案を行った。それはいわば第三の役割といえ、細かなこととしては貸金の未納対策として「赤判」「青判」という仕組（返済の通帳に未納・遅納の程度に応じて赤・青の判を押し、それが借り替えの時の条件に反映される）の提案があり、重要な提案としては、文政十二年三月の積金の廃止にまで言及したものなどがあった。

以上のような役割を果たすために、御用達本人は毎日一人が会所に出勤し、用達手代は各家から少なくとも一人、多い時には二名から三名が会所に出勤し業務の処理にあたっていた。表9にあるように発足当初御用達は一〇名いたが、その後御役御免を申し出るものが続出し、文政八年には僅か四名にまで減ったので、残った御用達の負担は相当なものがあったと思われる。ちなみに御用達に手当は支給されなかったが、定例として年末に銀一〇枚が「御褒美」として支給された。用達手代にも手当はなく、五年に一度、同じく「御褒美」として銀三枚が支給されたが、金銭的な意味では全く職務内容に見合うものではなかった。このことは町会所掛役人も十分認識しており、金銭的な処遇の代わりに、勤続年数に応じて「苗字御免」、「永代苗字御免」、「町屋敷下賜」そして「年始八朔御目見御免」と段階を踏んで処遇しようとした。但し「年始八朔御目見御免」は多額の資金上納をした石橋弥兵衛に一部認めただけで、町会所御用達を発足から廃止まで勤めた三谷三九郎と鹿嶋清兵衛の二人にも遂に老中の許可はおりず、この面での処遇にも限界があった。

また御用達各人の本業としては当初は両替商が多かったが、町会所の職務と両替商本来の商いに具体的な接点はなく、ましてやその他の商いをしている御用達にとって、町会所業務に携わることによる営業上の利益はまず期待できなかったと思われる。

勘定所御用達については竹内誠氏の研究が現在でも唯一のものといえるが、竹内氏は、「寛政改革において（幕府は）金

表9　勘定所御用達人数推移（天明8年～嘉永元年）

和暦	天明	寛政		享和		文化			文政						天保		弘化	嘉永
氏名	8	1	12	1	3	2	3	7	3	4	5	8	9	13	2	8	2	1
三谷三九郎	○	→	→	→	→	→	→	→	→	→	→	→	→	→	→	→	→	→
中井新右衛門	○	→	×															
仙波太郎兵衛	○	→	→	→	→	×												
堤弥三郎	○	→	→	→	→	→	×											
松沢孫七	○	→	→	→	→	→	→	→	→	→	×							
鹿嶋清兵衛	○	→	→	→	→	→	→	→	→	→	→	→	→	→	→	→	→	→
田村十右衛門	○	→	→	→	×													
竹原文右衛門		○	→	→	→	→	→	×							○	×		
森川五郎右衛門		○	→	→	→	→	→	→	→	→	→	→	→	→	→	→	→	→
川村伝左衛門		○	×										○	→	→	→	→	→
三村清左衛門				○	→	→	→	→	×				○	→	→	→	→	→
松井庄三郎				○	→	→	→	→	→	×								
石橋弥兵衛							○	→	→	→	→	×						
芹川六兵衛							○	→	→	→	→	→	→	→	→	→	→	→
村越庄三衛門													○	×				
鈴木重兵衛													○	→	→	→	→	→
山上重郎兵衛															○	→	×	
本庄吉兵衛															○	→	→	→
合計人数	7	10	8	10	9	8	9	8	7	6	5	4	8	7	10	9	8	8

注　「○」はその年に任命されたことを意味し，「×」はその年に罷免されたことを意味する。「→」は継続の意味。
出典　「町会所一件書留」。

融政策および財政増収策に彼ら（御用達）の大資本と利殖の道にたけた手腕とを利用した」という基本的理解のもとで、町会所における御用達の活動について「江戸町人の金を元手に幕府と勘定所御用達はおおいに利を得た」と述べ、さらに「町会所は勘定所御用達の大きな資本と、彼らの金融の道にたけた商業的手腕とに依存しなかったならば、その運営は全く不可能だった」と述べている[51]。幕府が御用達の手腕に期待していたことは間違いないが、御用達が「おおいに利をえた」形跡はなく、それどころか仲間が次々と御役御免を願い、その後任が決まらない状況が続く中、発足から廃止まで、常に変わることなく町会所の運営を支えた三谷三九郎や鹿嶋清兵衛等の努力と献身には特筆すべきものがある。

　ではなぜ御用達は、これほどまでして町会所の御用を勤めたのだろうか。一つには彼ら自身が江戸市中に多数の町屋敷を所有する地主であり、彼らが町入用として差し出した資金が町会所活動の原資になっていたこと。さらには、江戸中の地主から積金の適正な運用を委任されたという責任感が最大の動機となっていたのではないかと考えている。そのような自負があったが故に、文政十二年三月には「積金を廃止したい」という大胆な提言もできたものと思われる。

おわりに

本章では、江戸町会所が発足した寛政三年末から天保期末年までの約五〇年間を対象に、町会所がどのように運営されたのか、またその中で御用達がどのような役割を果たしていたのかを検討してきた。内容をまとめると、町会所の運営は概ね町会所掛役人の判断に任されており、老中や奉行衆が直接介入することは稀であり、その意味では町会所は通常の幕府組織とは一線を画した存在であったといえる。さらに掛役人の指導・監督のもと、会所運営の実務を担ったのは勘定所御用達である。彼等は長期間ほぼ無償でかつ真摯に職務を遂行したので、その行動が江戸町民の批判を受けることはなかったし、また掛役人も彼等の貢献を評価し、その提言を尊重していたと思われる。江戸の町会所がこのように運営された理由としては、活動の原資となった積金の性格と、その金額が年間二万両を越える莫大なものであったことが関係していると考えられる。

年貢は毎年領主に納めるものであり、農民はその納入を拒否することはできず、また領主は年貢の使途について何らの制約を受けることはない。しかし江戸町会所が集める積金は、「凶荒飢饉への備え」という特定の目的を達成するために、地主が差し出した町入用の一部であり、その使途は自ずと限定されており、もしそれが本来の目的以外に使われるなら、地主は月々の納入を理念的には拒否できるものであると考えられる。このような積金の性格は、月々しかも相対で積金を収納する御用達・座人や、さらにそれを監督する掛役人に、否応なく地主の目、あるいは江戸町民の「気請」を意識させることになり、積金の使途を考える上で一定の制約条件となり、同時に幕府に対する牽制として機能したと思われる。

前述の菅原氏の研究によると、当時すでに全国各地の都市や町において、町会所を舞台に騒動が発生しており、その多くは「町入用」の取り扱いを巡るものであった[52]。江戸でそのような騒動があってはならないし、ましてや江戸町会所の積金額は年間二万両を越えるという途方も無い金額であり、その使われ方は万人にとっての関心事であったと考えられる。

そこで、江戸町会所は幕府から一定の距離を置きつつ、その実務は御用達が担うものとして設置され、さらに実際の積金の取り扱いは、些かの疑念すら生じさせない仕組として運用されることになった。

しかし一方では積金の取り扱いを余りにも厳格に行った結果、自縄自縛の事態に陥った側面も否定できない。天保期後半になると、困窮御家人への「御救貸」とも思える貸付が急増してくる。救済策として機能したので表だった反対はなかったとはいえ、元をたどれば貸付の仕組そのものが原因である。町会所による貸付は、たとえ返済不能に陥っても「貸し倒れ」を認めておらず、「損切り」ができないので、「追い貸し」をして後日の返済に期待するしかなく、いたずらに貸付金額を増大させることになった。

その結果、積金を健全に運用するという建前と、実際の積金の収納状況や貸付実態との乖離は時間の経過とともに顕在化し、その亀裂は天保期の混乱によってさらに大きくなっていたと思われるが、天保七年の勘定帳を見る限り、貸付は健全に運用されており、積金も規定通り徴収できたことになっている。実態とは異なる数字を計上したのではないかと思われるが、事ここに至っても猶かつ積金を健全に運用しているという建前を崩せなかったのは、それだけ江戸町民の目を意識していたことの証左であるといえる。

結局建前と実態の乖離を解消するには幕府の力を借りるしかなく、天保十四年十二月に実施された「公儀諸御貸付金・蔵宿貸出金御仕法替」に便乗する形で、始めて貸付に問題があったことを認め、建前と実態の乖離を解消することができた。このことは改めて積金を継続するのか、中止して別の方策を考えるのかという問題を提起することになったが、囲籾を充実させることを条件に積金の徴収を続けることになり、町会所も明治期初頭まで存続することになった。

以上江戸町会所の運営を巡る論点を検討してきたが、今回は史料の制約もあり天保期までの検討にとどまっている。弘化期以降の状況については、今後改めて検討することとしたい。

（1）津田秀夫「寛政改革」岩波講座『日本歴史』近世3（一九六三年）。
（2）竹内誠「幕府経済の変貌と金融政策の展開」『日本経済史大系』4近世下（東京大学出版会、一九六五年）。
（3）伊東志津子「江戸町会所の貸付金について」『学習院史学』七（一九七〇年）。
（4）吉田伸之「江戸町会所の性格と機能について」『史学雑誌』八二編七・八号（一九七三年）、なおこの論文と次の注（5）にある論文は、『近世巨大都市の社会構造』（東京大学出版会、一九九一年）に第一編第一章および第二章として再録されている。
（5）吉田伸之「江戸町会所貸付について」『史学雑誌』八六編一・二号（一九七七年）。
（6）山田直匡「米方御用達商人と囲籾仕法―寛政改革と関連して―」『国学院雑誌』六七巻一〇号（一九六六年）。
（7）安藤優一郎『寛政改革の都市政策』（校倉書房、二〇〇〇年）。
（8）本章では現在国立国会図書館が所蔵する「町会所一件書留」所載文書を多数引用しているが、この文書群はデジタル化され、同館のウエブサイトで閲覧することが可能になっている。そこで参照する時の便宜を考え、史料の所在を次のように標記することとしたい。例えばこの「公儀御役所ゟ申ニハ無之」という文言は、「町会所一件書留七　寛政五丑年　三冊ノ内　下」という標題のついた冊子に記載されているが、ウエブサイト上では［8］という通し番号がつけられており、記載されている場所はコマ番号一七七と表示されている。ついては以降「町会所一件書留」から引用する史料は、文書の標題（本件を例にとると「町会所勤形置証文」となる）を表示し、所在場所は8―p177と表示する。
（9）菅原憲二「日本近世都市会所論のこころみ」朝尾直弘教授退官記念会編『日本社会の史的構造』近世・近代（思文閣出版、一九九五年）。
（10）文化二年七月二日付、（町会所担当）三奉行宛老中申渡（「町会所一件」30―p9〜p10）。

(11) 竹内誠「寛政改革と勘定所御用達の成立」および「勘定所御用達の成立経緯再論」『寛政改革の研究』(吉川弘文館、二〇〇九年)。
(12) 寛政四年一月十六日付、勘定所御用達宛町奉行「申渡」(「町会所一件」2—p13~p15)。
(13) 「懸り ニ而可申渡手覚」(「町会所一件」2—p15~p16)。
(14) 「御用達幷会所座人江被申金出方之儀ニ付評議仕申上候書付」(「町会所一件」3—p74~p76)。
(15) 町会所の籾蔵はまず向柳原に建てられ寛政八年四月に一二棟の普請が完了した。その後享和二年に深川大橋向建添地に一一棟、文化二年に筋違橋内建添地に六棟の籾蔵が建てられた。小菅における籾蔵建設は天保四年春に始まり、同年十一月に一〇棟が完成したが、籾蔵建設はその後も続き、天保六年七月には合計二九棟の籾蔵が完成した。
(16) 「町会所取計方之儀ニ付申上候書付」(「町会所一件」13—p100)。
(17) 会所発足後貸付願書は毎月一日から九日の間に提出することになっていたが、願書を提出するものが増えてきて混雑するようになったので、文化七(一八一〇)年二月からは特に期間を決めず、いつ提出してもよいことになった。但し正月は七日から、十二月は二十四日までとなっていた(「町会所貸附願書請取方之儀相伺候書付」〈「町会所一件」51—p34~p37〉)。
(18) 文政七(一八二四)年六月に奉行衆が老中水野出羽守宛に提出した「伺」に、「当時町会所金貸附候口数七千口程有之、金高三拾万両余貸付高ニ御座候」と記されている(「町会所一件」84—p135)。
(19) 「町会所年番肝煎名主当分増人之儀ニ付相伺候書付」(「町会所一件」78—p151~p155)。
(20) 「町会所一件」47—p13~p19。なおこの文書は文化五年に作成されたが、十月に実際に買い入れが実行され、十二月にその勘定帳が提出された。さらに本件を推進した石橋弥兵衛に対し天保六年正月に御褒美が渡された。以上の関係文書を一括この項目に綴じ込んだので、「町会所一件」には文化六(一八〇九)年の冊子に収録されている。
(21) 「町会所一件」80—p60。
(22) 町会所掛役人の名前を列挙し、名前の上あるいは下に小印を押すという形式は、文政二年七月に作成された、窮民御救渡方に関する名主への指示書に貼付された鰭付に記載されたものが初出である(「町会所一件」75—p73~p74)。
(23) 記載方式の変更がなぜ文政初年に行われたのかは、勿論さらに詳しい検討が必要であるが、一つの仮説として次のような理由が考えられる。まず時期については、町会所の設立当初から町会所担当の勘定奉行を勤め、組織作りおよび運営方針の策定に大きな影響力を及ぼした柳生主膳正が、文化十四年二月に退任したこととの関連が想定される。また記載方式が変わったのは、町会所掛が、三つの部門出身者によって構成された寄合所帯から、独立した部門に変わったことを自他共に明らかにする、という意味が込められているのではないかと考える。なお〔史料2〕に示したような文書表紙の形式および決裁の手順は、幕末期に創設された（幕府）海軍や外国奉行所（これらの部門も新しい組織であり、かつ複数の部門出身者によって構成されていた）においても採用されている。

(24) 〔史料1〕にある「肥前守殿付札」の内容から考えて、肥前守に事前に情報を提供し、了解をとっておく努力（いわゆる「根回し」）がされた形跡はない。これに限らず、町会所掛が作成した伺に貼付された奉行衆の付札を見る限り、ほぼ全てのケースで、事前の情報提供すらされていなかったと思われる。

(25) 「町会所一件」は全部で一五九冊あり、三万丁にのぼる膨大な文書を編年体で編纂したものである。いつ編纂されたのかは不明であるが、この書物蔵に保管されていた文書が元になっていると思われる。

(26) 吉田氏は寛政三年十二月の「名主、地主、家守江（申渡）」（旧幕引継書「町法改正積金起立書」〈請求記号八〇二―二八〉三冊ノ内下〈p88～p92〉）からの引用として、「扨右積金取計之儀ハ（中略）火遠キ場所江追々ニ米蔵ヲ建、囲穀いたし、年々余金ハ猶積置、町方其日暮之もの共長病等ニ而実々及難儀候もの江之手当、又ハ火災之節普請金ニ差支候地主共江ハ、屋敷之坪数ニ応じ、利安幷無利足ニ而茂可貸渡候、（後略）」との文言を紹介している。

(27) 「町会所一件」13―p98～p104。

(28) 「旧幕引継書」には四年分の「町会所勘定帳」が残されていて、各々の請求番号は次の通りである。「寛政九年町会所勘定帳」（八〇二―二六）、「文化四年同」（八〇二―九）、「文化八年同」（八〇二―一〇）および「天保七年同」（八〇二―八）。

(29) 「御組同心中会所金貸附人数之儀ニ付申上候書付」（「町会所一件」12―p48～p50）。

(30) 「町会所金貸附有之分類焼いたし拾ヶ年賦貸替金高之儀ニ付申上候書付」（「町会所一件」55―p16～p19）。

(31) 「御番所預り両御組同心拝領地面貸長屋普請為手当両御番所江町会所金貸渡之儀相伺候書付」（「町会所一件」116―p132～p133）。

(32) 筒井紀伊守殿御組同心町会所金貸替之儀相伺候書付（「町会所一件」125―p25～p34）。

(33) 「拝領町屋敷沽券地共貸附元利未納取計方之儀相伺候書付」（「町会所一件」135―p13～p27）。

(34)文化四年や文化八年の「勘定帳」は次の年の夏には計算が終わり、掛役人・奉行衆の監査も行われていたが、「天保七年町会所勘定帳」の場合は、天保十年十二月に作成されたとなっている。作成に丸三年を要した計算になる。
(35)寛政四年十二月付、惣名主共宛「申渡」(「町会所一件」3—p239〜p240)。
(36)「町会所取計方之儀ニ付申上候書付」(「町会所一件」13—p99〜p100)。
(37)「町々囲穀高并人別当り蔵建足地所等之儀相伺候書付」(「町会所一件」11—p115〜p127)。
(38)「町々囲穀蔵籾米詰方等之儀評議仕候趣申上候書付」(「町会所一件」30—p39〜p61)。
(39)「町会所囲穀増方之儀に付相伺候書付」(「町会所一件」103—p47〜p51)。
(40)「支配向組之者御褒美之儀申上候書付」(「町会所一件」155—p51〜p55)。
(41)『御触書天保集成』六五八九および六五九三。
(42)「町会所一件」22—p175〜p181。
(43)「町会所一件」65—p77〜p83。
(44)前注(43)の付札(「町会所一件」65—p82〜p83)。
(45)文政十二年三月付、町会所掛役人宛勘定所御用達願書(「町会所一件」96—p59〜p63)。
(46)「以書付奉申上候」(「町会所一件」105—p20〜p26)。
(47)「町会所一件」105—p26〜p31。
(48)町会所掛役人については当時勘定組頭竹内平之丞以下一五人が在籍していたが、そのうち七名が天保六年七月に新人と交代し、残りの八人は同年九月に入れ替った(「町会所一件」107—p102〜p116および108—p39〜p42等)。
(49)「町会所跡掛之者御褒美代御手当之儀申上置候書付」(「町会所一件」110—p63〜p65等)。
(50)「町会所一件」115—p39〜p41)。
(51)前注(11)竹内論文。
(52)菅原氏は、天明六年に近江国蒲生郡八幡町で発生した騒擾を紹介しており、町方の要求の第一が「会所入用方諸勘定」の吟味であったと述べている(前注(8)菅原論文、一五四〜一五五頁)。

◆編者・執筆者紹介

牧原　成征　まきはらしげゆき

1972年生

現在　東京大学大学院人文社会系研究科准教授

主要著書　『近世の土地制度と在地社会』(東京大学出版会, 2004年)

村　　和明　むらかずあき

1979年生

現在　公益財団法人三井文庫主任研究員

主要著書　『近世の朝廷制度と朝幕関係』(東京大学出版会, 2013年),『史料が語る 三井のあゆみ』(共著, 三井文庫編集発行, 吉川弘文館発売, 2015年)

高垣　亜矢　たかがきあや

1980年生

現在　日本学術振興会特別研究員(PD)

主要論文　「近世西日本における皮革流通と皮商人―手代・手先の活動をめぐって―」(『史学雑誌』121編10号, 2012年),「近世西日本における皮革流通と地域―筑前国熊崎村を事例に―」(『日本歴史』806号, 2015年)

若山　太良　わかやまたいりょう

1949年生

現在　東京大学大学院人文社会系研究科博士課程

主要論文　「三橋会所を巡る三井越後屋の行動とその背景」(『東京大学日本史学研究室紀要別冊』2013年),「近世後期の上方における仕法改革と支配機構」(『論集きんせい』36号, 2014年)

海原　　亮　うみはらりょう

1972年生

現在　住友史料館主任研究員

主要著書　『住友の歴史』上巻・下巻(共著, 住友史料館編, 思文閣出版, 2013・14年),『江戸時代の医師修業』(吉川弘文館, 2014年)

島﨑　未央　しまざきみお

1987年生

現在　大阪市立大学都市研究プラザ博士研究員

主要論文　「都市大坂における種物流通と市場統制の変遷」(『史学雑誌』124編10号, 2015年),「池田下村における水車絞油株の所有と経営」(塚田孝・佐賀朝・八木滋編『近世身分社会の比較史―法と社会の視点から―』, 大阪市立大学文学研究科叢書第8巻, 清文堂出版, 2014年)

史学会《しがくかい》シンポジウム叢書《そうしょ》　近世《きんせい》の権力《けんりょく》と商人《しょうにん》

2015年11月1日　第1版第1刷印刷　　2015年11月10日　第1版第1刷発行

編　者　牧《まき》原《はら》　成《しげ》征《ゆき》

発行者　野澤　伸平

発行所　株式会社　山川出版社

〒101-0047　東京都千代田区内神田1-13-13

電話　03(3293)8131(営業)　03(3293)8135(編集)

http://www.yamakawa.co.jp　　振替　00120-9-43993

印刷所　株式会社　太平印刷社

製本所　株式会社　ブロケード

装　幀　菊地信義

 Printed in Japan　ISBN978-4-634-52364-7